农村经济管理

NONGCUN
JINGJI
GUANLI

徐宝山　聂　君　张雪乔　主编

化学工业出版社
·北京·

内容简介

本书主要针对农村经济管理工作的目标、任务和特点，以提高农村经济管理水平为目的，在农业生产与经营、农户经营管理、农村经济合同管理、农户劳动力与主要生产资料管理、农户农产品销售管理、农业经济效益分析、农户收支核算管理、农户记账管理、农产品成本核算管理、庭院经济管理、种植业技术经济管理、农户经营计划管理、农村审计管理和新型农业经营主体管理等方面做具体介绍。

本书可作为农村经济管理工作人员、农村干部、新型农业经营主体管理人员和广大农户参考书使用，也可供相关专业院校师生参考学习。

图书在版编目（CIP）数据

农村经济管理 / 徐宝山，聂君，张雪乔主编. —北京：化学工业出版社，2022.5
ISBN 978-7-122-41255-3

Ⅰ.①农⋯ Ⅱ.①徐⋯ ②聂⋯ ③张⋯ Ⅲ.①农村经济-经济管理-中国 Ⅳ.①F32

中国版本图书馆 CIP 数据核字（2022）第 067265 号

责任编辑：孙高洁　刘　军　　　　　　　装帧设计：王晓宇
责任校对：杜杏然

出版发行：化学工业出版社（北京市东城区青年湖南街 13 号　邮政编码 100011）
印　　装：大厂聚鑫印刷有限责任公司
710mm×1000mm　1/16　印张 13¾　字数 254 千字　2022 年 8 月北京第 1 版第 1 次印刷

购书咨询：010-64518888　　　　　　　　售后服务：010-64518899
网　　址：http://www.cip.com.cn
凡购买本书，如有缺损质量问题，本社销售中心负责调换。

定　　价：50.00 元　　　　　　　　　　　　　　版权所有　违者必究

本书编写人员名单

主　　编　徐宝山　聂　君　张雪乔
副 主 编　王凤清　桂敦兴　任晓远　刘冬梅
参编人员（以姓名汉语拼音排序）

毕长勇　曹晓丽　陈丽新　陈　颖
冯婷婷　桂敦兴　何　丹　纪晓敏
李　健　刘春波　刘冬梅　刘丽敏
刘丽秋　聂　君　齐明悦　任剑辉
任晓远　沙洪珍　宋清海　孙　玲
孙　颖　王凤清　王丽红　王伟维
王忠辉　魏淑云　徐宝山　杨　帆
杨宏宇　詹景峰　张雪乔　张玉荣
张祖明　邹　刚

前言

随着乡村振兴战略的实施,我国步入了中国特色农业现代化进程的关键时期,农村也将迎来新的发展。农村经济一直是我国国民经济和农村发展的重要组成部分,农村经济要发展,加强管理是关键。要加强农业与农村的经济管理,必须提高从事农村工作的领导干部,特别是农村经济工作的管理人员以及广大农户的科学文化素质和农村经济管理水平。为满足农村经济飞速发展的需要,急需培养一批懂技术、善经营、会管理的新时期农村经济管理队伍。基于以上背景,我们编写了本书。

本书系统阐述了农业生产与经营、农户经营管理、农村经济合同管理、农户劳动力与主要生产资料管理、农户农产品销售管理、农业经济效益分析、农户收支核算管理、农户记账管理、农产品成本核算管理、庭院经济管理、种植业技术经济管理、农户经营计划管理、农村审计管理、新型农业经营主体管理等内容。针对读者的文化层次及为便于实际工作应用,本书在编写过程中,注重语言表达通俗易懂、方法案例详细实用。希望本书能够帮助读者真正理解与掌握农村经济管理的要点,并运用到实际生产工作中,切实提高经济效益,为乡村振兴助力。

由于编写时间仓促,加上编者水平有限,书中难免有不妥之处,恳请广大读者和同行专家不吝指正。

编　者

2022 年 3 月

目录

第一章 农村经济工作概述 ... 001

第一节 农村经济工作的特点 ... 001
一、内容的多样性 ... 001
二、对象的大量性和分散性 ... 002
三、艰苦性 ... 003

第二节 农村经济工作的目标 ... 003
一、概念和分类 ... 003
二、确定农村经济工作目标的原则 ... 004

第三节 农村经济工作的任务 ... 005
一、农村经济工作任务与农村经济工作目标的关系 ... 005
二、当前农村经济发展的制约因素与应对措施 ... 006
三、"十四五"农业农村发展规划目标任务 ... 007

第二章 农业生产与经营 ... 010

第一节 农业与农业生产 ... 010
一、农业的概念及意义 ... 010
二、农业生产的特点 ... 011

第二节 农业经营 ... 013
一、概念与意义 ... 013
二、过程与目标 ... 013

第三章 农户经营管理 ... 015

第一节 农户经营管理概述 ... 015
一、研究对象 ... 015
二、任务 ... 016
三、方法 ... 018

第二节　提高农户经营管理水平是发展农村市场经济的必然要求 ………… 019
　　第三节　提高农户经营管理水平必须树立正确的经营管理观念 …………… 020
　　　　一、市场观念 ……………………………………………………………… 020
　　　　二、竞争观念 ……………………………………………………………… 022
　　　　三、科学技术观念 ………………………………………………………… 022
　　　　四、效益观念 ……………………………………………………………… 023
　　　　五、全局观念 ……………………………………………………………… 023
　　第四节　提高农户扩大再生产能力的途径 …………………………………… 024

第四章　农村经济合同管理

　　第一节　经济合同概述 ………………………………………………………… 027
　　　　一、概念 …………………………………………………………………… 027
　　　　二、内容 …………………………………………………………………… 027
　　　　三、特征 …………………………………………………………………… 029
　　　　四、种类 …………………………………………………………………… 029
　　第二节　经济合同的签订与履行 ……………………………………………… 030
　　　　一、签订的程序与形式 …………………………………………………… 030
　　　　二、经济合同的履行 ……………………………………………………… 032
　　第三节　经济合同的变更、解除及违约的处理 ……………………………… 033
　　　　一、变更或解除经济合同的条件 ………………………………………… 033
　　　　二、变更或解除经济合同的程序 ………………………………………… 033
　　　　三、违反经济合同的责任 ………………………………………………… 034
　　第四节　无效经济合同的确定和处理 ………………………………………… 035
　　　　一、无效经济合同的确定 ………………………………………………… 035
　　　　二、无效经济合同的处理 ………………………………………………… 036
　　第五节　经济合同的鉴证与公证及纠纷解决途径 …………………………… 036
　　　　一、鉴证 …………………………………………………………………… 037
　　　　二、公证 …………………………………………………………………… 037
　　　　三、纠纷解决途径 ………………………………………………………… 037

第五章　农户劳动力与主要生产资料管理

　　第一节　农户劳动力管理 ……………………………………………………… 040
　　　　一、劳动力利用与管理 …………………………………………………… 040

二、劳动力安排与使用……………………………………041

　　三、劳动力转移……………………………………………042

　　四、劳动力智力开发………………………………………043

第二节　农户土地资源管理……………………………………044

　　一、土地资源概念…………………………………………044

　　二、土地资源特性…………………………………………045

　　三、用地基本原则…………………………………………045

　　四、土地资源利用途径……………………………………046

第三节　农户生产工具管理……………………………………048

　　一、生产工具概念及管理…………………………………048

　　二、耕畜管理………………………………………………048

　　三、手工、畜力农具管理…………………………………049

　　四、农机具管理……………………………………………049

第六章　农户农产品销售管理………………………………051

第一节　意义与特点……………………………………………051

　　一、意义……………………………………………………051

　　二、特点……………………………………………………052

第二节　农产品市场调查………………………………………052

　　一、了解有关政策与法规…………………………………052

　　二、产品调查………………………………………………053

　　三、销售调查………………………………………………053

　　四、市场竞争调查…………………………………………053

第三节　农产品销售工作………………………………………053

　　一、销售渠道选择…………………………………………053

　　二、运输工具与方式选择…………………………………054

　　三、销售业务流程…………………………………………055

第七章　农业经济效益分析…………………………………058

第一节　经济效益与农业经济效益……………………………058

　　一、经济效益概述…………………………………………058

　　二、农业经济效益概述……………………………………059

第二节　常用分析指标…………………………………………059

  一、土地生产率 ……………………………………………………… 059
  二、劳动生产率 ……………………………………………………… 060
  三、产品成本 ………………………………………………………… 060
  四、资金利润率 ……………………………………………………… 061
  五、劳动成果分析指标 ……………………………………………… 061
 第三节 常用分析方法 …………………………………………………… 061
  一、比较分析法 ……………………………………………………… 061
  二、综合评分法 ……………………………………………………… 063
  三、因素分析法 ……………………………………………………… 065

第八章 农户收支核算管理 ……………………………………………… 068

 第一节 收入核算 ………………………………………………………… 068
  一、收入分类 ………………………………………………………… 068
  二、收入管理与核算原则 …………………………………………… 069
  三、收入核算方法 …………………………………………………… 071
 第二节 支出核算 ………………………………………………………… 073
  一、支出分类 ………………………………………………………… 074
  二、支出管理与核算原则 …………………………………………… 074
  三、支出核算方法 …………………………………………………… 075

第九章 农户记账管理 …………………………………………………… 081

 第一节 会计核算概述 ………………………………………………… 081
  一、会计与会计核算 ………………………………………………… 081
  二、会计的功能 ……………………………………………………… 083
  三、会计核算方法 …………………………………………………… 084
  四、会计制度 ………………………………………………………… 085
 第二节 农户记账法 …………………………………………………… 085
  一、单式收付记账法 ………………………………………………… 086
  二、增减记账法 ……………………………………………………… 088
  三、钱、物收付记账法 ……………………………………………… 089
  四、借贷记账法 ……………………………………………………… 094

第十章 农产品成本核算管理······097

第一节 农产品成本核算的意义······097
第二节 农产品成本核算的要求······098
一、管算结合,算为管用······098
二、正确划分各种费用界限······099
三、做好成本核算的基础工作······100
第三节 生产费用与产品成本······100
一、生产费用分类······100
二、生产费用与产品成本的关系······102
第四节 机械作业费的核算与分配······103
一、机械作业费核算······103
二、机械作业费分配······106
第五节 管理费与共同生产费的核算与分配······106
一、管理费的核算与分配······107
二、共同生产费的核算与分配······109
第六节 粮食生产的成本核算······110
一、核算对象······110
二、成本项目······110
三、期间成本······111
四、粮食作物成本计算······112
第七节 蔬菜栽培的成本核算······116
一、核算对象······116
二、成本项目······116
三、期间成本······116
四、蔬菜产品成本计算······116

第十一章 庭院经济管理······119

第一节 庭院经济的概述······119
一、概念······119
二、主要类型······120
三、基本特点······121
第二节 庭院经济的地位和作用······122

第三节　庭院经济发展的途径及目标 123
　　　　一、充分利用有利条件 123
　　　　二、因地制宜选择庭院经济项目 124
　　　　三、庭院经济发展的理想目标 126

第十二章　种植业技术经济管理 127

　　第一节　种植业技术经济研究概述 127
　　　　一、基本特点 127
　　　　二、主要内容 129
　　　　三、评价指标 129
　　第二节　作物布局与耕作制度的经济效果评价 130
　　　　一、作物布局的经济效果评价 130
　　　　二、耕作制度的经济效果评价 132
　　第三节　肥料利用技术经济 136
　　　　一、肥料利用技术经济研究的内容 136
　　　　二、肥料的最佳投放量 137
　　　　三、氮、磷、钾肥料的最佳配合 138
　　　　四、施肥方法与经济效果 139
　　第四节　传统技术及农艺新技术的经济效果评价 140
　　　　一、作物良种的技术经济效果 140
　　　　二、栽培技术的经济效果评价 140
　　　　三、灌溉技术的经济效果分析 142
　　　　四、土地耕作的技术经济效果评价 142
　　　　五、农艺新技术的经济效果评价特点 143

第十三章　农户经营计划管理 145

　　第一节　农户经营计划概述 145
　　　　一、概念 145
　　　　二、内容 145
　　　　三、基础工作 146
　　　　四、主要指标 148
　　第二节　农户经营计划编制 149
　　　　一、编制原则 149

二、编制程序 ··· 149
　　三、编制方法 ··· 150

第十四章　农村审计管理 ·· 153

第一节　农村审计的重要性 ·· 153
第二节　农村审计的种类和方法 ·· 154
　　一、审计种类 ··· 154
　　二、审计方法 ··· 155
第三节　农村审计的阶段 ·· 159
　　一、准备阶段 ··· 159
　　二、进行阶段 ··· 161
　　三、终结阶段 ··· 162
第四节　农村审计的主要内容 ··· 163
　　一、内部控制制度的审计 ·· 163
　　二、货币资金的审计 ··· 165
　　三、固定资产的审计 ··· 167
　　四、产品物资的审计 ··· 169
　　五、饲养畜禽的审计 ··· 171
　　六、各项收支的审计 ··· 171
　　七、往来款项、贷款和税金的审计 ··· 172
　　八、各项专用基金的审计 ·· 173
　　九、成员劳动用工和劳动报酬的审计 ······································ 173
　　十、收益分配的审计 ··· 174
第五节　审计报告书 ·· 175
　　一、作用 ··· 175
　　二、内容 ··· 176
　　三、编写方法及步骤 ··· 178

第十五章　新型农业经营主体管理 ··· 181

第一节　家庭农场的要素管理 ··· 181
　　一、制度管理 ··· 181
　　二、生产管理 ··· 182
　　三、人员管理 ··· 183

第二节　家庭农场的财务管理 ················· 185
　　　一、资金管理 ························· 185
　　　二、融资管理 ························· 188
　　　三、成本费用管理 ······················ 189
　　　四、利润管理 ························· 192
　　第三节　合作社的经营管理 ··················· 195
　　　一、合作社成员的权利 ···················· 195
　　　二、合作社成员的义务 ···················· 196
　　第四节　合作社的财务管理 ··················· 197
　　　一、筹措资金和管理资产 ··················· 197
　　　二、编制成员账户 ······················ 199
　　　三、定期公开社务 ······················ 202
　　第五节　新型农业经营主体的培育提升与发展 ··········· 203
　　　一、积极认真抓好新型农业经营主体的培育工作 ········ 203
　　　二、引导农民专业合作社向提升发展迈进 ············ 205

参考文献 ······························· 208

第一章 农村经济工作概述

农村经济工作是整个农村工作的主体，是农村工作的核心部分。自党的工作重心转移到全面推进乡村振兴，加快农业农村现代化，努力开创"三农"工作新局面以来，农村经济工作的重要地位更加突显出来。做好农村经济工作，对每个农村经济工作者来说，必须首先要明确农村经济工作的特点、目标和任务。

第一节 农村经济工作的特点

农村经济工作的目标和任务是与农村经济工作的特点联系在一起的，因此，要想明确农村经济工作的目标和任务，就必须清楚地把握农村经济工作的特点。与其他经济工作相比，农村经济工作的特点包括以下几方面。

一、内容的多样性

农村经济工作内容丰富，特别是改革开放以后，农村经济工作全面开展，不仅农业经济繁荣兴旺，而且农村的第二、第三产业也异军突起，每个产业内部又有着丰富的经济内容。从农业经济来看，农业已打破了原有的"以粮为纲"的单一种植业结构的格局，出现了农林牧副渔全面发展的可喜局面。而在农林牧副渔各业内部，也在朝着多种经营的方向发展。对种植业来说，除了粮食作物之外，又扩大了油料作物、糖料作物、纤维作物等经济作物种植面积。此外，畜牧业占农业总产值的比重迅速增加，畜牧业内部的畜种结构也以较快的速度进行调整。从农村的第二、第三产业来看，乡镇企业发展迅速，工、商、建、运、服各领域都活跃着农村乡镇企业，出现异彩纷呈的局面。农业生产结构和农村产业结构的调整，使农村经济工作的内容丰富多彩，出现了多样性的特征。

农村经济工作内容的多样性，反映了农业的特征和农村分工分业发展的要求。农业是一个以土地作为基本生产资料的物质生产部门，土地资源也具有多样性的特征。例如有的土地适于种玉米，有的适于种水稻，有的适于种葵花，因地制宜，从而增强了农业生产活动内容的丰富性。从分工分业的发展规律来看，农业人口中的一部分脱离土地，转向工业和商业，农业人口比重不断下降，工商业人口比重则呈不断增长的趋势。由于我国人口众多，农业劳动力转移主要以就地转移为基本途径，特别是在农业现代化和农村工业化发展的初期，更是如此。因此，农村经济活动无论从宏观经济活动范围来看，还是从一村或一乡的微观经济活动范围来看，都包含着丰富的产业内容，不仅农业内部要实现农林牧副渔全面发展，而且工业和商业将在农村这块土地上开拓出更加广阔的活动空间。

农村经济工作内容的多样性，既是农村经济现状的反映，又是农村经济发展的要求。因此，在客观上必然对广大农村经济工作干部提出两个方面的要求。一方面，为了更好地完成农村经济工作，必须要适应农村经济工作内容的多样性；另一方面，为了促进农村经济的繁荣，必须通过自己的努力，不断增强农村经济工作内容的多样性。就前者而言，要求农村经济工作干部不仅要精于农业，同时还要关注工业和商业的发展动态，要满足经济发展本身提出的更新知识的要求，适应农村分工分业发展的需要，以胜任农村经济工作。对于后者，农村经济活动内容的多样性，一定程度上是衡量一个地区、一个单位经济发达程度的标准，多样性反映了多种经营和第三产业的发达程度，因此，每个农村干部都应在努力适应农村经济工作内容多样性的基础上，进一步强化这种特征。

二、对象的大量性和分散性

农业经济是整个农村经济的基础，由于农业生产的特殊性，农村经济组织方式与其他部门相比有一些明显的特征。特别是农村实行"双层经营"体制后，农户成为相对独立的经营单位，农业再生产活动基本以农户为单位进行，农户已成为经营的主体和投资的主体，这就使农村经济工作表现为主体对象的大量性和分散性的特征。

农村经济活动的主体对象是广大农民。我国农村常住人口5.7亿，约占我国总人口的41%，因此，主体对象具有大量性的特征。由于农业生产必须以土地为基本生产资料，农民分散在广阔的土地上，不像城镇居民那样有较高的集中度。以吉林省为例，平均每个乡的幅员近170平方公里，每个村的幅员近15平方公里。每个村级集体经济组织，都由若干个自然村落组成，每个农户都是相对独立的经营单位。广大农民作为农村经济工作的主体对象所表现出的这种分散性的特征，决定了农村集体经济组织的组织化程度必然较低，而且农村经济活动的组织方式也完全不同于城市工商企业,从而使农村经济工作表现出自身固有的规律。农村干部必须根据这一特征,来选择经济活动的组织方式和为农民服务的方式,以促进农村市场经济更快更好地向前发展。

三、艰苦性

农业活动依赖大自然,农村工作与风霜雨雪为伍,工作环境较为恶劣。农村干部常常是风里来雨里去,晴天一身汗,雨天一身泥。由于分散经营,工作的对象多而分散,要为农民提供各种经济技术服务,势必有相当大的工作量。遇到洪涝灾害和其他自然灾害,干部又要身先士卒地战斗在抗灾第一线。

农村干部组织和指导农村第二和第三产业的经济活动时,肩负的担子也很沉重。将农业劳动力从土地上转移出来,发展第二、第三产业,面临着资金、技术、人才等诸方面的困难。这是一个艰苦的创业过程,每走一步都要付出许多汗水和心血。因此可以说农村干部的工作是相当艰苦的。

农村经济工作的艰苦性,要求广大农村干部必须有吃苦耐劳的奉献精神,坚定全心全意为广大农民服务的思想,努力做好农村经济工作。

第二节　农村经济工作的目标

农村经济工作的目标是农村经济工作的行为指南,目标正确与否,直接关系到经济工作的成败。合理地确定经济活动的目标,对于促进经济有计划地发展,提高经济效率,调动劳动者的生产积极性,都具有十分重要的意义。

一、概念和分类

所谓农村经济工作目标,是指在一定时期内农村经济工作想要达到的某种境界或标准。

农村经济工作目标和其他目标一样,具有以下特征。首先,目标具有时间性。一定的经济目标总是和一定的时间阶段相联系的,如果不规定时间阶段,就无从考察目标的可行性、科学性和存在的价值。例如,在确定某一目标前,要首先明确在什么时间阶段内想要得到一种什么样的结果。其次,目标具有层次性。一个总目标就是一个目标系统,下面又分为若干个子系统,形成若干目标层次,即有大目标和小目标,最终目标和中间目标之分。再次,目标具有数量的规定性。这种数量规定的是目标的水平,它表示农村经济目标状态与现实状态的差异程度。差异程度越大,意味着目标水平越高,实现目标的难度就越大;差异程度越小，意味着目标水平越低，实现目标的难度就越小。这种数量的规定性通过具体的数量指标来反映，例如，农民人均纯收入、粮食总产量、农村社会总产值等。

根据不同的标准，可对农村经济工作目标进行分类。按照目标实现的时间划分，可分为远景目标、长期目标、中期目标、短期目标。30年甚至50年的经济奋斗目标，可以称之为超长期目标或远景目标。长期目标时限较长，一般为10年，即两个经济计划期的时间。中期目标是根据长期目标所确定的分阶段目标，时限一般为5年，即一个计划期的时间。短期目标时限较短，一般为1年，即年度工作目标。短期目标是中期目标的阶段目标。一般来说，目标时限越长，目标内容越笼统，目标层次越高；目标时限越短，目标内容越具体，目标层次越低。按照目标的内容分，可分为总体目标和分项目标。总体目标的内容较为笼统，它是对分项内容的高度概括。分项目标是对总体目标的具体分解，分项目标是由总体目标决定的。按照目标的覆盖范围划分，可以分为宏观经济目标、中观经济目标和微观经济目标。宏观经济目标覆盖面最宽，是指一个国家政府对全国经济发展所制定的目标。中观经济目标也可以称为区域经济目标，一般指省、市、县等各级政府对本区域经济发展所提出的目标。微观经济目标是指企业或经济组织对本单位提出的目标。宏观经济目标是中观经济目标和微观经济目标的基础，二者要服从宏观经济目标，在其指导下来制定。

二、确定农村经济工作目标的原则

经济工作目标是主观的产物，但它必须反映客观经济规律。因此，经济工作目标的可靠程度反映了主观对客观的认识程度。为了使经济工作目标制定得科学合理，一般来说应遵循以下原则：

（1）可行性原则　可行性是经济工作目标的核心原则。确定经济工作目标时，既要考虑主观需要，又要考虑客观上实现的可能性，使主观愿望与客观条件相适应。任何事物的发展，都有自身固有的规律，人们只能科学地认识规律，因势利导，推动事物向前发展，而不能无视规律本身，将主观愿望凌驾于客观规律之上。不符合经济发展规律的目标，即使勉强达到了，也于经济本身的发展无益。任何经济目标的实现都是有条件的，这些条件包括自然、经济、技术等诸多方面，只有当经济目标所需要的条件成熟时，该目标才能实现。例如，1975年召开的全国农业学大寨会议上曾经提出，到1980年全国基本实现农业机械化。事实证明，该目标完全不符合中国当时的国情，既未考虑实现农业机械化所需要的资金条件，也未考虑实现农业机械化后多余劳动力的出路，因此，该目标完全不具备可行性，是无法实现的。一个科学的经济目标，必须在大量调查研究和科学预测的基础上，进行反复多次的可行性研究，通过对多个方案进行比较选优，最后才能决定。

（2）激励性原则　经济工作目标即未来要达到的生产目的，其只有具备感召力和鼓动力，才能激发广大农民和农村经济工作者为之奋斗的热情，产生一种目标的驱动力，这就是激励性原则的要求。激励性原则的实质就是代表广大农民的切身利益，使目标反映广大农民的迫切愿望，反映社会主义基本经济规律的要求，体现社会主义生产目的。

（3）协调性原则　即既要保持农村经济工作目标和国民经济总目标之间的协调一致，还要保持农村经济工作目标内部各分项目标的协调一致。农村经济工作目标是国民经济目标系统中的子系统，与国民经济目标具有隶属关系。在农村经济工作总目标之下，又可分解为若干分项目标，构成一个多元目标系统，各分项目标之间既有相互促进的一面，又有相互矛盾的一面。例如，生态效益和经济效益之间，粮食作物和经济作物之间，既相互促进，又存在一定矛盾。因此，在目标系统内部，必须确定各目标的合理位置，不能片面强调某一目标的重要性而忽视其他目标，只有使目标协调一致，才能达到总体效益的优化。过去在农业生产中强调"以粮为纲"，片面突出粮食生产，结果不仅限制了多种经营的发展，粮食生产水平也未能提升，农业生产总体水平停滞不前。

（4）准确性原则　经济工作目标要求用数字表达明确的内涵和外延，不能含糊不清、任意解释或存在多种解释，更不能任意提高或降低目标的标准，否则会使人们无所适从。

第三节　农村经济工作的任务

所谓任务，就是指定的工作。随着时间的变化，任务的内容也在变化。下面要具体讲的，就是在"十四五"期间要完成的农村经济工作任务。

一、农村经济工作任务与农村经济工作目标的关系

农村经济工作任务是指在一定时期内，为达到一定的农村经济工作目标所要完成的具体工作。由此可见，目标与任务之间具有内在的依存关系，任务是由目标决定的，没有无目标的任务，目标是任务的灵魂；任务是实现目标的手段和途径。如果仅有目标，而不去规定和执行具体的工作任务，那么目标也只能是空中楼阁，永远也无法达到。

既然任务是由目标决定的，那么，可以按照目标的划分方法对任务加以区分。

从时限的角度看，与长期目标、中期目标、短期目标相适应，可以划分为长期任务、中期任务、短期任务；从内容的角度看，与总体目标和分项目标相适应，可以划分为总体任务和单项任务；从覆盖范围的角度看，与宏观目标、中观目标、微观目标相适应，可以划分为宏观任务、中观任务和微观任务。

科学合理的农村经济工作目标一旦确定，那么它是否能够如期达到，就要取决于农村经济工作任务的完成情况。因此，完成任务的时间具有很强的严格性。为了有序、如期地完成农村经济工作任务，一般要通过年度计划和"五年计划"对农村经济工作任务分阶段分项地落实。

二、当前农村经济发展的制约因素与应对措施

农村经济工作任务是由农村经济工作目标决定的，但在确定农村经济工作任务时，不能仅仅依据目标，还必须了解农村经济发展过程中所面临的制约因素。当前农村经济发展主要受农业质量发展不足制约，农业质量发展的制约因素主要表现在以下三个方面。

第一，农产品品种丰富，但多而不优。目前，我国农产品品种齐全，供应不断。但产品同质化严重，分等分级少，缺少个性化产品。

第二，农产品品牌众多，但杂而不亮。我国农产品大品牌不多，有市场影响力的品牌更少。

第三，农业体量大，但大而不强。我国粮、肉、蛋、果、菜、茶、鱼产量都居世界首位，但国际竞争力与农业大国地位还不相称。

因此，加快农村经济发展，提高农业发展质量是当务之急。发展农业质量，还是要坚持质量第一，坚定不移地推进质量兴农，提高农业绿色化、优质化、特色化、品牌化水平。

（1）推进农业标准化，把优质品产出来　生产优质安全的农产品的抓手是按国标生产。要严格遵行农药、兽药残留标准以及其他行业标准，严格遵循农药、兽药、饲料添加剂、抗生素使用规范，严格落实间隔期、休药期规定。

（2）加强执法监管，把安全管出来　我国农业生产主体多、链条多，农产品质量安全监管必须围绕薄弱环节及重点领域，出重拳，求突破。要严格投入品使用监管，推进农药追溯体系建设，逐步全面禁止使用高毒农药；加快农产品质量安全追溯体系建设，建设农业生产信息档案，将新型经营主体全部纳入监管名录。

（3）实施品牌提升行动，把品牌树起来　我国于 2017 年开展了农业品牌推进年活动，推出了一批区域公用品牌与产品品牌，得到了较好的市场反馈。今后要进一步开展中国农业品牌提升行动，将品牌建设与有机食品、绿色食品认证紧

密结合,再遴选、推介一批叫得响的农业品牌,增强品牌的市场影响力。

(4) 强化现代要素集成运用,让产品强起来　我国农业体量大,但国际竞争力弱,最根本的原因是产业素质不高。必须强化现代科技装备支撑,大力推广运用新技术,围绕提质增效重大需求,遴选具有示范前瞻性、引领性的技术,组装集成特色高效品种技术。实施现代种业提升工程,全面深化种业权益改革,建立商业化育种创新体系,全面提升农作物单产产量和良种质量。

(5) 持续推进农业投入品减量　目前,化肥、农药使用量"零增长"目标已提前实现,下一步要在提高使用效率,减少使用总量上下功夫。

(6) 加强农业资源养护　统筹山水林田湖草沙系统治理,把农业资源过高的利用强度降下来。加大东北黑土地保护力度,将优质的黑土耕地划为永久基本农田。以黑土区为重点,集成推广深松深耕技术,使深松深耕整地面积达到1.5亿亩以上。

三、"十四五"农业农村发展规划目标任务

1. 增强农业综合生产能力

夯实粮食生产能力基础,保障粮、棉、油、糖、肉、奶等重要农产品供给安全。坚持最严格的耕地保护制度,强化耕地数量保护和质量提升,严守18亿亩耕地红线,遏制耕地"非农化"、防止"非粮化",规范耕地占补平衡,严禁占优补劣、占水田补旱地。以粮食生产功能区和重要农产品生产保护区为重点,建设国家粮食安全产业带,实施高标准农田建设工程,建成10.75亿亩集中连片高标准农田。实施黑土地保护工程,加强东北黑土地保护和地力恢复。推进大中型灌区节水改造和精细化管理,建设节水灌溉骨干工程,同步推进水价综合改革。加强大中型、智能化、复合型农业机械研发应用,农作物耕种收综合机械化率提高到75%。加强种质资源保护利用和种子库建设,确保种源安全。加强农业良种技术攻关,有序推进生物育种产业化应用,培育具有国际竞争力的种业龙头企业。完善农业科技创新体系,创新农技推广服务方式,建设智慧农业。加强动物防疫和农作物病虫害防治,强化农业气象服务。

2. 深化农业结构调整

优化农业生产布局,建设优势农产品产业带和特色农产品优势区。推进粮经饲统筹、农林牧渔协调,优化种植业结构,大力发展现代畜牧业,促进水产生态健康养殖。积极发展设施农业,因地制宜发展林果业。深入推进优质粮食工程。推进农业绿色转型,加强产地环境保护治理,发展节水农业和旱作农业,深入实施农药、化肥减量行动,治理农膜污染,提升农膜回收利用率,推进秸秆综合利

用和畜禽粪污资源化利用，使畜禽粪污综合利用率达 80%以上。完善绿色农业标准体系，加强绿色食品、有机农产品和地理标志农产品认证管理。强化全过程农产品质量安全监管，健全追溯体系，使农产品质量安全例行检测合格率达 98%以上。建设现代农业产业园区和农业现代化示范区。

3. 丰富乡村经济业态

发展县域经济，推进农村第一、第二、第三产业融合发展，延长农业产业链条，发展各具特色的现代乡村富民产业。推动种养加结合和产业链再造，提高农产品加工业和农业生产性服务业发展水平，壮大休闲农业、乡村旅游、民宿经济等特色产业。加强农产品仓储保鲜和冷链物流设施建设，健全农村产权交易、商贸流通、检验检测认证等平台和智能标准厂房等设施，引导农村第二、第三产业集聚发展。完善利益联结机制，通过"资源变资产、资金变股金、农民变股东"，让农民更多地享受产业增值收益。

4. 强化乡村建设的规划引领

统筹县域城镇和村庄规划建设，通盘考虑土地利用、产业发展、居民点建设、人居环境整治、生态保护、防灾减灾和历史文化传承。科学编制县域村庄布局规划，因地制宜、分类推进村庄建设，规范开展全域土地综合整治，保护传统村落、民族村寨和乡村风貌，严禁随意撤并村庄搞大社区、违背农民意愿大拆大建。优化布局乡村生活空间，严格保护农业生产空间和乡村生态空间，科学划定养殖业适养、限养、禁养区域。鼓励有条件地区编制实用性村庄规划。

5. 提升乡村基础设施和公共服务水平

以县域为基本单元推进城乡融合发展，强化县城综合服务能力和乡镇服务农民功能。健全城乡基础设施统一规划、统一建设、统一管护机制，推动市政公用设施向郊区乡村和规模较大中心镇延伸，完善乡村水、电、路、气、邮政通信、广播电视、物流等基础设施，提升农房建设质量。推进城乡基本公共服务标准统一、制度并轨，增加农村教育、医疗、养老、文化等服务供给，推进县域内教师、医生交流轮岗，鼓励社会力量兴办农村公益事业。提高农民科学文化素质，推动乡村人才振兴。

6. 改善农村人居环境

开展农村人居环境整治提升行动，稳步解决"垃圾围村"和乡村黑臭水体等突出环境问题。推进农村生活垃圾就地分类和资源化利用，以乡镇政府驻地和中心村为重点梯次推进农村生活污水治理。支持因地制宜推进农村厕所革命。推进农村水系综合整治。深入开展村庄清洁和绿化行动，实现村庄公共空间及庭院房屋、村庄周边干净整洁。

7. 推动现代农业农村建设工程

（1）高标准农田　新建高标准农田 10.75 亿亩，其中新增高效节水灌溉面积 0.6 亿亩。实施东北地区 1.4 亿亩黑土地保护性耕作。

（2）现代种业　建设国家农作物种质资源长期库、种质资源中期库，提升海南、甘肃、四川等国家级育制种基地水平，建设黑龙江大豆等区域性育制种基地。新建、改扩建国家畜禽和水产品种质资源库、保种场（区）、基因库，推进国家级畜禽核心育种场建设。

（3）农业机械化　创建 300 个农作物生产全程机械化示范县，建设 300 个设施农业和规模养殖全程机械化示范县，推进农机深松整地和丘陵山区农田宜机化改造。

（4）动物防疫和农作物病虫害防治　提升动物疫病国家参考实验室和病原学监测区域中心设施条件，改善牧区动物防疫专用设施和基层动物疫苗冷藏设施，建设动物防疫指定通道和病死动物无害化处理场。分级建设农作物病虫疫情监测中心和病虫害应急防治中心、农药风险监控中心，建设林草病虫害防治中心。

（5）农业面源污染治理　在长江、黄河等重点流域环境敏感区建设 200 个农业面源污染综合治理示范县，继续推进畜禽养殖粪污资源化利用，在水产养殖主产区推进养殖尾水治理。

（6）农产品冷链物流设施　建设 30 个全国性和 70 个区域性农产品骨干冷链物流基地，提升田头市场仓储保鲜设施，改造畜禽定点屠宰加工厂冷链储藏和运输设施。

（7）乡村基础设施　因地制宜推动自然村通硬化路，加强村组联通和村内道路建设，推进农村水源保护和供水保障工程建设，升级改造农村电网，提升农村宽带网络水平，强化运行管护。

（8）农村人居环境整治提升　有序推进经济欠发达地区以及高海拔、寒冷、缺水地区的农村改厕。支持 600 个县整县推进人居环境整治，建设农村生活垃圾和污水处理设施。

第二章 农业生产与经营

党的十一届三中全会以来，农村普遍推行了家庭联产承包责任制。以农户为单位实行有统有分的双层经营，是我国现阶段农村经济的基本经营方式。它显示了巨大的优越性，一是它适应农村现实生产力发展的水平，大大地调动了亿万农民的积极性，促进了农业生产力的发展；二是它包含了两种积极性，除农户经营的积极性外，还有集体经营的积极性。由于农村实行统分结合双层经营，能不断扩展经营的领域和范围，不断壮大集体经济，从而更好地促进了家庭经济的发展。

现阶段，农户家庭经济仍具有巨大的发展潜力，实行家庭联产承包责任制将长期不变，对进一步做好农户经营工作，具有十分重要的意义。

第一节 农业与农业生产

了解农业及农业生产的特点，是做好农村经营管理工作的基础。

一、农业的概念及意义

农业是利用动植物的生长发育规律，通过人工培育来获得产品的一个重要产业部门，是人类生活资料的主要来源。人类社会首先要获取最基本的生活资料才能生存和发展，而在生活资料中最重要的是植物性和动物性食物。这些动植物食物最初是由农业中植物种植业和动物饲养业生产的。没有农业部门生产的食物，社会再生产就不能进行。所以农业是人类社会赖以存在和发展的基础，是一切生产活动得以进行的起点。

广义的农业，包括种植业、林业、畜牧业、渔业、副业；狭义的农业，主要指种植业,包括粮、棉、油、麻、丝、茶、糖、烟、菜、果、药、杂。农业生产一般经过三个过程:一是植物生产过程(或称第一性生产或初级生产过程),就是绿色植物通过其特有功能——光合作用,将自然界的无机物光、水、热、气、土等转化为有机物;二是动物生产过程(或称第二性或次级生产过程),就是动物通过其生命生理活动,摄取饲草饲料中的营养成分,将植物产品转化为动物产品如肉、乳、蛋、毛、皮、绒、骨骼等;三是微生物生产过程,就是利用微生物的作用生产食用菌等。农业生产过程如图2-1所示。

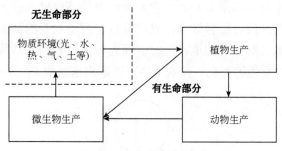

图2-1 农业生产过程图

从图2-1可以看出,光、水、热、气、土等自然资源,相对地说,是取之不尽,用之不竭的,对其进行合理的开发利用,提高其利用率至关重要。例如,植物利用自然资源生产植物产品,动物如家畜利用植物产品生产动物产品,植物、动物及其产品又可以通过微生物的作用进行微生物生产,最后分解转化为自然资源的一部分。要想经济、合理、有效地利用它们相互转化的关系,生产出更多更好的农畜产品,首先必须掌握自然规律,在自然生产过程中要按自然规律办事。农业生产又是一个经济生产过程,是人们通过自己的劳动,进行物质、资金、劳动力、技术等各项投入,并在一定的社会生产方式下进行的社会生产,从而发生各种各样相互联系的关系,即生产关系(也叫经济关系),因此农业生产同时也要按经济规律办事。了解农业与农业生产的涵义,对农村经济工作的开展是非常重要的。

二、农业生产的特点

农业生产的基本特点,是自然再生产过程与经济再生产过程交织在一起。农业的自然再生产过程即生物生长、发育、死亡的过程,有其自然发展的规律,人们只能促进或延缓这一过程,而不能违背它。但农业毕竟是人类社会一种有组织的经济活动,自然再生产过程的利用效率、效应,因人们科学合理利用程度不同而不同。因此,农业生产系统是农业生态(生物群落与非生物环境相互作用)系统与社会经济系统相互作用，彼此适应配合而协调发展的（见图2-2）。

图 2-2　农业生产系统图（一）

由于人类社会、生物机体与自然环境紧密联系、互相促进、互相制约，组成复杂的农业生产系统（如图2-3），农户必须运用经济信息和投入产出关系，合理利用自然经济资源，做好经营管理。农户只有了解了农业的基本特点，才能合理地组织人力、物力、财力，因地、因时、因人制宜，做到人尽其才、地尽其利、物尽其用，维护农业生态平衡，使农业生产不断向前发展。

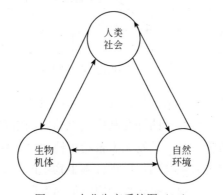

图 2-3　农业生产系统图（二）

从农业生产的基本特点出发，延伸出如下具体特点：

（1）土地是农业生产不可缺少、无法替代的最基本的生产资料　要特别珍惜和爱护土地。要用地养地结合，开发土地资源，保护耕地面积，避免对土地的掠夺式经营，要提高土壤的肥力，使土地保持良好状态。

（2）农业生产对外界环境条件的依赖性　各地区的自然环境条件，即光照、温度、湿度、降雨量、地形、地貌、土壤、植被、无霜期等均不相同，农业生产的风险较大。因此，农户经营要因地制宜，审时度势，发展多种经营，要扬长避短、最大限度地增强生产经营的经济效果。

（3）农业生产过程中，劳动时间与生产时间的不一致性　生产时间是不能停止的，劳动时间则可以间断。农业生产的对象是生物，生物的整个生命周期就是农业生产的时间，生物的生命周期中，又有不同的阶段。要不违农时，做好阶段管理工作。农业生产的时间较长，生产过程中要不断增加劳动及各种物质、技术的投入。而劳动时间则是可以间断的，从而表现出农业生产过程中，农业劳动力和生产资料使用的季节性。因此，农户经营一方面要按农业生产的需要，不误农时，不违农时；另一方面要开展多种经营，农林牧副渔全面发展，合理利用劳动力与生产资料。

（4）农畜产品既是消费资料又是生产资料　农畜产品作为消费资料，既可供农民自己消费，又可作为商品出售；作为生产资料，就存在留种、选种及良种繁育的过程，以及面临种子（种畜）的调节、调运与合理布置问题。因此农户经营应该处理好生产与生活、自给量与商品量的平衡关系，既能满足农户自身对农畜产品的生活需要，补偿和追加发展农牧业生产作为生产资料用的农畜产品；又能不断增加农畜产品商品量，提高商品率。

（5）农畜产品本身的特点　农畜产品一般系鲜活嫩产品，不耐贮藏，容易损坏腐烂，因此要严格把握生产数量。

第二节　农业经营

一、概念与意义

所谓经营，就是对经济活动进行筹划，即为了管理好经济事业以及为实现经济活动总目标，找到生产要素的最佳组合与实现最佳效益而进行的一种经济活动。它涉及人、财、物、产、供、销等全部经济活动方式，贯穿了生产、流通、分配、消费整个过程，包括产前、产中、产后诸领域的决策、运筹等。现阶段的广大农民，在党农村经济政策的指引下，对农业生产、农村经济有了经营自主权，完全可以凭借自己的劳动，积极经营，精心管理，发家致富。可是，相当一部分农民，还不太懂农业经营，"有了主权，却没有主意"。由于信息匮乏，难以进行有效的经营预测。因此，经营什么项目、开辟哪些门路、生产什么、生产多少、能否产销对路等都难以把握，面对农村经济开放的形势，缺乏灵活的经营策略。随着农村经济体制改革的推行，农业商品经济的不断发展以及科学技术日益广泛运用于农业，农畜产品数量不断增加，农业生产逐步向专业化、社会化、商品化发展，农业、农民与市场的联系日益紧密，农业经营也就更为重要与紧迫了。

二、过程与目标

农业经营必须对农业生产总过程中生产、流通、分配、消费的经济活动，进行组织、指挥、筹划、监督与调节。整个经营管理过程的职能，表现为产前的调查研究—预测—决策—规划；产中的运筹—调节—监督—保证（服务、供应）；产后的储藏—运输—销售—稽核。

首先,是要对农户所经营的山土、水面、林水及作物,饲养的牲畜,以及副业、渔业等自然资源作深入的调查,对社会及农户自身的经济资源作认真的研究分析,并对本户经营农业的历史与现状作出系统评价与诊断。

其次,查社会需要,取得第一手资料。进行生产与需要,社会、科技与经济,劳动力与生产诸要素,现实与前景,需求与可能等各种预测,提出多个可供选择的经营方案,为正确决策打好基础。

最后,制定并实施规划。编制执行经营计划,付诸实施。在实施过程中,仍须反复调查研究,根据不断发生的新情况,解决新问题,合理运筹,及时调整,做好各项服务,使各生产要素实现最优组合,加快整个生产过程的进程,更快更好地进行扩大再生产。

农户经营不仅要满足自身的消费,还要以社会为中心,尽可能多地供应产品,以满足社会日益增长的需要,同时要保护环境,防止污染,维护生态平衡,节约能源。农户经营的目标为:①能不断满足国家对农产品的需要;②合理利用自然经济资源,能地尽其利、物尽其用、人尽其才,并能保持生态平衡;③以高产、优质、低耗为生产目标,不断提高劳动生产率与经济效益,使农业生产保持良性循环,不断扩大再生产。

农户经营必须从实际出发,根据当地农业生产与农村经济当前的发展水平,特别是自身的物质技术和经营能力,适应与适合其所从事生产经营项目的特点,满足各生产经营项目对劳动力、生产资料、资金、技术等各生产要素等的要求,使经营有利于促进生产、提高商品质量和增加收入。不断提高经营水平与经营的经济效果,使农户经营不断向集约化方向发展,使资源优势不断转化为农商产品优势。

第三章 农户经营管理

党的十一届三中全会以来,特别是 1983 年之后,农村大面积实行了家庭联产承包责任制。这不仅使农村经济出现了迅猛增长的势头,同时也使农户由原来的家庭生活单元一跃成为农村生产和经营的基本单位。可以说,农户经济已经构成了现阶段农村经济的基础。因此,有必要对农户经营管理有一个新的认识,详尽地了解其对象、任务及方法,把农户经营管理水平提高到一个新的阶段,进而推动农村经济的快速发展。

第一节 农户经营管理概述

一、研究对象

随着农村普遍推行联产承包责任制,农户成为农村集体所有制合作经济的一个基本单位,农户经营就成为"双层经营"中的一个层次。现阶段,农户虽然就其生产经营规模、拥有的劳动力和生产资料数量、核算状况等方面与企业相比还有一定差距,但它仍然可称作社会主义农业生产体系中的一个细胞、一个基本生产单位。它同样以农畜产品生产为特征,具有一定数量的劳动力和生产资料,享有生产经营自主权,独立核算。

经营管理的职能表现为,根据自然规律与经济规律的要求,实施经营过程各个环节的运筹、组织、控制与协调管理。经营管理包括相互联系、互相促进、密不可分的经营与管理两个部分。经营主要根据农户外部条件与内部优势进行筹划,确定经营目标、发展方向以及实现经营目标的经营活动过程。它侧重于产前、产后的供应,处理农户与外部的各种经济关系,合理利用自然经济资源,调整产业结构，确定生产要素运用与组合的最佳方案等，重点是设计和选择最佳经济效果。管理则是根据经营目标对农户的人、财、物及产、供、销，进行有效组织实施等工作的总称。它侧重于生产过程的组织，侧重协调内部关系，重点是提高工作效率与经济效益。

经营管理具有二重性。一是自然属性，即经营管理能合理组织生产力，使生产诸要素形成最佳组合。二是社会属性，即经营管理是社会生产关系的体现，是为一定生产方式服务的。而农户经营管理的二重性的根本在于生产力与生产关系的辩证统一。因此，一方面要合理组织生产力，另一方面要维护、巩固和完善生产关系，以实现农户经营管理自然属性与社会属性的统一。经营管理的范围很广泛，大致包括，农户承包与管理的土地及其他自然资源的使用权与经营自主权，产品支配权，农村集体所有制合作经济双层经营的关系，经营方式、管理体制与组织领导的关系，以及生产规模、速度、重点、步骤、结构与布局等；经营项目与经营过程的选择与组合；劳动力、土地、农机具以及其他生产资料的合理组织与利用；农户资金筹集与核算及成本核算；产品销售；经济活动与经济效果的分析与评价；对党和国家关于发展农业生产的方针、政策、法规的贯彻执行，建立与健全各种规章制度等。

在农户经营活动中，生产诸要素——劳动力、土地、技术资金，与生产力诸要素——劳动力、生产工具、劳动对象，都不是独立发挥作用的，必须合理组织与利用，才能形成现实生产力，才能发展农业生产，不断提高农业生产经营的效率与经济效果。

农户经营活动的相互关系中，不仅有人与生产力的关系，人与物的关系，人与自然环境的关系，还有人与人的关系。人们在生产过程中的相互关系即经济关系或生产关系，如政府有关部门或经济组织与农户的关系，农户间的相互关系等。只有理顺各种关系，调动各方的积极性，才能产生发展农业生产的活力与合力，才能适应并促进生产力持续、稳定、协调地发展。

在研究生产力与生产关系诸经济规律的作用及表现形式时，必须要同时联系上层建筑等方面的问题，特别是党的方针、政策、法律、法规、教育、文艺等。这对经营管理好农业生产，合理组织生产力，不断完善生产关系有极其重要的意义。

二、任务

农户经营管理的任务是同它的研究对象紧密相连的。现阶段我国农户中的主要劳动力，既是"家长"，又是主要经营者、管理者，肩负多项经营管理任务，主要任务是：

第一，确定生产经营目标。即农户根据自身的自然资源与经济条件，国家下达的农畜产品合同订购任务及与有关方面和单位签订的合同，以及对市场及出口贸易发展趋势的预测，确定生产经营目标，制订相应的计划，采取切实可行的措施，并逐一组织实施，以期充分利用物质资源，减少劳动消耗，生产出更多更好的符合社会需要的农畜产品，取得更好的经济效果。农户在确定经营目标时，一定要充分分析当前国家的政治经济形势以及社会对农畜产品的需要，总结和分析农户内部经济发展的历史与现状，包括对所拥有的自然经济资源合理利用的程度与潜力，资源转化为产品、产品转化为商品的开发利用能力，农户的生产设施与设备建设状况，经营管理与经济活动的分析与核算能力，农户自身的负荷与负担能力以及经营管理水平等。农户要不断提高自身的文化技术水平，开拓经济视野，克服由于"小农经济"影响很容易产生的不良倾向。如力图保持经济独立性，不愿联合、联营、农工商一体化；强调"小而全"，不愿专业化，不愿兴建农户之间的农田基本设施和购置农机具；不愿接受超出一定限度的外来资金；不愿接受农户之间在生产和销售上必要的互助协作等，这些不良倾向都不利于总目标的确定。

第二，深入调查，进行科学预测和决策，制订长远规划及短期计划并付诸实施。具体包括做好农户拥有的自然资源与经济资源的调查，做到心中有数；开展市场调查，掌握市场动态，收集买卖价格资料，了解市场行情和发展动态，编制初步情况表；大致掌握自产农产品收获的时间和可出售的数量；估算对各种生产资料的需求和购买能力，初步估计需要投入的主要生产资料、资金和劳动；合理安排短期(日、周、月、季)工作计划，做好长计划、短安排，确保不误农时。

第三，组织适时合理购入、销售，做好劳动力的合理调配，做好生产经营过程的协调控制，保证生产顺利进行。具体包括，选择适当时机，合理购入所需的生产资料；尽快出售农畜产品；对生产过程中每个环节、各项作业，都要及时检查、协调、控制，发现问题，及时解决；种子、肥料、农药、饲料和其他各种物资要及时准备，适时供应，农机具随时准备投入使用；做好物质消耗和劳动消耗的原始记录，作为对计划与实际情况进行比较的依据，也是给经营活动的一种反馈，作为修订和编制计划、进行各项估算的参考。

第四，进行经济活动分析，实行经济核算。农户应及时掌握经营成果，建立账册，对各项活动的计划、实施与实际情况作出分析；对农畜产品产量、商品量及其实现状况作出分析；对农户原有的和购入的各种生产资料及其利用状况等，都要作出认真的分析。通过建账，进行经济核算，了解农户经营的实际成果和经济效益，了解农畜产品成本构成和变动趋势，不断找出降低成本的途径。

三、方法

探索农户经营管理的方法时,必须从客观实际出发,要认真了解我国国情,了解所在省、市、县乃至乡村的自然、经济、科技、社会、风土、人文、山、水、田、林、路、庄等的历史、现实状况及发展前景,然后将农户的经营活动融合进去。具体方法有:

1. 调查研究法

这是农户经营管理的基本方法。只有作深入的调查,掌握大量的第一手资料,并以之为依据进行科学的分析,才能认清事物的本质,作出科学的决策。

2. 定量与定性分析、定时与定位分析结合法

对于任何农事经济活动,既要了解数量,如基本统计数据、占比、数量界限等,又要了解活动本质和内在的必然联系、发展方向,发展阶段性,及其满足国民经济发展需要的程度。农户经营活动还要明确时间、地点、过程、原因及后果。

3. 经验观察法

农户可以凭借自己的经营管理经验,认真观察,学习先进经验,找出差距;挖掘潜力,对不利的环节与因素作认真细致的观察、记载,然后反复比较,最终得出适应实际情况的方法。

4. 现代分析法

运用现代分析法进行矛盾分析、动态分析和系统分析。①矛盾分析。对农户内部条件与外部经营环境,生产与资源需求,效率与效益,人、财、物、产、供、销等方面的矛盾,都要进行有效分析,探索和研究矛盾的诸因素、诸方面的辩证关系,及其解决矛盾的方法与措施。②动态分析。农户经营是在十分复杂的环境条件下进行的,没有固定的模式。农户经营活动是一个不断发展的过程,一定的经营管理形式、方法和手段只能适应一定时期的农户经营状况。当经营环境发生变化时,就需要审时度势,对农户的经营活动作动态分析并进行调整。③系统分析。将整个农业体系看作一个大系统,这样,农户经营只是该系统下的一个子系统,要借助数学方法中的系统论观点,对农户的功能、结构、相互联结的方式,历史、现状与发展趋势,外部、内部条件及其变动等方面,进行综合的分析、考察,寻求整体效益。

第二节　提高农户经营管理水平是发展农村市场经济的必然要求

为什么说提高农户经营管理水平是发展农村市场经济的必然要求呢？主要有以下几点原因：

1. 农户分散经营是双层经营体制的重要组成部分

以家庭承包为主的农业生产责任制，把家庭承包这种经营方式引入集体经济，形成统一经营与分散经营相结合的双层经营体制，这种体制，既使农户有了生产经营自主权，发挥了家庭经营的长处，克服了过去集体经济中长期存在的"大锅饭"的弊端，又坚持了土地等基本生产资料公有制和必要的统一经营职能，使集体统一经营的优越性和农户分散经营的积极性同时得到发挥。所谓完善双层经营体制，包括完善家庭承包经营和集体统一经营两个层次。家庭承包经营是双层经营的基础。强化集体统一经营层次，并不是要重新"统死""归大堆"，而主要是补充家庭经营的不足；不是伤害、动摇家庭经营这个基础层次，而是要更好地发挥家庭经营的积极性，把农户经营管理水平提高到一个新层次。因此从一定意义上说，无论是农村经济发展上升到新的台阶，还是实现乡村振兴的发展目标，都不可能离开农户经营管理水平的提高。

2. 农户经营管理水平决定农村生产力的发展程度

实行家庭联产承包责任制之后，农户成为相对独立的商品生产者，农户个体的经营管理行为共同构成了农村经济活动的基本内容，这表明农户的经营管理水平与农村生产力的发展程度直接相关。一般来说，农户经营管理水平高的地方，生产力发展较快。所以，发展农村生产力必须在提高一家一户的经营管理水平上下功夫。

3. 农户经营管理水平直接影响经济收入

实行家庭联产承包责任制后，农户对自己所承包的生产项目如何运作、土地如何安排、资金如何筹措、劳力怎样搭配，以及怎样创造高产、优质、高效益等一系列问题，都有了自主权。但在经营管理水平上，户与户之间并不平衡，有的差异还很大。应该指出的是，当今农户已从奉命生产转向以销定产，农户生产什么，不生产什么，经营什么项目，多大规模，集体和国家都没有规定，农户只能根据市场行情和销路而自行决定，当然农户一般还要经受投资、生产、销售风险的考验。如果不加强经营管理，势必影响经济收入，在市场经济这一战场上吃败仗。

4. 提高农户经营管理水平可以促进农业的"两个转化"

自给自足的小农经济在人类发展史上曾经存在于几个不同的社会形态中，但几千年来的传统农业，生产发展极为缓慢。从发达国家农业的历史及发展趋势看，小规模的家庭农场不断提高经营管理水平，与大规模的商业农场并存，可以促进农业从自给半自给的自然经济向高度发达的市场经济转化，从传统农业向现代农业转化。美国政府农业部的研究报告曾表明："在美国，只有类似家庭规模大小的农场才能取得最大的经济效益。"亚洲的日本、韩国等国家大都存在着人多地少的突出矛盾，农业家庭经营在这些国家是一种普遍存在的形式，由于他们逐步实现了农业机械化，从而大幅度提高了劳动生产率、土地产出率和农产品商品率，农业生产得到了迅速发展。

改革开放以来，我国农业实现"两个转化"的势头迅猛。农业生产的物质投入大幅度增加，全国农用机械总动力超10亿千瓦，取得这些成就的主要原因，就是随着我国农村家庭联产承包责任制的实行，充分发挥了农户生产经营的积极性，使农户经营管理水平得到不断提高。

总之，农户要取得好的经济效益，必须精于经营管理之道，切实提高经营管理水平。只有这样，才能适应发展较大规模农村市场经济的需要。

第三节 提高农户经营管理水平必须树立正确的经营管理观念

农户经营管理的思想是由一系列的思想观念组成的。那么，什么是正确的思想观念呢？就是农户要遵循国家方针政策的指导，符合经济规律的客观要求，适应农户内外条件的、正确的经营管理思想。它主要包括下列内容。

一、市场观念

广大农户所从事的是商品经济，商品经济必须面对市场。改革开放四十多年来，大多数农副产品的价格已经放开，市场对经济活动调节的作用大大增强。当前必须继续强化市场机制的作用，以利于进一步解放和发展生产力。这就要求我们广大农户必须树立市场观念，清除长期以来形成的自然经济思想，树立创造性经营管理的思想。具体包括以下几方面：

1. 消费者观念

满足消费者需要，是农户经营的出发点，消费者的满意程度是考查农户经营活动效果的尺度。树立消费者观念，就是要求农户学会站在消费者的立场上想问题，按照"假如我是消费者"的标准处理问题，想消费者之所想，急消费者之所急，把消费者的利益和要求放在第一位。例如农户在经营中，需要调整蔬菜水果供应品种和季节并及时上市，保证蔬菜水果新鲜，保证粮油产品优质等。同时，消费者是实现购买行为的主体，消费者的多寡，往往直接决定农户的经济收入。农户要赢得消费者，就必须为消费者提供优质产品和最佳服务，让消费者满意。与此同时，还要不断听取消费者意见，改进产品质量和服务，以取得更多的效益。有些思想先进的农户提出了"提高质量求生存，改变品种求发展，降低成本求盈利，搞好服务求销路"的口诀，这也是为消费者服务的经营思想的反映。

2. 开拓观念

农户的市场观念，还表现在市场开拓方面。一是提高现有市场的占有率，二是开拓新的潜在的市场。市场是农户产品生产的基础，生产离不开市场，市场离不开消费者。所提倡的市场观念，绝不是消极地适应市场，而是要积极地开拓市场，挖掘潜在的社会需求。随着科学技术的发展，新技术、新产品不断产生和应用，市场瞬息万变，人民的消费水平也在不断提高，消费多样化、现代化成为重要的发展趋势。农户必须适应市场变化，积极开拓市场，扩大社会需求。

开拓市场，就必须主动到消费者中间去调查研究，推销产品，扩大消费者队伍，提高消费者的购买欲望，刺激需求，鼓励消费。开拓市场，要有创新精神，不断更新产品，力求产品物美价廉，以提高产品的市场占有率。不断创新是农户经营成功的关键，农户经营的生命力就在于它的创造力。开拓市场，不仅要注重开拓国内市场，同时也要注意开拓国际市场，把更多的农副产品出口到国外去。

3. 信息观念

信息来源于市场，又作用于市场。能否捕捉准确的信息，与农户经营的成功与否关系极大。我国某些农村处于相对封闭的状态，当年市场信息更新不及时，多数农户往往只能根据上年市场情况来决定种什么或不种什么，何时种，何时上市，等，结果产品上市时才发现市场信号变了，产品卖不上好价钱。这种状况如不尽快改变，很难发展大规模的商品经济。所以，在市场经济条件下，农户必须善于寻找信息，捕捉信息，并进而将信息、市场、经营有机地结合起来。

农户除了要关注当前市场信息，还要能够预测未来市场，掌握市场发展趋势。某农户年初在制订种植计划时，根据当年将在7月1日庆祝中国共产党成立100

周年这一信息,预测届时市场上的花卉走俏,于是把承包地的大部分都用来种植花卉,结果10亩地收入10万余元。

二、竞争观念

竞争,是商品经济、市场经济中的必然现象。有商品生产和商品交换,就有商品间的竞争。竞争使农户既有内在动力,又有外在压力。农户处于竞争的环境之中,欲求得生存和发展,就要敢于竞争,善于竞争,扬长避短,发挥优势,不断强化经营管理,真正使自己的产品质量和经营方式具有自己的特色,只有这样,才能在激烈的市场竞争中立于不败之地。竞争观念主要表现在以下三个方面:

1. 质量竞争观念

只有优质产品才有机会获得消费者的青睐,这就要求产品有良好的使用性能,如农产品的营养价值要高、鲜食农产品要保证新鲜等。

2. 价格竞争观念

除了物美还要价廉。农户生产的产品要想卖出去,而且获得较高收益,就必须努力提高劳动生产率,减少产品生产的社会必要劳动时间。当然,不同产品在销售过程中还应采取不同的方法,有的可以薄利多销,有的则可以优质优价。

3. 服务竞争观念

在市场中常常可以看到,有些同质同价商品的销售状况大不相同,很大一部分原因在于服务不一样。如有的农户能够送货上门、提供运输工具以及售后服务等,为产品创造了附加价值,提高了产品的性价比,从而吸引了大量的消费者。

三、科学技术观念

农户发展商品生产,不可能离开现代农业科学技术,这是因为:

首先,农户所从事的不是小商品生产,而是大规模的商品生产。所谓大规模的商品生产,就是商品量大,商品率高。那么,怎样才能提高农业的商品量和商品率呢?在生产日趋现代化的今天,当然不能只靠加大劳动强度的办法,关键要依靠科学。现代农业科学技术的应用体现在高产的优良品种、大量的化肥投入以及现代农机具的使用,极大地提高了农产品产量,有效提高了农业的商品量和商品率。

其次,商品是为了出售而生产。要想获得较大的经济效益,就必须重视科学技术的应用,减少物化劳动和活劳动的消耗,降低生产成本。

再次,只有利用科学技术,才能够不断增加产品种类和提高产品质量,以适应人们不断增长的消费需求。

从长远来说，利用科学技术发展农村市场经济，其前景是相当广阔的。广大农户一定要增强科技观念，跟踪世界农业的先进技术，使之能够为我所用。只有这样，农户的经营管理水平才能出现大的飞跃。

四、效益观念

提高经济效益，是农户经营管理活动的核心，也是农户经营管理的根本任务。因此，广大农户必须把全部经济活动转移到以提高经济效益为中心的轨道上来，把提高经济效益作为一切经营管理活动的出发点和落脚点。

农户在提高经济效益时，必须注意以下几种观念：

1. 社会效益观念

农户的产品要符合社会的要求。例如，农产品中的农药残留量、食品中的卫生指标等，都要符合标准，不能损害消费者的身体健康。在提高经济效益的过程中，必须自觉地保护环境，维持生态平衡。如在农业生产中，要防止掠夺式经营，做到种地与养地相结合，采摘与开发相结合，开发与保护相结合。要特别注意保护森林、草原、水面等自然资源，不能只顾局部的农田水利和生产建设，而破坏整体的生态平衡。

2. 投入产出观念

提高经济效益要求以尽量少的活劳动消耗和物质消耗，生产尽量多的符合社会需要的产品。因此，农户一方面要在生产过程中，力求以最少的消耗，取得更多的优质产品；另一方面，又要重视流通领域，尽最大可能节约流通费用，尽快将产品销售出去，加速资金周转。

3. 资金周转与利率观念

农户的经营资金，一般都是自筹，有的需要通过银行贷款。因此，农户必须树立资金周转观念，使有效的资金，创造出更多的价值。同时，在投资决策中，要有货币的时间观念和利率观念，提高投资的经济效益。

五、全局观念

这是农户在经营管理过程中需要注意的一个很重要的问题。具体地说，全局观念包括以下四种观念：

1. 国家观念

我国实行的是具有中国特色的社会主义市场经济，国家在一定范围内有计划地组织生产和流通，是社会主义经济发展的内在要求。农户的生产经营，首先要服从国家计划指导，保证国家计划的完成。与此同时，农户也要重视市场调节的作用，使生产经营的产品适应市场要求，不断提高自身的应变能力。

2. 战略观念

农户经营管理，必须着眼于全局利益和长远目标，而不被一时一事的成败所左右。这就要求农户从全局利益出发，局部利益服从全局利益，近期目标服从长远目标，不囿于眼前利益和近期目标，从而实行战略经营和战略管理。

3. 系统观念

农户的经营是在国民经济的大系统中进行的，其经营活动必须与外界环境相适应。同时，农户的内部经营系统，又可分为若干个子系统。农户的经营战略就是要把握住与外界环境的平衡，把握农户内部各个子系统的平衡，从而保证农户总体目标的实现。运用系统观念，有助于农户在复杂的经营环境中及时捕捉影响全局的信息和问题，及时作出决策和进行解决。

4. 正确处理国家、集体、农户三者利益观念

要用建设具有中国特色的社会主义理论和把我国建设成为高度文明、高度民主的社会主义国家的共同理想，来教育广大农户，摒弃狭隘观点，自觉维护国家利益、集体利益，为实现中华民族伟大复兴的中国梦而努力。

第四节　提高农户扩大再生产能力的途径

农户作为农村最基本的生产经营单位的地位确立之后，一个重要的问题就是如何努力提高农户扩大再生产能力。只有农户再生产能力不断得以提升，整个农村经济才能持续发展壮大。

1. 农户消费水平的提高要以生产发展为基础

农户中积累与消费的关系，是农村经济中最重要的关系之一，也体现了农户的眼前利益和长远利益的关系。其实，农户的积累和消费是辩证统一的。积累的增长，生产规模的扩大，是不断提高农户消费水平的前提和保证；消费水平的提高，又会进一步调动农户的生产积极性，从而更好地促进生产的发展和积累的增长。但是，在一定条件下，两者也是相互矛盾的。因为农户创造的纯收入最终要分为三部分：积累额、消费额和结余额，很显然，农户用于消费的多了，积累就会相对减少；而如果积累多了，消费水平就要下降。因此，必须正确处理两者之间的关系。

正确处理两者之间的关系，要坚持"一要吃饭，二要建设"的基本原则。也就是说，既要在发展生产的基础上，改善农户的生活条件；又要在不断提高农户消费水平的前提下，安排生产。这是因为，改善自身的生活条件是农户发展生产的根本目的，但是生活条件的改善只能靠发展生产，而不能靠减少积累，否则将损害农户的根本利益和长远利益。因此在这一问题上，既要反对重生产轻消费的倾向，否则势必阻碍农户消费水平的提高，损害农户发展生产的积极性；同时又要反对重消费轻生产的倾向，否则势必妨碍生产的发展，不利于农户生活水平的提高。

2. 大力发展农村第二、第三产业，促进剩余劳动力的有效转移

现阶段，仍有大批剩余劳动力滞留在农村，这不仅阻碍了资本、机械对农业劳动力的替代，阻碍了科学技术的应用和劳动生产率的提高，同时也使农户的经营规模狭小，难以容纳更多的生产投资。为此，广大农民要积极响应党中央号召，大力发展第二、第三产业，开拓更加广阔的就业空间，推行土地的适度规模经营，为农户提高扩大再生产能力创造条件。

3. 重视农村文化教育，提高农民文化素质

农民的文化素质对农户积累行为有着极大的影响。有资料表明，农民文化素质的高低与农户家庭积累存在着明显的正相关关系。文化水平高的农户，其家庭收入一般较高，收入来源渠道也一般较多，积累的比重也就较大。因此，要增加农户积累，提高农户扩大再生产能力，必须大力发展农村文化教育事业。根据农村特点，可以组织兴办技校和新型农民培训班，让更多的农民有机会学文化、学农技、学管理。

4. 加强农户对自身经济的科学管理

长期以来，农村处于自然经济秩序之中，农户生产规模小，产品主要供自己消费，没有多少积累，历史的积弊使一些农户养成了不注意经济管理的不良习惯。许多农户只知道"有饭就吃，有钱就花"，既不记账，也不核算，从而造成了经济收入的模糊性、生产支出的盲目性和生活消费的随意性。为此，要做好以下三个方面的工作：

一是通过宣传，加深农户对经济管理重要性的认识。要使农户真正懂得，加强经营管理是发展较大规模农村市场经济的客观需要，只有管理好经济，才能获得高效益。

二是帮助农户记账、算账。记账、算账是实施农户家庭经济管理的一项基础工程。这里首先有个如何建账的问题。一般来说，建账工作可以先简后繁，先粗后细。即先由村社会计统一设计基础账目，如产品实物账、经济收入账、固定资

产账等，向农户推广试行，然后再根据各户经济活动的情况因户设账，并使之逐步完善、规范。为使记账、算账真正达到准确、科学、合理，可以由村社会计负责组织培训。对文化程度低的不懂记账知识的农户应由村社派人帮助结算，也可以请学会的农户帮助。

　　三是推选经营管理示范户。一些农村通过推选经营管理示范户的办法，带动千家万户经营管理工作的开展，他们把所推选出来的示范户划分为三种：一是科技示范户，向科技要效益；二是专业、重点示范户，向多种经营要效益；三是典型记账示范户，向管理要效益。

第四章 农村经济合同管理

农户所从事的生产经营活动，与各个经济单位和组织之间的经济往来密切，如何使各个经济单位之间保持紧密、协调的关系，是经营管理的一个重要课题。经济合同就是解决这个问题的有效手段。

第一节 经济合同概述

一、概念

所谓合同，就是既"合"又"同"。"合"就是至少需要有两个当事人参加，"同"就是双方（或多方）有相同的意思。因此，合同可表述为两个或两个以上的当事人之间，为了实现某种目的，明确相互权利和义务关系而达成的协议。

2021年1月1日起施行的《中华人民共和国民法典》第四百六十四条规定，"合同是民事主体之间设立、变更、终止民事法律关系的协议。"并规定能够作为民事主体的有公民(自然人)、法人和非法人组织。因此，农村经济合同，是法人之间及法人和个体经营者、农村承包经营户、农民之间为实现一定的经济目的，明确相互权利、义务关系而达成的协议。

二、内容

经济合同的主要内容也就是经济合同的主要条款，它反映了当事人签订经济合同的要求、条件，规定了经济合同当事人双方的权利和义务，决定着该经济合同是否合法和有效，同时它又是经济合同当事人全面履行经济合同的主要依据。经济合同的主要内容概括起来有以下几个方面：

1. 标的

标的是合同当事人双方权利和义务共同指向的对象，是合同成立的前提条件。不同的经济合同有不同的标的。如购销合同中的标的是某种产品，建设工程承包合同的标的是某工程项目，货物运输合同中的标的是劳务，农业科技合同的标的是某项科技成果等。任何经济合同都须有标的，没有标的或标的不明确的合同，是无法履行的，也是不能成立的。

2. 数量和质量

标的的数量和质量是标的的计量尺度和具体特征，是支付价款或取得酬金的主要依据。标的的数量有计划指标的按计划确定，没有计划指标的按国家有关规定协商确定。农业生产受自然条件的影响大，对某些产品应根据实际需要规定合理的超欠幅度、合理损耗和正负尾差。标的数量的计量单位和计量方法在合同中应明确，要按国家或主管部门规定执行，未规定的按双方商定的执行。

不同的标的有不同的质量标准，凡是国家和主管部门有规定的，应按规定执行，没有规定的由双方当事人协商标准，或按样品标准验收。需要封存的样品应由双方当事人共同封存，妥善保管，作为验收的依据。对于鲜活产品，要商定合理的检验检疫方法。

3. 价款或酬金

价款、酬金是取得标的的一方支付给对方的代价。价款是货物的代价，酬金是劳务或工程项目的报酬，均以货币数量表示。除法律、法规另有规定的之外，必须以人民币计算和支付。价款包括单价、总价以及价款的结算方法。凡物价主管部门有规定的，按规定执行，国家允许协调定价的，由双方当事人协商议定。

4. 履行的期限、地点和方式

合同履行期限是交付标的和支付价款的时间，是一方当事人要求对方当事人履行义务的时间界限，也是确定经济合同是否按时履行或延迟履行的客观标准。超过履行期限而不履行经济合同的，要承担违约责任，履行期限要求明确、具体。

合同履行地点是指当事人在什么地方交付标的或提取标的。合同中对履行地点必须明确规定，不能有"送到需方指定地点"之类的约定，而应写明某仓库或某码头等。

合同履行方式，是交付标的的方式，也叫履行方法，需根据各类经济合同的内容来定。有的合同是一次履行，有的是分次履行；有的由当事人亲自履行，有的允许由他人代为履行；有的是送货制，有的则是提货制等。不管什么履行方式，都必须规定得详细周密。

5. 违约责任

指由于当事人一方或双方的过错，造成经济合同不能履行或者不能完全履行，过错方必须承担的违约金、赔偿金及其他责任。对责任范围，法律有规定的按规定办，没规定的由双方当事人约定。若没有违约责任就只能是"软合同"或"自由合同"，随时都可能变为一张废纸，因此必须认真对待。

除以上基本条款以外，凡是根据有关法律、法规或合同性质所必须具备的条款，以及经过双方协商一致必须规定的条款，也是经济合同的主要内容。

三、特征

经济合同不同于民间的契约文书，其作为一种法律制度，具有法律特征。

1. 经济合同当事人的范围不限于法人

经济合同的当事人，作为社会组织必须是法人，但又不限于法人，农户、农民也可以作为经济合同的当事人。

2. 经济合同是当事人之间具有经济内容的协议

不论经济合同是何种形式，当事人都是为了达到一定的经济目的所形成的经济业务关系。若任一方当事人订立合同的直接目的是满足自己的生活消费，那就不是经济合同，而是一般的民事合同。

3. 经济合同受国家计划的制约和指导

属于国家指令性计划产品和项目的经济往来，必须按照国家下达的指标签订经济合同。属于国家指导性计划产品和项目的经济往来，参照国家下达的指标，结合本单位的实际情况签订经济合同。经济合同是实现国家计划的有效手段。

4. 经济合同是当事人之间的有偿合同

它实行的是平等互利、协商一致、等价有偿的原则，说明双方当事人必须按照合同所规定的相互间享有的权利、应尽的义务，各自要为所得的财产利益向对方偿付相应的代价。

5. 经济合同一般应采取书面的形式

经济合同是当事人基于生产经营的需要签订的，合同的标的一般都是大宗的生产资料和消费资料，标的物的交付通常是分期的。为慎重起见，并使任何时候都有据可查，除即时清结者外，应当采取书面形式。

四、种类

随着农村市场经济的发展，各种经济组织、经营单位的经济往来日益增多，经济合同也逐渐涉及农村经济活动的各个方面，内容十分广泛。按照不同的标准，可以将经济合同划分为不同的种类。

① 按经济合同的性质划分有关产品分配和商品交换方面的经济合同，如供电合同、购销合同等；有关资金调动方面的经济合同，如借款合同等；有关劳务方面的经济合同，如加工承揽合同等；有关奖励先进、发明和技术改进方面的经济合同等。

② 按经济合同成立的程序划分是否以交付标的为前提条件的，可分为诺成合同与实践合同。凡签约双方意愿一致，通过协商达成协议的，即合同成立，称诺成合同；凡合同当事人经协商达成协议后，尚需交付标的才能成立的合同称实践合同。

③ 以经济合同发生的依据是否直接受国家计划的制约和影响进行划分，可分为计划合同与非计划合同。依据计划安排与要求签订的叫计划合同，否则叫非计划合同，如供应合同、购销合同都是计划合同。

④ 按经济合同的适用期限长短或经济合同履行的次数划分，可分为长期合同、年度合同、季度合同、临时性合同或一次性合同等。

⑤ 按签订经济合同的对象划分，可分为组织之间的合同和组织内部的合同。国家事业单位、集体组织之间，以及集体经济组织相互之间签订的各种合同称作组织之间的合同；面向集体经济内部各级组织之间或本组织成员之间，在纵向经济联系中订立的各种承包合同称作组织内部的合同。

目前农村常见的经济合同有：农副产品购销合同、农业生产资料供应合同、农业贷款合同、社队加工承揽合同、社队建筑承包合同、农业技术协作合同等。此外还有形式多样的承包合同，如土地承包合同、林牧副渔各业承包合同，以及各种服务项目和技术承包合同等。在此需要说明的是，各种形式的农村承包合同，是地区性农村合作经济组织内部统一经营与分散经营两个层次之间，在确定生产经营管理、落实联产承包责任制、提取劳动成果方面达成的明确双方权利义务关系的协议。

第二节　经济合同的签订与履行

一、签订的程序与形式

1. 签订的程序

签订经济合同的双方当事人依法对合同的主要内容达成协议，合同即告成立。这个过程有以下两个主要步骤：

（1）提出签订经济合同的建议　提出签订经济合同的建议，就是当事人一方向另一方提出订立某种经济合同的意思表示，法律上叫作要约。首先提出建议订立经济合同的一方，叫作要约方。要约的内容必须明确，要表示订立经济合同的愿望和要求，要明确提出经济合同的主要条款和要求对方作出答复的期限。要约提出后，对方如果接受这个建议，要约方就有与对方订立经济合同的义务，且不能再向第三方提出同样的要约。但是对超过期限还不作答复的，要约人就可以不受要约的约束。提出订立经济合同的建议通常要求采用书面形式。

（2）接受订立经济合同的提议　接受订约提议，就是当事人另一方明确表示完全同意要约方所提出的订立经济合同的建议，法律上将此叫作承诺。承诺方对要约方所提出的要约提议表示承诺以后，经济合同就可订立。

在实际签订过程中，存在这样两种情况：一是要约方向承诺方提出订立经济合同的要约之后，承诺方表示完全同意，而且此时已具备了符合法律规定的合同形式，那么经济合同即可成立；二是承诺方不是完全同意要约方提出的要约提议，而提出一些新的建议，在这种情况下，当事人双方必须经过进一步的协商，取得一致意见，这样经济合同才可订立。这表明，在订立经济合同的过程中，常常需要经过当事人双方反复协商，由要约到新的要约，一直到承诺，最后达成一致的协议。

2. 签订的形式

经济合同的签订形式有口头形式和书面形式两种。口头形式就是指双方当事人通过口头的意思表示方式所订立的经济合同。这种形式的优点在于简便、灵活与易行，比较适合于即时清结的经济合同，即时清结就是指当即就能货款两清。不足之处在于相互发生纠纷时，责任难以分清，解决比较困难。因此，为了维护合同的严肃性，经济合同应主要采用书面形式。随着商品经济、市场经济的发展，农户与各种经济组织的经济往来增多，合同的种类也相应增多，而且履行期较长，少则一年，多则数年，又关系到国家、集体和农户之间的经济利益，一般情况下，所订立的经济合同都应采用书面形式，特别是重要的经济合同。

书面合同包括主件（即合同的正式文件）和附件（即有关修改合同的文书和图表等）。农村经济合同一般采用条文或表格形式，通常应包括：合同名称、双方单位名称（个人姓名）以及代表人、代理人姓名。为了方便，通常把一方称甲方（或称供方），另一方称乙方（或称需方），不能用"我方""你方"，双方协商议定的合同条款结尾要写明该合同一式几份，由谁保管，有效期限，注明附件，并签名盖章。

二、经济合同的履行

经济合同依法签订以后，双方当事人按照合同规定的时间、地点和方式全面完成自己所承担的义务的行为即经济合同的履行。它直接关系到当事人双方经济利益的实现、国家计划的完成，也关系到城乡人民物质生活和文化生活需要的满足。这就要求经济合同依法订立以后，农户必须重合同、守信用，认真履行所应承担的义务，同时农户也有权要求对方履行合同规定的义务，双方都不得擅自变更或解除合同。为此，要求在履行合同时遵守以下原则。

1. **实际履行原则**

实际履行原则就是按照合同规定的标的履行，不能用其他标的代替，也不能用违约金、赔偿金代替。

合同规定的标的是实物，就应支付规定的实物，不能以现金或支票代替；合同规定的标的是货币，就应支付货币，不能以实物抵押。农村经济合同大都是直接或间接根据国家计划订立的，农户必须按照合同规定的标的物如粮、棉、油等农副产品履行所承担的义务，从而保证国家计划任务的完成，保证城市人民生活所需的各种生活资料和轻工业所需原料的供应。绝不允许农户不顾国家定购计划或村集体、新型农业经营主体合同约定，只顾自身利益而在市场上以高价出售产品，从而用货币代替标的物履行合同的做法。但在下列情况下允许免除合同义务，以违约金、赔偿金代替：一是以特定物为标的的合同，因违约方的过错使实际履行已成为不可能；二是由于违约方不能按期交付标的，使实际履行对需方已经不必要；三是法律有其他规定允许义务人在不能按经济合同规定的标的履行时，可以用违约金和赔偿金赔偿。

2. **全面履行原则**

全面履行是指双方当事人必须按照经济合同所规定的标的数量、质量、期限、地点、方式和包装要求等全面承担义务。目的在于促使当事人按质、按量和按时地完成合同规定的义务，保证双方当事人的合法权益，达到双方当事人的经济目的。

实际履行是把经济合同中的标的物作为履行的重点，它是经济合同全面履行的重点内容和首要义务；而全面履行是实际履行的保证，只有按经济合同规定的全部条款全面完成各自所承担的义务，才能使经济合同实际履行原则真正得到施行。

此外，还要求当事人双方互相配合、互相协作，按经济合同的规定，实际履行和全面履行经济合同中的义务。因为各经济组织和农户在根本利益上是一致的，同时，协作履行也是农户本身利益所要求的。若不协作，很容易造成一方违约，违约方要承担违约责任，受害方在生产经营上也要遭受损失，甚至可能形成合同纠纷，最终对双方都不利。因此，农户在履行经济合同时，要及时向对方通报情况，若客观情况发生变化，要协商解决。

第三节 经济合同的变更、解除及违约的处理

经济合同依法成立就具有法律效力，受到国家法律的保护，当事人双方必须严格信守合同，全面履行合同规定的义务，任何一方不得擅自变更或解除，这是保持经济合同的稳定性、严肃性的需要。但是，客观条件是不断发生变化的，特别是农业生产受自然条件的影响颇大，因此，在客观条件发生变化的情况下，农业经济合同允许依法变更或解除。所谓变更，是指当事人之间对合同的原有条款作部分调整；所谓解除，则是指当事人之间提前终止合同关系，也就是终止双方的权利与义务关系，使合同不再继续发挥效力。

一、变更或解除经济合同的条件

农户在下列任一情况之下，允许变更或解除经济合同。

① 当事人双方经过协商同意，并且不因此而损害国家利益和影响国家计划的执行，允许变更或解除经济合同。

② 订立合同所依据的国家计划被修改或取消时，允许变更或解除经济合同。

③ 作为合同当事人一方的企业，经国家批准而发生关闭、停产、转产，确实无法履行经济合同时，允许变更或解除经济合同。

④ 由不可抗力或由一方当事人虽无过失，但有无法防止的外界原因，致使经济合同无法履行时，允许变更或解除经济合同。

⑤ 由于一方违约，经济合同履行对于另一方成为不必要时，允许变更或解除经济合同。

二、变更或解除经济合同的程序

变更或解除经济合同，必须经过一定的法定程序。首先，由求变更或解除合同的一方，及时向对方提出建议要求、变更或解除合同的理由以及变更合同的条款、因变更或解除经济合同所造成的损失责任、答复的期限等；其次，接受建议的一方对变更或解除经济合同的建议是接受还是拒绝，要在规定期限内作出答复，或再提出新的建议，经协商并取得一致意见后，原有的合同才能变更或解除。

变更或解除经济合同，必须办理书面手续。凡涉及国家指令性计划的产品和项目，在签订变更或解除经济合同的协议之前，应呈报下达该计划的主管部门批准，才能发生法律效力；凡经过经济合同管理机关鉴证的合同，在变更或解除经济合同协议签订后，要报原鉴证机关备案，鉴证机关对其中所存在的问题，可以协助纠正，也可以撤销该变更或解除的协议。变更或解除合同时，在新的协议没达成之前，原经济合同仍然有效，任何一方不得借口经济合同将要变更或解除而拒绝履行。

三、违反经济合同的责任

经济合同一经订立，就必须认真履行。若不履行或不完全履行，必然会给对方的生产经营造成一定的损失，也会直接或间接地影响国家计划的完成。为了维护当事人的合法权益，违约者必须承担违约责任。

1. 承担违约责任的条件

（1）过错　一方的过错，由一方承担违约责任；双方的过错，根据实际情况由双方分别承担各自应承担的违约责任。过错包括故意和过失两方面。故意是指当事人已预见自己的行为可能发生不良后果，并且希望或放任这种后果的发生。例如购销合同交付标的物时，以劣充优、以假充真的做法。过失是指当事人应当预见，而由于疏忽大意或是工作上的失误，产生不良后果。比如因包装不善而影响了农产品质量。不论是故意还是过失所造成的违约，都要承担责任。对于由不可预见和不可避免的因素造成的违约，若不是当事人的主观过错，可以免除责任。如由农村经济组织的上级主管单位计划编制不当或行政干预等过错导致当事人无法履行合同，其违约责任应由上级主管单位承担；若地震、旱、涝等自然灾害使得经济合同不能履行的，双方当事人就可以不承担经济责任。

（2）有不履行合同的行为　当事人一方不履行经济合同规定的义务，或者不按照经济合同规定的内容履行义务，都是违约行为，必须承担违约责任。

（3）有损害事实　当事人一方由于不履行合同而给另一方造成了直接的或间接的损失。

（4）不履行合同的行为与损害事实之间有因果关系。

2. 承担违约责任的主要形式

为了依法制裁违约的行为人，保护受害当事人的合法权益，预防违反经济合同现象的发生和有效地同经济领域里的违法犯罪活动作斗争，应当给予违约人以合法的制裁。其主要形式有：

（1）违约金　违约金是指由法律或合同预先规定的当事人一方，因过错不履行或不完全履行合同时，应付给对方当事人的一定数额的货币。它具有惩罚和赔偿的性质。违约金分为法定违约金和约定违约金两种。凡法律或条例用比例规定违约金数额的即法定违约金，如《农副产品购销合同条例》规定，供方在交售的农副产品中掺杂使假、以次顶好的，需方有权拒收，同时供方应向需方偿付该批货款总值5%~20%的违约金；由当事人双方协商确定的违约金即约定违约金。

（2）赔偿金　赔偿金是违约方因给受害方造成损失，在没有规定违约金或者违约金不足以弥补损失时所付的补偿费。赔偿金只具有补偿性质，它和违约金的总和应与损失相当。如果违约一方支付的违约金足以弥补对方的损失，则不再偿付赔偿金。

我国现行政策规定，赔偿金和违约金总额不得超过未履行合同部分的货款总值。违约金、赔偿金依法应在明确责任后十天内偿付，否则按逾期付款处理。任何一方不得自行用扣发货物或扣付货款来抵充。

违约金和赔偿金的支出，不准列入成本。因为违约金、赔偿金的支出是由合同当事人的过错造成的，违约责任应当由当事人承担，而不得把经济责任转嫁给国家和消费者。

第四节　无效经济合同的确定和处理

一、无效经济合同的确定

无效经济合同是指不发生法律效力的合同，从签订之时起，就没有法律效力。农户必须依法经营并依法保护自己的生产经营活动，要避免无效经济合同带来的合同纠纷。而确认为无效合同的基本依据有以下几个方面：

1. 违反国家法律、政策和计划的经济合同

如违反国家计划（如信贷计划、价格政策等）、放高利贷等的经济合同都属于无效经济合同。

2. 采用欺诈、胁迫等手段签订的经济合同

当事人一方故意制造假象，使对方上当受骗而签订的经济合同；国家机关工作人员在执行任务而与农户签订经济合同时，违反平等自愿的原则，利用权力迫使其接受某些不合理条款所签订的经济合同；或代理人利用自己的合法地位，同供方串通，抬高某些产品的价格，以次充好，损害被代理人的合法利益所签订的经济合同，均属无效经济合同。

3. 代理人超越代理权限签订的经济合同

代理人必须在授权范围内进行代理活动，以维护被代理人的合法权益，超越代理权限范围而签订的经济合同，其法律后果应由代理人承担。代理人以被代理人名义与自己同时代理的其他人签订的经济合同也是无效经济合同。

4. 违反国家利益或社会利益的经济合同

如为了取得非法收入而任意抬高农副产品销售价格而签订的经济合同也是无效的。

无效经济合同还没有履行的，不得履行，正在履行的应立即终止履行。无效经济合同是完全无效还是部分无效，其确认权归合同管理部门和人民法院。

二、无效经济合同的处理

处理无效经济合同包括两个方面，一是处理无效合同造成的财产后果，二是处理无效合同中的违法行为。具体方法如下：

1. 退还原物

经济合同确认无效后，无过错的当事人有权要求对方退还该项合同规定而交付的财产。若不能退还原物，过错方应赔偿对方因此所受的损失。

2. 强制收购

对内容违法而情节较轻的无效合同，可采用强制收购的方法，如购销合同中违反国家政策等时，可按国家拍价予以收购。

3. 赔偿损失

对于并非违法的无效合同，有过错的一方应赔偿对方所受损失，若双方都有过错，各自承担相应责任。

4. 收归国库

凡违反国家利益或社会公共利益的经济合同，若双方都是故意的，应追缴双方已经取得或者约定取得的财产收归国库。若只一方是故意的，故意的一方应将从对方取得或约定取得的财产返回对方，而非故意的一方已经从对方取得或约定取得的财产应收归国库。

第五节 经济合同的鉴证与公证及纠纷解决途径

鉴证和公证可以保证经济合同的合法性和可行性，有利于防止经济合同纠纷的发生；若发生了经济合同纠纷，二者就是保护受害一方当事人强有力的武器。且二者能够对合同的切实履行和正常的生产经营活动起到保障作用。

一、鉴证

经济合同的鉴证是农村经济合同管理部门审查、鉴定和证明经济合同真实性、合法性的一种手段。鉴证的内容有：①经济合同的真实性。鉴证合同的主要条款是否齐全和清楚、程序是否完备、权利与义务是否明确、双方当事人履行合同的条件是否具备等。②经济合同的合法性。鉴证合同是否符合国家法律、法令和规定，是否符合国家政策和国家计划要求。对真实、合法的经济合同，鉴证人负责在合同文本上签名，并加盖管理部门的经济合同鉴证章。

二、公证

经济合同的公证是国家公证机关根据当事人的申请和法律的规定，证明经济合同真实性和合法性的一种法律手段。农村经济合同公证由各级司法部门（公证处）承办，公证处对申请公证的经济合同中，当事人双方行使的权利、履行义务的能力，以及合同内容是否符合法律和政策的规定进行严格的审查。若合同真实且合法，即给予证明，并制作公证文书发给当事人。

经济合同的鉴证和公证都是对经济合同进行有效管理的手段（鉴证是一种行政监督手段，而公证是法律监督手段），并且当事人都采取自愿原则。经过鉴证的合同，若发生纠纷，不能强制执行，一般需经有关管理部门调解仲裁，仲裁仍不服的才可向法院起诉。而经过公证的合同，具有一定的法律效力、强制力和约束力，发生纠纷时，即可经过诉讼程序，由法院审理，也可直接提交法院强制执行。

三、纠纷解决途径

经济合同在履行的过程中，常常会遇到双方当事人之间发生争议的情况，这时双方应直接进行协商，尽可能和解，以求自行解决纠纷。但是在很多情况下，双方往往都坚持己见、互不让步，争议时间长，难以实现和解，为此就需要合同管理机关或司法机关依照法定程序通过调解、仲裁或诉讼，使经济合同纠纷得到合理解决。

1. 调解和仲裁

经济合同纠纷的调解，是指由合同管理部门主持，通过对当事人进行说服教育，使双方分清是非，以达到主动磋商、相互让步和谅解，并自动达成协议、解决争端的整个活动过程。这种调解是行政组织的调解，程序是：首先，由合同当事人向所在乡或县提交调解申请书，并附上有关证明材料；其次，乡或县的合同管理机构接到调解申请书后，认为可以受理，即将申请书转送另一方，待对方同意调解后，登记立案，这一过程就叫"接受申请"；再次，合同管理机关将"合同纠纷调解通知书"发给双方，然后在约定的时间和地点听取双方各自陈述情况、理由和调解的要求，当面协商解决；最后，制作"经济合同纠纷调解协议书"，这就是在经过调解后，双方作出让步或取得谅解的情况下达成的协议。经济合同纠纷调解协议书由双方当事人各执一份，合同管理机关存档一份，以后双方当事人按此协议执行。这种调解方法，是快速正确处理合同当事人之间纠纷的基本方法，也是行之有效的好方法。

在现实经济生活中，当双方当事人产生纠纷时，还存在着一方愿意进行调解，而另一方不愿意进行调解的情况，这个时候就需要进行仲裁。仲裁也叫公断，是由国家规定的合同管理机关对所产生的合同纠纷依法作出有约束力的裁决的一种方法，它既有自愿的一面，也有强制性的一面。在一般的情况下，对提出仲裁申请的，也是先调解，经调解仍达不成协议的再采用仲裁的方法，根据具体情况，依法及时作出裁决。仲裁的程序也有四个步骤：首先，由当事人一方在其权利受到侵害之日起的一年时间里，向所在地的合同管理机关提出仲裁申请；其次，合同管理机关在接到仲裁申请书以后，认为此案符合仲裁条件，申请手续又完备，就应接受仲裁申请；再次，在弄清事实的基础上，仲裁小组(仲裁厅)依法对合同争议作出判断或物决，经仲裁人员在"仲裁决定书"上签字和加盖公章，裁决即告成立；最后，裁决以后，若当事人对仲裁不服或事后反悔，应在收到仲裁决定书之日起15天内，向人民法院起诉，超过15天，裁决就发生效力，由仲裁机关督促执行。如果当事人拒不执行裁决，当事人一方就可以向不执行裁决的一方所在地的人民法院申请执行。

调解和仲裁都是解决合同纠纷的重要途径，其目的都是消除当事人之间的矛盾，维护双方的合法权益，保证经济生活的正常化。这两种方法在程序和方式上有很多的相似之处，但其性质是有差别的。调解必须经双方同意，有一方不愿意都不能进行调解；而仲裁只要符合仲裁条件，不管当事人是否愿意，都可以进行，具有一定的强制性。

2. 诉讼

诉讼就是常说的"打官司"，是指司法机关和案件当事人在其他诉讼参与人的配合下为解决案件所进行的全部活动。经济合同纠纷的当事人如果对调解反悔、对仲裁不服，就可以向人民法院提起诉讼，对于经过公证的经济合同，不进行调解和仲裁，也可以直接向人民法院提起诉讼。经济合同纠纷的案件由各级人民法院的经济审判庭承担。农户与其他经济组织所签订的经济合同，若发生纠纷诉讼，大都由基层人民法院承担。诉讼也同样要经过一定的程序，也就是起诉程序。首先，由原告一方向人民法院递交起诉状，法院接到起诉状后，经审查认为可以立案，即受理此案；其次，法院对案件进行调查研究和收集证据；再次，开庭审理；最后是执行。若对法院的判决不服，可以继续上诉，但在规定期限内不上诉的，法院的判决即产生效力，必须依法执行。对于拒不履行判决、裁定书规定的义务时，人民法院可采取一定的措施（如查封、扣押财产、冻结存款、强制迁房等）强制执行。

第五章 农户劳动力与主要生产资料管理

农户所从事的生产活动不是凭空想象的一种虚有行为，而是实实在在的实践活动。这种实践活动是通过进入劳动年龄、具有一定劳动能力的家庭成员，与农户所能占有或支配的生产资料相结合来进行的。把进入劳动年龄、具有一定劳动能力并参加实践劳动的家庭成员称作家庭劳动力，在生产过程中，劳动力起着至关重要的积极作用。但是光有劳动力还不行，还必须有生产资料（即劳动对象和劳动资料的总称）与其结合。劳动对象是有生命的动植物；而劳动资料则是人们用来影响和改变劳动对象的一切物质资料的总和，包括各种生产工具、仓库等。农户就是用自己的辛勤劳动再通过劳动工具等劳动资料，对劳动对象进行加工，从而生产出各种各样的农产品。由于农户已由过去单纯的劳动者转变为经营者，怎样使家庭劳动力与生产资料有机地结合在一起来从事生产经营活动，以取得更好的经济效益，已成为农户迫切需要解决的问题。

第一节 农户劳动力管理

一、劳动力利用与管理

1. 劳动力资源的概念

劳动力就是人的劳动能力，即人所具有的能运用于劳动过程的体力和脑力的总和，有时指参加劳动的人。农业劳动力资源则是指农户家庭中进入劳动年龄、具有劳动能力的成员。劳动力资源包括数量和质量两个方面的涵义。劳动力资源的数量是指达到劳动年龄的有劳动能力的人数。劳动力资源的质量是指劳动者的体力和脑力，包括劳动者体力的强弱、健康状况、文化程度、科学技术水平和思想水平。

2. 劳动力资源在农业生产中的作用

人类社会生存发展的前提条件就是必须从事物质资料的生产活动，而一切生产活动过程都是人和自然结合的过程、人和物结合的过程以及人与人结合的过程，其中人的劳动是包括农业生产的一切生产活动能否顺利进行的决定性因素。农业生产是人与自然的物质交换过程，在这一过程中，人们与生产工具、劳动对象等相结合，再借助土地这一重要的生产资料，利用各种优厚的自然条件，并与灾害性的自然条件进行较量，以获得最基本的物质生活资料。没有有目的的劳动，人们就不会获得粮食、油料、棉花等物质生活资料。在农业生产和经营管理活动中，人处于主体地位，他们执行着经营管理的所有职能，组织和协调着人与人、人与物之间的关系，以保证农业生产顺利进行。在农业生产全过程中，人也始终起着主导作用，他们在生产中发现问题、分析问题、解决问题，以便达到既定的农业生产目标。随着农业劳动生产力的发展，先进的生产工具、化肥、农药、良种、塑料薄膜等优良的生产资料的大量运用，农业生产也同样离不开具有一定技术素养的劳动力；生产工具仍要人们来操作，各生产项目和生产要素也仍要人们来组织。因此，劳动力资源在农业生产中始终处于首要的和不可代替的地位，只有充分发挥了农户家庭劳动力的主导作用，才能更好地促进农业生产的发展。

二、劳动力安排与使用

1. 合理安排利用劳动力的要求

农户作为双层经营中的个体经营层次，以家庭为单位开展生产活动，较其他经济组织有其自身的特点。一般来说，家庭成员之间都具有血缘、亲缘、婚姻、收养等关系，这就决定了他们之间的亲近性和经济利益上的一致性。家庭成员之间能够和睦相处，相互依赖，有强烈的亲近感和信任感，在经济利益上，家庭成员个人的利益与家庭的利益也是一致的。因此，家庭成员之间的凝聚力比其他任何经济组织都强，这种特殊的关系也有利于发挥各自的技术特长，并按劳动力强弱、能力大小合理分工，协调配合，为家庭中各类劳动力的合理利用提供了有利的前提条件。但是要把这种优越性体现在生产过程中，还应遵循以下基本要求：

（1）劳动力的分配比例要恰当　劳动力的利用要尽可能与充分发挥各类自然资源的优势相结合，既要保证完成主要生产任务，又要促进多种经营的发展，广开生产门路。

（2）要做到常年安排与季节调配相结合　农业生产季节性强，不同农时季节，所需的劳动有多有少，使劳动力的利用不均衡。因此，要保证农忙季节所需的劳动力，适当压缩其他项目所占劳动力，争取农忙时集中务农，农闲时再务工、务商等，以充分利用劳动力。

（3）因人派活和因活派人 家庭劳动力的体力有强弱之分，技术有熟练程度之分。因此，安排劳动力时，要人尽其才，用其所长，各得其所。

2. 制订劳动力使用计划

为了合理安排和使用劳动力，农户在制订年度生产计划时，要相应地制订全年的劳动力使用计划。根据各生产项目的需要，将家庭劳动力资源进行合理安排。制订劳动力计划的主要工作是计算各生产项目对劳动力的需要量，需要量的确定通常采用以下方法：

（1）根据每个劳动力的负担定额计算 如大田作物可分别按所占用的耕地面积和每个劳动力能负担的耕地面积定额来计算，畜禽可根据各类畜禽总数和每个劳动力能饲养的平均数定额计算。

（2）根据全年的作业项目与劳动定额计算 如根据作物的技术要求和劳动定额计算每亩全年用工数，乘以播种面积就得作物的用工数；将所有作物总用工数除以每个劳动力全年平均出勤天数，即得作物所需劳力数。

根据家庭劳动力的多少和劳动力的需要量进行平衡，这项工作可借助于平衡表进行（见表5-1）。但要注意，该平衡表平衡的是一年的劳动力平均需求情况，由于农业生产的季节性，必然会出现农忙季节，这就有必要根据阶段作业计划，再作详细安排，通过平常换工，请临时工、帮工的办法解决农忙季节劳动力缺乏的矛盾。

表 5-1 劳动力平衡表

项目	工日数		劳力数	
	数量	比例/%	数量	比例/%
（一）劳动力资源量				
（二）劳动力需要量				
其中：1. 粮食作物				
2. 经济作物				
3. 林业				
4. 养殖				
5. 加工				
6. 服务业				
7. 其他				
（三）劳动力余（+）				
缺（−）				

三、劳动力转移

1. 农业剩余劳动力的涵义

农业剩余劳动力是指排除在农业生产资料以外，暂时与农业生产资料相脱离的那部分劳动力。从我国农村的实际情况来看，农业人口占有耕地面积减少，但农业机械化水平和劳动积极性不断提高，农业生产中劳动力过剩的现象明显显露出来。同时，由于农业生产季节性的特点，农业生产除在北方的"三夏""秋"季节和南方的"双抢"季节以外，产生了劳动力的农闲现象。我国农业劳动力剩余情况有两个特点：一是数量大，二是剩余劳动力科学素养较低。农业剩余劳动力的现状和特点给农户提出了如何采取有效措施加快农业剩余劳动力转移的问题。

2. 剩余劳动力转移的途径

（1）协调农林牧副渔各业的比例和种植业内部粮食作物与经济作物的比例　从我国农业现状看，普遍存在这样两种情况，即种植业劳动力所占比例大，而林牧副渔业等劳动力不足；种植业内部粮食作物生产劳动力所占比例也远高于经济作物和其他作物。因此，有必要调整劳动力在各业中的分配比例，使林牧副渔广为发展，同时在确保粮食作物所需劳动力的条件下，适当地提高经济作物劳动力的比例。

（2）提倡精耕细作　在种植业层次上，要提倡精耕细作。把我国在"土地上绣花"的传统农业技术与现代先进农业技术结合起来，从而提高土地生产率和劳动生产率。除此之外，还要注重生产条件的改善，在改土、治水、修路等方面增加活劳动积累，为农业生产持续增产创造条件。

（3）合理开发自然资源　我国存在着大量的荒山、荒坡、河滩、水面、草地等，如果将这些非耕地资源承包给农户开发利用，不仅能吸收大量的劳动力，而且还能有效提高农户收入水平。

（4）发展农村第二、第三产业　我国把种植业和养殖业作为农村的第一产业，把建筑业、加工业等家庭工业作为农村第二产业，将第一、第二产业以外的商业、饮食服务业、运输业等作为农村第三产业。目前，第二、第三产业的收入、劳动力所占比例逐渐增加，还有很大的发展潜力。若农户从经济、物质条件和自身的能力出发，利用家庭劳动力、资金、房屋、院落等兴办小型的家庭企业、小型的商业、服务业、运输业等，既能增加家庭收入，也能使剩余劳动力得到充分利用。

四、劳动力智力开发

1. 劳动力智力开发的涵义

智力是人们在现实社会中认识客观事物并且运用所掌握的知识解决实际问题的能力。而劳动力的智力开发，简单地说就是智力投资，即把农业劳动力的智力作为一种资源来发掘利用，不断提高劳动力的素质，充分发挥他们在农业现代化建设中的聪明才智。

在农村,农户所从事的经营活动,大都还是建立在传统技术基础上的,如饲养少量的鸡、兔、羊、猪、牛等,编织等也主要靠的是传统技能和手工劳动。而要不断提高商品化生产水平,规模化饲养家禽、家畜,就必须学习和掌握专门的科学知识和技能,否则,就会在现代商品生产的大军中落伍。面对现代化生产的这种挑战,最重要的就是不断提高劳动力的素质。劳动力的素质包括智力水平、思想水平及身体素质等,而开发农民的智力是首要的工作。

2. 劳动力智力开发的途径

(1) 用人所长　农户要充分有效地发挥家庭经营实体中每个人的聪明才智,做到人尽其才,这是一种不需投资而见效最快的智力开发。

(2) 知识更新　生产在发展,技术在进步,面对新的形势,农户要充分利用业余时间,根据生产经营的需要补习文化,更新知识,学习新的劳动技能。学习科学技术的基础是学习文化。因此,劳动力中文化程度低的要不断提高文化水平,在补习文化的基础上再增加专业技术知识和经营管理知识的学习。求知的形式可通过自学、上夜校、读函授、参加短期培训班等途径。

(3) 培育人才　农户要保证家庭中未成年人受到正规的基础教育和专业教育,即除了受国家的九年义务教育以外,还要进农业职业高中进行专业学习,有条件的还应到农业院校深造,而不能为了眼前利益令其停学,过早地从事专门的农业生产劳动。

第二节　农户土地资源管理

一、土地资源概念

土地是指由地形、土壤、植被、岩石、水文和气候等自然因素组成的综合体。直接或间接地用于农业生产的土地叫作农用土地,它包括耕地、园地、牧地、林地、池塘、沟渠、田间道路和其他生产性建筑所占用的土地。从农业生产的角度讲,土地资源就是指在农业生产中已经利用和能够利用但尚未开发利用的土地数量和质量的总称,诸如耕地、荒地、林地、草地、沼泽、水面、滩涂等都属土地资源。在一切能为人类所利用,并用于农业生产的自然界的物质和能源中,土地资源是最基本的和最珍贵的自然资源。人们所从事的农业生产活动如种植作物、植树造林、放牧畜群、发展渔业等都必须在大面积的土地上进行。因此,土地成为农业生产中最重要的生产资料。

二、土地资源特性

与其他生产资料相比,土地资源有以下特性:

1. 面积的有限性

由于土地是自然历史过程的产物,而不是劳动的产物,所以能被农户用来进行生产的土地面积是有限的。人们还没有能力创造出大面积新的土地,只能通过农户的辛勤劳动改良已有的土地,使自然土地能更多地被农业生产所利用。

2. 生产资料的永久性

土地之所以能成为农业生产不可缺少的生产资料,就在于它具有肥力。肥力随着农户不断地投入活劳动和物化劳动以及采用各种先进且实用的农业科学技术措施而得到增加,对土地资源利用得科学、合理,土壤肥力就能不断增加,土地也就能持续地被用于农业生产而成为永久性的生产资料。

3. 土地位置的固定性

土地的位置是指各地区土地的分布,而这种分布是人们无法改变的。并且处于一定位置的土地总是和当地的光、热、水、气等自然条件在一起发生作用,决定着土地的利用潜力和方式。

三、用地基本原则

1. 因地制宜

由于各地区土地所处的自然条件和经济条件是千差万别的,所以,各个农户所承包的土地在其土壤质地、肥沃程度、地形等上必然有所差别。这种差异性就要求农户必须因地制宜地发展生产,宜农则农、宜林则林、宜牧则牧、宜渔则渔,把不同的生产项目分配在恰当的土地上,使得地尽其力。

2. 节约用地

土地面积不会受人们主观愿望的支配而发生增减变化,因此,必须节约用地,特别是节约耕地。这就需要控制和压缩田间道路、渠道等间接用地,农户建房也不应占用或尽量少占用耕地。

3. 用地与养地相结合

将土地所具有的能不断供应和调节植物在生长过程中所需水分、养分、空气、热能等的能力叫作土壤肥力。虽说土地的存在是永久的,但土壤的肥力是会发生变化的。如果农户只一味获取土壤肥力而不投入或利用不当,土壤肥力水平就会下降。因此,农户应坚持用地与养地相结合的原则,使耗地作物、自养作物和养地作物相结合,从而保证土壤肥力永远保持较高水平。

四、土地资源利用途径

土地资源是人类最珍贵的财富,如果没有土地这个自然物质条件为前提,人们就不可能进行任何实际的生产活动。随着我国经济的发展,粮食需要量的增加,合理利用土地资源就显得更为重要了。根据土地资源利用的基本原则,土地资源合理利用的途径有以下几个方面:

1. 开垦荒地,增加耕地面积

开垦荒地是指开垦适宜于种植农作物或牧草的天然草地及疏林地。由于我国人均耕地面积不足1.5亩,有的省级行政区人均耕地面积还不足1亩,人地矛盾日益突出,因此要重视对土地的开发。通过开垦荒地,一方面扩大耕地面积,增加农产品产量;另一方面在耕地面积扩大的基础上,调整农业生产结构,促进农林牧副渔各业和各种农作物生产的发展。但是并非任何自然土壤都可以发展成耕地,能够形成耕地的土地需要具备一定的条件:一是必须有相对平坦的地形,或者在坡度较大的条件下,能够修筑梯田,而又不引起水土流失。坡度大于25°的地方,不宜发展耕地。二是必须有相当深厚的土壤,用以贮藏水分,供作物根系的发育。三是必须有适宜的湿度和水分,能够保证农作物生长发育对热量和水分最起码的要求。如干燥的沙漠和严寒的冻土地带,如果不改变缺水和光热条件,就难以开发耕地。

2. 保护土地

为了保护好土地,一是要做好水土流失的预防工作,严禁盲目开发和利用土地资源。严禁滥垦、滥伐,严禁毁林开荒,极力做好植树种草工作。二是要做好水土流失的治理工作。根据本地的自然地理条件,采取生物措施和工程措施相结合的方法。在人地矛盾不突出的地方,可在平地、缓坡地建设基本农田,将坡耕地退耕还林,植树种草;在人地矛盾突出的地方,应按照坡度的大小,恰当地修建梯田,或采取水土保持措施,以防水土流失。三是要科学治理沙漠。严禁沙地开垦,保护现有的天然植被。把沙地还草还林,逐步建立良好的沙地生态环境。

3. 改革耕作制度

改革耕作制度是提高土地生产率的重要措施,其主要内容包括:旱地改水田,水旱轮作;改种高产作物;实行间套作;一熟改多熟,扩大复种面积。因此必须做到:一要坚持连续性地发展生产。既要考虑当年能否增产,又要考虑连续几年能否增产；既要考虑一种或主要农作物能否增产，又要考虑各种作物能否全面增产。二要按客观条件发展农业生产。按农户自身所拥有的水、肥、劳动力和技术等条件来改革耕作制度，以求实效。三要坚持用地与养地相结合，做到在用地中养地，在养地中用地，以用地促养地，以养地保用地，使两方面协调进行。

4. 实行农业集约经营

发展农业生产，增加产品产量，对土地资源来讲，一是扩大耕地面积；二是提高单位土地面积上的产品产出量，即提高土地生产率。提高土地生产率的主要方法就是实行集约经营。所谓集约经营，就是通过采用先进的农业技术措施和技术装备，在一定面积的土地上，投入较多的生产资料和活劳动，以提高单位面积产量的农业经营方式。实行集约经营，可以弥补耕地少的缺陷，以较少的耕地生产出较多的农产品。

要提高集约化经营水平，一是要用先进的物质技术装备武装农业，并逐步提高农业机械化和电气化的水平。但是要注意，农产品产量的增加虽然在一定程度上取决于投入物的增加，但并不是投入的物质越多、越丰富，产量就越高、收入就越多，而是在一定的技术条件下，随着单位土地面积上投入的不断增加，产品产量相应增加，增加到一定程度，则每次增产的幅度就会逐渐减少，再增加投入，产量不但不会增加，反而还会减少，这就是农业生产上常见的土地报酬递减现象。如施肥并不是越多越好，密植也要有限度，过度密植、过量施肥不但不能增产，甚至还会导致减产。这就说明，农作物有自己的生长发育规律，一定时期和一定技术条件下，它对各种营养元素的供应都有一定的要求，超过了这种要求，就会出现事与愿违的现象。因此，农户要根据一定的技术要求，适量增加单位土地面积上的投入，同时还要注意投入的各营养元素之间的平衡，如氮肥与磷肥、钾肥之间，有机肥与无机肥之间，都要有恰当的比例等。二是要采用先进的技术措施，实行科学种田。如选育优良品种、化学除草、生物防治等。三是提高复种指数，增加播种面积。复种指数是指全年农作物总播种面积与耕地面积之比，复种指数的提高是通过复播、复栽、套种的复种方式实现的，一年内若在同一耕地上，通过复种增加了播种和收获的次数，自然就要追加更多的生产资料和活劳动，也就能够在单位面积耕地上获得更多的产品。

5. 加大农田水利建设投资，建造稳产高产农田

进行农田基本建设可以提高农用土地的质量，增强抗御自然灾害的能力。要有效地利用自然界的有利条件，也要把不利的自然因素转变为有利因素，促使贫瘠田、旱涝田、低产田变为旱涝保收、高产稳产的农田。

第三节　农户生产工具管理

一、生产工具概念及管理

1. 生产工具的概念

生产工具亦称劳动工具，是农户在产品生产过程中用来对劳动对象进行加工的物件，起着把劳动者的劳动传导到劳动对象上的作用，如翻耕土地用的犁、收割庄稼用的收割机，就起着把劳动传导到土地和农作物上的作用。在劳动资料中，生产工具是最重要的因素，它是人类自然肢体的延伸。正确选择和利用生产工具，可以减轻劳动强度，减少劳动消耗，有助于为农户创造较好的劳动条件。生产工具在劳动过程中，会因不断使用而磨损，在闲置时，也会因自然侵蚀而报废。因此，要经常对生产工具进行维修和保管，使生产工具保持完好，以满足生产的需要。

2. 生产工具管理的特点

（1）类型多、品种杂、用途广　在大田生产中，从种到收包括犁地、整地、播种、灌溉、收获、田间管理等劳动过程，都需要相应的劳动工具。在蔬菜、果树和林业生产中，移植、修剪、采摘、搬运等环节也需要特殊的工具设备，与在家畜饲养和水产养殖的过程中需要的工具设备又不相同。若还有其他经营项目，则工具设备也会相应增多。

（2）手工工具和畜力农具占主要地位　农村的生产发展水平，部分还停留在手工劳动和畜力耕作的阶段，即使在一些经济发达地区，也往往是人力、畜力和机器并用，"机马（牛）人相结合"，而多数地区，特别是老、少、边、穷等落后地区，仍然依靠人力、畜力耕作。

（3）生产工具的使用具有明显的季节性　由于农业生产的生产时间与劳动时间不一致，生产工具使用的时间很不平衡。农忙季节集中使用，农闲期间则闲置不用，而且各个生产环节的生产工具也不完全相同，使得工具的使用显现出很强的专用性，也使得工具在一年中的利用率不高。

二、耕畜管理

耕畜是指农户用来从事耕地等农活的牲畜，具有数量多、分布广、使役灵活、适用性强、行走速度便于调节、能自然繁殖等特点。役用耕畜还具有能耕作、拉车、驮运、拉磨等多种用途，历来是我国农业生产的主要动力，也是有机肥料的重要来源，比较适合小块地、插花地、山地水田的耕作，如何管好、用好耕畜对农户来讲有着重要的意义。

1. 精心饲养耕畜

耕畜较其他生产资料不同，它是活着的生命体，为了用好耕畜，首先必须饲养好耕畜。只有根据耕畜的生理特点，进行精心的饲养管理，才能维持并提高其耕作能力。耕畜应按不同品种、不同性别和不同年龄分群、分槽饲养，对孕畜、病畜和老弱牲畜，应另设单槽饲养。在饲养期间，要配好饲料，定时、定量、少给、勤添。在耕作期间，应加喂精饲料；在寒冷地带，冬季前要储备饲料，注意保暖防寒；在放牧期间，要防止日晒雨淋，预防疾病。饲养耕畜要求做到：勤放牧、勤洗槽、勤刷拭、勤扫除、勤添食，从而达到畜体净、草料净、饮水净、用具净、畜舍净，保证耕畜健康。

2. 专人管理耕畜

对耕畜进行精心的饲养是为了使役。要求专人管理耕畜，了解耕畜的性情、健康等情况，有助于人畜协调配合；若为其他农户代耕，则有必要制订作业计划。

3. 抓好耕畜繁殖工作

任何一头耕畜都不可能为农户永远提供畜力服务，因此有必要抓好耕畜繁殖工作。繁殖工作要求母畜满配满怀，幼畜全活全壮。为此，一是要选好良种公畜，提高配种效率。二是对母畜要加强饲料管理，适时配种，精心保护，在分娩前后要单独饲喂并提高饲料质量。三是在使役过程中，对孕畜要采取派轻活、必要时不派活等保护措施，做到使役与繁殖两不误。

三、手工、畜力农具管理

农户在现阶段所使用的手工和畜力农具种类多、结构简单、造价低廉、操作方便，对它们主要实行分类管理的办法。手工、畜力农具可分为小型和大型农具，小型农具如锄、锨、镰刀等，大型农具如犁、耙、水车、打稻机等。手工、畜力农具还可分为常用和不常用农具。常用农具可以在很多作业项目中使用，使用次数较多。因此，有必要对手工、畜力农具进行分类管理，存放场所应固定，以便检查和保管，以减少存放过程中的自然磨损，避免浪费。

四、农机具管理

广泛应用农业机械以代替手工和畜力农具，是农业现代化的重要内容。党的十一届三中全会以后，进入一个以农民自主办机械为主要特征的多种形式并存的时期，出现了户营农机、合作经营农机、集体经营农机和国营农机的形势。现阶段农机具的使用与管理包括以下几方面的工作：

1. 农机具的选择和配套

根据不同地区和作业项目的条件、农艺要求、作业量的大小等实际情况，选择经济适用的机器设备，并做好技术装备的配套。首先应该做到单机配套即动力机和作业机的配套，然后实现作业配套即单项作业各工序的配套，以便充分发挥装备效能。

2. 农机具的合理使用

合理使用农机具的基本要求是要做到高效、优质、低耗、安全。要做到这一点，农户必须遵守相应的农机管理规章制度，实行"定人定机、专人负责"，严格操作规程和安全生产措施，并加强经济核算；要对驾驶员进行严格的技术培训。

3. 农机具的维修和更新

农户对农机具不能只重使用而轻保养、轻维修，必须对农机具进行定期保养和维修，使农机具保持良好的技术状态和正常的工作性能，以延长其使用寿命。当农机具的价值完全转入产品成本以后，要适时更换新的农机具。

第六章 农户农产品销售管理

第一节 意义与特点

一、意义

农产品销售,是指农产品由生产领域通过商品交换,进入销售领域,实现产品转化为商品的一系列经济活动。随着农村经济体制改革的进行,以及农村市场经济的发展,农民逐渐成为农产品商品生产者,农产品的销售活动日益频繁。因此,农户必须改变过去只顾生产不问销售的习惯和倾向,要面向市场,争取参与流通,发展商品生产;要尽可能地使农产品变成商品,以获得更多的收入。要做好以上几点,必须做好农产品销售管理工作。做好农产品销售管理工作,具有以下几方面意义。

(1) 是发展农产品商品生产的必然需要 生产的农产品商品,必须通过流通进入市场销售,以实现其价值,满足社会的需要;如销售管理不当,就不能很好地实现农产品商品的交换价值与使用价值。

(2) 能促进农户不断扩大再生产 如果农户做好了销售管理工作,就能及时、等价地把农产品商品销售出去,取得货币收入,及时购回生产资料。这样就加速了资金的周转,便能更好地投入再生产和扩大再生产了。

(3) 有利于农户以销定产,产销结合 如果农户生产的产品品质优良,产销对路,能及时保质保量地销售出去,满足社会的需要,并受到消费者的欢迎,就能帮助农户更好地掌握市场信息,发展生产。

(4) 有利于提高农户生产经营的经济效益和改善经营管理 做好销售管理工

作，能更好地促进农户充分开发和合理利用自然、经济资源，加快资源优势转变为产品优势，再转化为商品优势的进程，从而有效提高经济效益；同时，能够促使农户做好生产、流通、分配、消费各个领域的劳动、财务、物质、计划、运输等的经营管理。

二、特点

农产品生产的季节性与社会需求的持续性之间的矛盾，要求农户在农产品收获季节，能够及时捕捉市场信息，做好储藏、加工、保质、保鲜、物质及运输准备工作，利用季节差价，源源不断地销售农畜产品，保证淡季"不淡"，满足社会需要。

农产品大多具有新鲜、青嫩、易腐、难贮等特点，给销售管理工作带来很大难度。因此在销售工作中，应尽量减少流通环节，广辟流通渠道，采取灵活多样的销售形式，立足当地市场，就近销售，适当薄利，尽量减少损耗、节约费用。

大多农产品体积大、单个重量轻、价值低，很容易造成损耗、浪费。对体积小、重量轻，但价值高的农产品，可组织远销，注意使用包装，尽可能做到物美价廉。

在市场竞争的条件下，农户熟悉农产品流通领域的销售环节、渠道及形式十分重要。农户必须从根本上改变过去"重生产、轻销售""重产量、轻产值"的倾向；要学一点"生意经"，重视市场经济的基本规律；不仅要做好农产品的生产工作，还要做好农产品的销售管理工作，使农产品商品的价值得以实现。

第二节 农产品市场调查

农户要想及时销售出农产品，首先要对市场进行调查，了解市场供给与需求情况。市场调查的主要目的就在于深入了解广大消费者对农产品品种、数量、质量等方面的要求；收集有关资料和数据加以整理、分析研究，以了解市场供给状况，有助于做好生产安排和销售管理工作。市场调查一般包括以下几点。

一、了解有关政策与法规

了解党和政府对农畜产品的销售政策，合同订购的农畜产品的完成情况和价格水平，了解市场监督管理部门对农畜产品市场销售的有关规定，以及价格政策，工农产品比价、农产品比价和差价，市场供求政策等。

二、产品调查

① 市场对农畜产品种类、品种、质量、数量等的要求。
② 市场需要的各类农畜产品的已有容量、供需状况、产销对路情况、需求发展趋势。
③ 各类农畜产品的价格水平和变化情况。
④ 市场已出现的新的或特种的农畜产品，市场需求和替代情况如何。
⑤ 农畜产品市场销售的经济效益。

通过以上调查，农户才便于就生产经营以及产品种类、品种、质量和数量作出经营决策。

三、销售调查

① 各类农畜产品市场销售的规模和特点。
② 可供农户选择的各种销售渠道。
③ 产品销售方式。（目前主要的销售方式有：自产自销、零售或批发、联合经销、委托或合同代销等。）
④ 消费者购买心理、购买动机、购买方式。
⑤ 消费者购买能力。

这些调查有助于农户采取相应措施将消费者的购买动机变为购买行为，也有助于农户选择正确的销售渠道和销售方式，以达到更及时、大量销售产品的目的。

四、市场竞争调查

① 农户生产的农畜产品在不同市场上的竞争能力。
② 对同行业所生产的产品数量、质量、布局及竞争能力。
③ 市场竞争的激烈程度及发展趋势。

通过以上调查，才能"知己知彼"，夺取竞争中的胜利。

第三节 农产品销售工作

一、销售渠道选择

农产品的销售渠道，是指农产品由生产领域进入消费领域，从生产者手中传送到消费者手中所使用的途径和采取的购销形式。农产品销售渠道具体有以下几种：

1. 农户自产自销的农产品的直线流通

农户可以直接同消费者对象成交，这种渠道可以减少中间环节，缩短流通时间，也有助于及时了解市场供需状况。

2. 农产品集市贸易

农产品集市贸易是计划外的农副产品零散销售渠道。它是在国家市场监督管理部门统一管理下，生产者、经营者和消费者相互买卖农畜产品，议购议销，最后成交。生产者可以及时供应，消费者可以随时购买，经营者可以随行就市，是满足多种需要的一种销售渠道。具有广泛的群众性和灵活性，对活跃农村经济，便利生产生活，增加生产者收入，都有重要意义。

3. 农村贸易货栈

这是农村中一种为农户承办农产品代购、代销、代贮以及初级加工的贸易形式。农户一般生产规模较小、产品数量有限、市场开拓能力低、销售管理不完善，利用这种渠道，有利于农户解决营销能力不足的难题。

4. 联合经销

一般是多层次的联合经销，如农户与农户，农户与集体，农户与国家之间的联合经销。这种形式可以节省流通费用，发挥各自的优势，实行农工商一体化的农工商综合经营经销。随着农村市场经济的发展，这种形式将进一步发展与完善。

此外，有条件的地区可以建立农村贸易中心，帮助农户疏通各种渠道，减少流通环节，连接产、供、销，按市场供求状况，组织农产品流通。

农户选择农产品销售渠道，要从自身实际出发，要因时因地、因产品制宜，适应自身的销售管理水平。除此之外，还要注意如下几点：①政策规范。要遵守合同收购、税收、信贷、价格、品种、质量、包装、卫生标准以及销售的时间、场地等政策、制度等。②产品因素。如农产品重量、体积、质量、损耗、单价等，如易腐产品要选择直线流通渠道等。③市场情况。距市场近、运输条件较差的，可就近销售，运输条件好的可长途销售。④农户要考虑自身的条件，如经营规模、资金、销售管理水平、农副产品贮藏和运输条件等，以合理决策。

二、运输工具与方式选择

由于农业生产的季节性、农产品性质的多样性以及生产的不平衡性，农户必须选择好运输工具和方式，以利农产品的及时销售，获得最佳经济效益。

1. 运输工具和运输方式

农户应根据当地情况，对数量不大、质量较高、经济价值较大，而交通条件较差、离销售市场较近的地区，可以肩挑，或使用推车等工具。对靠近公路的、数量较多的鲜活易腐产品，应尽量用拖拉机、汽车运输。汽车便于中距离（一般在 50 公里以内）运输，拖拉机运输距离一般在 5～10 公里。有的农产品比较耐贮藏，数量又多，且耐长途运输，可以选择水运或铁路运输。水运运费低廉，船舶震动小，对农产品损伤小，在南方河流交错地区最为便利；火车运输量大，速度快，安全可靠，运费较低，铁路沿线地区可以选择铁路运输。

2. 选择运输工具和运输方式应考虑的因素

农户在选择运输工具和运输方式时应考虑的因素有：第一，当地的交通运输条件、交通网络的分布情况；第二，自身拥有的交通工具、资金、驾驶交通工具的能力和交通运输管理能力；第三，农产品性能、特点及对运输的要求；第四，农产品待运的时间、地点、数量、体积、包装、运送距离等；第五，农产品运输的综合经济效益。总的来说，选择的工具和方式既能抢时间、争时效、争取经济效益最大化，又要具备运费较低、安全可靠、损耗少等特点。

三、销售业务流程

1. 做好销售决策，编制销售计划

农户在进行市场调查、了解各类农产品寿命周期、对产品销售作出预测的基础上，要当机立断选择最优销售渠道，作出销售决策，编制销售计划。即对在什么时间、在哪个市场销售，销售什么农产品，销售多少，质量如何检查，怎样包装，采用什么运输工具和运输渠道，劳动力如何分配，销售的时间、空间区段搭配联结，等等，都要作出合理安排。

（1）产品销售的原则

① 以需定产、以销促产。根据市场需求，确定产品生产方向和规模，调整产品结构，通过销售，促进农户的商品生产，满足市场需要。

② 坚持用户第一，为用户服务。要保证产品新鲜、卫生，绝对不允许掺杂使假、缺斤少两、以次充好，牢固树立"用户第一"的经营思想。

③ 做好售后服务工作，及时收集用户的信息反馈。了解用户对所销产品的反响，根据市场反馈改进生产技术，提高产品质量，降低产品成本。

（2）市场选择

① 选择最有利的目标市场。根据不同地区、不同购买对象的需求状况和习

惯以及供求关系来细分市场，确定何种农产品在何处销售最合适。

②占领市场的途径、方式和方法。根据农户生产经营特点，应重点考虑：第一，市场渗透。主要靠提高产品质量，巩固老用户，争取新用户。第二，逐步发展。采用灵活多样的销售方式，不断提高销售管理水平，增加销售量，提高市场占有率。第三，新产品开发。根据大部分用户"尚时鲜、图简便"等心理特点，可以把原有产品（如猪牛羊肉类、禽肉类等）分部位切割，甚至削骨、除刺包装；或开发市场上还不多见甚至未出售的新产品。

（3）市场竞争　如何在激烈的市场竞争中取胜？主要有以下几个途径：

①靠创新取胜。注意开发新创意、新工艺、新款式、新包装、时令新产品。

②靠优质取胜。质量是产品的生命线，有质量才有信誉。

③靠快速取胜。新鲜农产品要及时快运。要抓住时机，抢夺先机，及时、快速占领市场，并迅速适应快速变化的市场环境，从而赢得市场经营的主动权。

④靠低价取胜。

⑤靠优势取胜。要讲求竞争艺术，坚持"人无我有""人有我优""人优我廉""人廉我创""人创我转"的基本策略。此外还要靠联合取胜，即农户可以联合起来，扩大市场，提高农户在市场竞争中的综合经济效益。

2. 签订销售合同，做好产品包装、广告、推销

（1）销售合同　国家和社会组织订购、采购的农产品，对产品品种、规格、包装、质量和数量，交货的时间和地点、运输及结算条件，要按合同要求履行。

（2）产品推销　由农户推销人员进行产品的销售活动。推销人员要了解市场状况，巩固原有用户，拓展新用户；与用户保持联系，及时向用户提供产品和服务的动向；销售服务要热情周到；提供产品使用咨询；不断收集市场信息。

（3）产品包装　为了保护农产品，便于运输，要做好产品的包装工作。要根据具体情况，结合用户要求，因地制宜考虑运输工具与渠道，灵活选择包装形式。具体要求：①充分考虑产品的特性、外形、体积、重量等，以采用不同包装方法与材料。②充分考虑运输工具、渠道与距离，合理包装。③做好包装标记。发货人、收货人、起讫地址，农产品名称、等级、体积、重量等，都需在包装上标明。④外贸产品、礼品包装。要讲求安全、美观、庄重、大方。⑤大宗农产品包装。如粮、油、棉、麻、烤烟等，可选择装袋（桶）打包。⑥初加工后的农畜产品、经济价值大的珍贵农副产品、出口外贸农畜产品包装。要求包装安全、牢靠、美观、大方。⑦部分产品可以采用透明包装，便于挑选；还可以采用一次量包装、复用包装（如糖果盒装、茶叶筒装）、携带式包装，包装简洁，方便携带。

（4）产品广告　有条件的农户和农村私人企业，可以投放一些广告，宣传商品名称、性能、用途、售价、购买地点、保养及使用方法等，激发消费者的购买欲望，促进购买行为。广告可以给人以美的艺术感受和传播正确的消费观，广告宣传应实事求是，不要哗众取宠、华而不实。此外，还要注意广告的针对性、重复性和经济性。

第七章 农业经济效益分析

第一节 经济效益与农业经济效益

一、经济效益概述

经济效益就是用尽量少的活劳动和物质消耗,生产出尽量多的符合社会需要的产品。经济效益要满足两个要求,一是要尽可能地节约,使劳动和物质的消耗尽量减少;二是要创造出更多的社会财富,这些社会财富只有符合社会需要,才能体现经济收益。所以农户生产的农产品,包括质量、品种、数量等,必须符合社会需要,只有这样,才能使赋予产品的劳动消耗得到社会的承认,才能使产品的交换价值和使用价值得以实现。如果产品不符合社会需要,产品数量可能增加很快,实际上产品大量积压,经济效益并没有真正提高。

衡量经济效益的方法是:

经济效益=劳动成果(物质产品的产出,用价值量表示)-

劳动消耗(活劳动和物化劳动的消耗总额,用价值量表示)

例:某农户种植地膜玉米1亩,产量590公斤,每公斤玉米价格为2.0元;物资费用200元,用人工5个(工值为120元),计算这个农户玉米地膜栽培的经济效益如何?(玉米秸的收入与其成本相抵,可不计算收入。)

经济效益=2.0元/公斤×590公斤-(200元+120元/个×5个)

=1180元-800元

=380元

因此，简单地说，经济效益是人们进行某一社会实践活动所得和所消耗互相抵消后的纯收益。而农业经济效益就是在农业生产活动中，扣除物质费用和人工费用后所获得的收入。

二、农业经济效益概述

提高农业经济效益是实现农业发展战略目标的根本途径。农业经济效益能为再生产提供尽可能多的积累，从而改善人民物质和文化生活，使乡村振兴的战略目标得以实现。

回顾农村经济建设历程，有的农村可行性论证不够，经济效益观念淡薄，盲目发展乡村企业，不仅给国家和集体造成了损失，也挫伤了农民的积极性。讲求农业经济效益使生产决策有科学的数量依据，是实现农业生产管理决策科学化的基本途径决策必须讲投入、产出，讲经济效益，要从根本上消除"拍脑门"决策的弊端。在农业生产中，合理调整产业结构、资源适度投入、确定土地适度规模以及新技术的推广应用，都涉及农业经济效益。

通过衡量经济效益的方法可以看出，提高农业经济效益的途径有两个：增加产品的产出和尽量减少劳动消耗，即增产节约。增加产品的产出，就是要广泛应用新的科技成果，如选用适宜本地的优质、高产品种，科学施肥，改进种植方式，等等。减少劳动消耗，从物质消耗来说，并不是说要减少必要的投入，而是要减少浪费，如精量播种、提高化肥投入的有效率等。减少物质消耗的浪费在种植业领域潜力很大。在计算劳动消耗时，往往只把物质消耗看作支出，而忽视活劳动支出。马克思说："真正的节约=节约劳动时间=发展生产力。"因此从活劳动消耗来说，要充分利用劳动时间，提高工作效率。

在农业生产中，提高农业经济效益主要依靠科学技术的应用和经济管理的加强，例如杂交玉米、杂交水稻的大面积推广，大大提高了农业经济效益。

第二节　常用分析指标

农业经济效益是用来分析农业技术措施可行性和方案优劣的一种尺度，准确掌握常用农业经济效益指标，有助于提高分析的准确性、全面性、系统性，避免主观随意性、盲目性和片面性。下面介绍几种常用的农业经济效益指标。

一、土地生产率

土地生产率用以反映土地投入量与产品产出量之间的比例关系。

1. **单位播种面积产量或产值**

$$单位播种面积产量或产值=\frac{某作物产量或产值}{某作物播种面积}$$

例：某村种植玉米 210 公顷，总产量达 945000 公斤，平均每公顷的产量为 945000/210=4500（公斤）。

2. **单位农用土地面积总产值**

$$单位农用土地面积总产值=\frac{农林牧副渔总产值}{农用土地面积}$$

3. **单位农用土地面积净产值**

$$单位农用土地面积净产值=\frac{农产品产值-物资费用}{农用土地面积}$$

4. **单位土地面积纯收入**

$$单位土地面积纯收入=\frac{农产品收入-（物资费用+人工费用）}{土地面积}$$

5. **单位耕地面积产量或产值**

$$单位耕地面积产量或产值=\frac{总产量或总产值}{耕地总面积}$$

二、劳动生产率

劳动生产率用以反映劳动者所花费的劳动同产生的成果之间的比例关系。其公式是：

$$劳动生产率=\frac{产品量或产值}{活劳动消耗}\times100\%$$

例：某村有标准劳动力 590 个从事农业生产，2018 年该村的农业总产值为 1298 万元，平均每个劳动力年创产值为=1298/590=2.2（万元）。

三、产品成本

产品成本用以反映生产成本与产出量之间的比例关系。其公式是：

$$单位产品成本=\frac{物资费用+人工费用}{产品产量}$$

$$成本利润率=\frac{利润}{生产总成本}\times100\%$$

四、资金利润率

资金利润率用以反映投入的资金与生产的成果之间的比例关系。其公式为:

$$资金利润率 = \frac{利润}{资金使用总额} \times 100\%$$

例:某村麻袋厂年投资总额为 200 万元,年创利润 40 万元,其资金利润率=40/200×100%=20%。

五、劳动成果分析指标

劳动成果分析指标主要有总产量、亩产量、总收入、亩收入、人均收入等。在具体应用上述指标时,必须注意以下两点:

1. 要根据分析对象选择指标

分析对象不同,选择的指标也应当不同。例如分析对象是小麦的经济效益情况,就可选用小麦亩产量、亩收入、亩用工、亩物资费用、亩利润、每 50 公斤小麦生产成本等指标来分析。如果分析的对象是某村麻袋生产的经济效益,就可选用年产值、每条麻袋生产成本、资金利用率、年利润等指标来分析。

2. 要根据分析需要选择指标

如果需要通过分析,说明甲、乙两个农户每亩玉米经济效益的差异,就可以选用亩产量、亩产值、亩净收入、亩纯收入、亩用工等一系列指标进行分析。如果只需要反映这两个农户玉米的生产水平差异,一般选择玉米亩产量指标就可以了。

第三节 常用分析方法

分析农业经济效益的方法很多,按照所用数学知识的难易和运算手段的差异,可分为一般分析法和现代分析法两类。一般分析法指运用加、减、乘、除等初级数学知识和传统计算手段进行运算分析的方法,由于一般分析法运用的数学知识较浅显,分析手段较简便,容易掌握,在经济分析实践中应用广泛。这里主要介绍以下几种一般分析法。

一、比较分析法

比较分析法是经济效益分析的最基本的方法之一。这种方法是将调查或试验所搜集到的有关经济数据和资料加以整理、归纳，根据一定的对比原则，进行分析比较，找出不同指标间的差距，据此判明优劣、高低、快慢，进而得出分析结论。这种比较可以在不同地区、不同年份和不同单位之间进行，也可以在不同生产规模、不同经济结构、不同集约度和不同决策方案之间进行。

1. 运用比较分析法应注意可比性

（1）指标性质的可比性　不同性质的指标放在一起进行比较就会出现差错。例如，若干公斤粮食无法同若干公斤烟叶进行比较，原因在于两种作物产量的经济内容是不同的。如果以这两种作物的亩产值进行对比，便具有了可比性。

（2）指标范围的可比性　在进行比较分析时，对消耗费用的范围必须采取统一的计算原则和计算方法。如果在计算甲方案时采用一种原则和方法，在计算乙方案时采用另一种原则和方法，这两个方案的计算结果就不具有可比性。例如，甲、乙两个方案的成本项目中，劳动报酬、折旧费的计算方法，共同生产费、管理费的内容和分摊方法等都应做到基本一致，这样甲、乙两个方案才具有可比性。

（3）计算方法的可比性　对不同的农业技术方案进行经济效益比较时，性质相同的产出和投入必须采用一致的价格计算其产值或收益，这样才具有可比性。例如都采用同一年的价格或采用相同时期的不变价格。对同时具有几种价格的产品可以统一规定一个价格，可以用其平均价格进行对比。平均价格的计算方法是，用产品的总收益除以该产品的产量。

例：某村玉米总产量20万公斤。其中，议购销售10万公斤，每公斤价格2.0元；市场销售10万公斤，每公斤价格2.2元。则该村玉米总收益为$2.0\times10+2.2\times10=42$（万元），玉米平均价格为$42/20=2.1$（元/公斤）。

（4）时间上的可比性　在进行经济效益比较分析时，必须采用统一的时间单位。例如对玉米地膜覆盖和露地玉米的经济效益进行比较时，必须针对同一区域的同一年份，这样才能获得正确的分析结果。

2. 比较分析法的基本步骤

① 根据分析目的和资料情况，选定分析指标；
② 按分析指标的计算公式，计算出各个指标的指标值；
③ 把不同分析对象中性质相同的指标值排列起来，找出同一指标不同指标值之间的差距；
④ 对指标值差距作定性判断，得出分析结论。

例：某村2015年进行了甜菜纸筒育苗和直播种植试验，通过对比分析发现，甜菜纸筒育苗的经济效益高，应大力推广。为此，可选产量、产值、生产总成本、纯收益、成本利润率5项指标进行比较分析，见表7-1。

表 7-1 甜菜直播与纸筒育苗栽培经济效益比较表

指标	栽培方式		纸筒与直播相比的增（+）减（-）量
	直播	纸筒	
亩产量/公斤	1000	1500	+500
亩产值/元	1200	1800	+600
亩生产总成本/元	465	692	+227
亩纯收益/元	735	1108	+373
成本利润率/%	158	160	+2

由表 7-1 可以看出，甜菜纸筒育苗栽培比直播栽培在产量、产值和纯收益 3 个指标上来说都高，虽然纸筒育苗栽培的投入比直播多，但纸筒育苗栽培的成本利润率指标略高。所以得出结论：甜菜纸筒育苗栽培的经济效益比直播种植的高。

二、综合评分法

综合评分法是对农业生产某个技术方案或某项技术政策、技术措施进行多方面、多指标综合评价和选优的一种分析方法。与比较分析法不同的是，比较分析法主要针对同性质的不同指标进行平行的横向比较，根据比较的结果来判明各个方案经济效益的优劣。而综合评分法不仅有同指标的平行横向比较，而且还有不同指标间的纵向比较；不仅有数量指标间的比较、质量指标间的比较，而且还有质量指标与数量指标之间的比较。因此，综合评分法实质上是一种复合比较法。

综合评分法通常有顺序评分法、加权评分法两种类型。

1. 顺序评分法

顺序评分法是综合评分法中较简单的一种。这种方法是按各个方案中同一指标的相对优劣程度排出名次，即最好的为第一名得 5 分，第二名得 4 分，第三名得 3 分，第四名得 2 分，最差的为第五名得 1 分。最后把每个方案各项指标的得分数直接相加，得出每个方案的总分，分数最高者为最佳方案，其次为次佳方案，得分最低者是最差方案。

顺序评分法的步骤是：

① 正确选定评价的项目和所用的指标。如玉米清种、小麦与玉米间作、大豆与玉米间作三种耕作方式的经济效益分析。一般应选择产量、收入、消耗、用工等项目。然后就每一项内容选择一个主要指标参加综合评分，如亩产量、公斤产量成本、亩用工、亩纯收益等指标。

② 计算各个指标的指标值。

③ 编制顺序评分决策表，比较各个方案的优劣。下面举例说明顺序评分法的应用。

假定已经得出某村玉米生产三种耕作方式的有关指标值，见表7-2。

表7-2 某村三种耕作方式的各项指标情况表

指标	耕作方式		
	玉米清种	玉米小麦间作	玉米大豆间作
亩产量/公斤	480	498	498
每公斤产量成本/元	1.2	1.23	1.23
亩用工/个	12	13	11
亩纯收益/元	560	680	650

根据表7-2编制顺序评分决策表，比较优劣，见表7-3。

表7-3 某村三种耕作方式综合评分表

项目		玉米清种			玉米小麦间作			玉米大豆间作		
		指标值	名次	得分	指标值	名次	得分	指标值	名次	得分
指标	亩产量/公斤	480	3	3	498	1	5	495	2	4
	每公斤产量成本/元	1.2	1	5	1.22	2	4	1.23	3	3
	亩用工/个	12	2	4	13	3	3	11	1	5
	亩纯收益/元	560	3	3	680	1	5	650	2	4
总得分		15			17			16		
选优等次		3			1			2		

从上表中的各个指标值可以看出，对于亩产量指标，玉米小麦间作指标值最高，得5分；玉米大豆间作其次，得4分；玉米清种最差，得3分。用同样的方法可以计算出其他各个指标的得分，最后把各个指标的得分加在一起得出，玉米小麦间作得17分，为最佳方案；玉米大豆间作得16分，为次佳方案；玉米清种得15分，为最次方案。

2. 加权评分法

加权评分法是顺序评分法的改进和完善。顺序评分法在计算不同方案中某一指标的得分时，把指标最佳的定为5分，最差的定为1分，有时两个指标值间相差无几，但得分却相差一个等级，这是较不合理的。为了消除这种不合理现象，加权评分法选用了以下方法计算指标的得分。

以上例的亩产量为例，玉米清种亩产量的得分可以这样求得：这三种耕作方式中的最高亩产量减去最低亩产量即498-480=18作分母，用玉米清种的亩产量减去最低亩产量即480-480=0作分子，再计算这个分数值，0分就是玉米清种亩产量的得分；玉米小麦间作亩产量的得分也可以用上面的方法计算，18/18，得1分；用同样的方法可以计算出玉米大豆间作亩产量得分，495-480=15，15/18，得0.83分。在计算成本和用工指标得分时要注意，最优值是指标值最小的，最差值是指标值最大的。如亩用工，最优值为 11 个工，最差值为 13 个工。最后亩产量、成本、亩用工、亩纯收益 4 项指标得分相加，可得出最优方案。

在顺序评分法中，假设某个方案各项指标的重要程度是完全一样的，但在实际生活中，由于每个指标在整个评价目标中所处的地位和重要性是不一样的，所以加权评分法中引进了权重的概念。权重，即权衡轻重，它表示某一指标的重要程度。如根据亩产量、公斤成本、亩用工、亩纯收益 4 项指标在评价耕作方式时的重要程度，可以确定它们的权重依次为 30%、30%、10%、30%。这样，重要的指标就可以借助大的权重在选优决策中起大的作用，次要的指标因权重较小，对决策的影响就小些。这就使优化方案更能够符合评价目标和实际情况。

运用加权评分法进行方案选优，包括以下几个步骤：
① 正确选定评价的项目和指标；
② 计算各项指标的指标值；
③ 确定各项指标的权重；
④ 计算各个方案每项指标的得分；
⑤ 编制决策分析表，作出评价结论。

例如，上述玉米清种、玉米小麦间作、玉米大豆间作三种耕作方式用加权评分法进行分析，见表 7-4。

表 7-4　某村三种耕作方式加权评分表

指标	权重/%	玉米清种			玉米小麦间作			玉米大豆间作		
		指标值	名次	加权分	指标值	名次	加权分	指标值	名次	加权分
亩产量/公斤	30	480	0	0	498	1	0.3	495	0.83	0.249
公斤产量成本/元	30	1.2	1	0.3	1.22	0.33	0.099	1.23	0	0
亩用工/个	10	12	0.5	0.05	13	0	0	11	1	0.1
亩纯收益/元	30	560	0	0	680	1	0.3	650	0.75	0.225
加权总得分	100	0.35			0.699			0.574		
选优等次		3			1			2		

由上表可以看出，最优方案仍是玉米小麦间作，次优是玉米大豆间作，最差为玉米清种。但用顺序评分法计算的三种耕作方式总得分中，玉米小麦间作与玉米大豆间作只差 1 分，相差 6.3%，而用加权评分法相差 0.125 分，相差 21.8%。因此，加权评分法可以更加显著地说明方案之间的差异，便于得出准确的分析结论。

三、因素分析法

因素分析法是用因素分离的办法，从数量上确定构成某项指标的各个因素对该指标影响程度的一种分析方法。因素分析法通过逐个分析每一个因素的作用，来分析各个因素对总体经济效益的影响程度。即在分析多个因素同时影响某一指标时，不是对这些因素同时进行分析计算，而是将各个因素按一定顺序逐个进行分析计算，并且在分析某因素的作用时，是在假定其他因素不变的情况下进行的。

1. 因素分析法的特点

① 必须按各因素的重要性依次排列、顺序替代，一般情况下首先替代数量指标，然后替代质量指标。

② 在测定某一因素变动对分析对象的影响时，必须以前面各种因素已经变动而后面各因素不变为条件。

③ 由于这一方法具有假定性和完全性的特点，因此，必须根据实际情况进行综合分析，作出正确的判断。

2. 因素分析法的步骤

① 分析确定影响某项经济指标变动的各个因素。
② 分析各个因素的重要性，确定替代顺序。
③ 按一定顺序确定各个因素变动对总体经济效益的影响程度。
④ 用定性和定量相结合的方法分析各因素对总体经济效益的实际影响情况，并提出改进措施。

例：某村农机队 2020 年用新的农业机械为农民代耕，消耗的油料费用合计为 456.96 元，比 2019 年增加了 104.08 元。与油料费用有关的农机作业量、亩耗油量和油料单价的变化情况见表 7-5。

表 7-5　某村农机队油料费用及其影响因素变化表

指标	2019 年	2020 年	2020 年比 2019 年增（+）减（-）量
农机作业量/亩	802	896	+94
亩耗油量/公斤	0.8	0.6	-0.2
油料单价/(元/公斤)	5.5	8.5	+3
油料费用/元	3528.8	4569.6	+1040.8

下面逐个计算农机作业量、亩耗油量和油料单价三个因素对油料总费用的影响情况。

第一步，把影响油料费用的各个因素按一定顺序排列起来，并计算出 2019 年的油料费用。

油料费用=农机作业量（亩）×亩耗油量（公斤）×油料单价（元/公斤）

2019 年的油料费用=802×0.8×5.5=3528.8（元）

第二步,固定亩耗油量和油料单价,将农机作业量用2020年的指标值替代,即896×0.8×5.5=3942.4(元)。
　　　　↑
(第一次替代)

计算 3942.4-3528.8=413.6(元),这个结果就能用来衡量农机作业量变化对油料费用的影响程度。

第三步,计算亩耗油量变化对油料费用的影响程度。这是在第一次替代的基础上,将亩耗油量用2020年的亩耗油量替代,即:

$$896×0.6×5.5=2956.8(元)$$
　　　　↑
(第二次替代)

计算 2956.8-3942.4=-985.6(元),这个结果就能用来衡量亩耗油量变化对油料费用的影响程度。

第四步,计算油料单价变化对油料费用的影响程度。这是在第二次替代的基础上,将油料单价用2020年的油料单价替代,即:

$$896×0.6×8.5=4569.6(元)$$
　　　　↑
(第三次替代)

计算 4569.6-2956.8=1612.8(元),这个结果就能用来衡量油料单价对油料费用的影响程度。

第五步,综合各个因素对油料费用的影响程度。把前面四个步骤中用来衡量各个因素对油料费用影响程度的结果相加,就是所有因素的综合影响。

$$413.6+(-985.6)+1612.8=1040.8(元)$$

即农机作业量由802亩增加到896亩,使油料总费用增加了413.6元;亩耗油量由0.8公斤/亩下降为0.6公斤/亩,使油料总费用减少了985.6元;油料单价由5.5元/公斤上涨为8.5元/公斤,使油料总费用增加了1612.8元;三个因素的综合影响使油料总费用增加1040.8元。

第八章 农户收支核算管理

农村合作经济组织在生产经营过程中，必然会发生各种钱物的收入和支出，这些收入与支出计算是否正确，账务处理是否合理，对合作经济单位的收益分配有重要影响。因此，加强对各项收支的核算，是做好农村合作经济会计核算的重要内容。

第一节 收入核算

合作经济组织的各项收入是集体劳动成果的综合反映，是体现经营成果的一个重要指标。发展生产，增加收入，对于不断壮大集体经济，提高集体成员生活水平，支援国家经济建设，都有着重要的意义。

一、收入分类

各项收入统称为"总收入"，是指合作经济组织在生产经营过程中获得的各种实物收入和货币收入。

由于各项收入的性质、来源等不同，在具体的核算内容上也有所不同。

1. **按收入性质或业别划分的各项收入**

（1）农业收入　包括种植业收获的粮食、棉花、油料、麻类、水果、蔬菜、茶叶、烟叶、蚕茧、药材等主副产品的全部收入。但对于农业生产本身使用的绿肥、青饲料和自产自用的副产品，一般都不作为收入。

（2）林业收入　包括收获的各种林产品的收入。如木材、树苗、树种、原竹、藤条、棕片、葵叶、木本油料、木炭、板栗、核桃等。对于已成熟但未采伐的各种林产品，不能估算收入。

（3）牧业收入　包括出售或分给组织成员的各种饲养畜禽的主副产品收入。如出售幼畜及育肥畜、各种家禽、皮毛、肉、蛋、奶品、蜂蜜、蜂蜡、蚕茧等收入。自繁幼畜转为产役畜时，不能计作收入。自用有余而出售的产役畜可以将一部分销售收入计作牧业收入，具体比例可由各单位按实际情况自行制订。一般原则是，以种植业为主的单位，可以将一部分列作收入，另一部分转作积累，专门存储起来；以牧业为主的单位，可以将大部分或全部列作收入。

（4）副业收入　包括各种加工业、手工业、运输业、商业、采集等副业收入以及从事服务、提供劳务所获得的各种收入。乡、村办企业返回的利润也作为副业收入。

（5）渔业收入　包括人工养殖和天然捕捞所获得的鱼、虾、蟹、贝、藻等水产品收入。凡是出售的或分给组织成员的均作为收入，尚未捕获而正在养殖的不作为收入。

（6）其他收入　指不包括以上各项收入的有关收入项目。如存款利息收入、租金收入、产品物资盘盈及出售上年产品溢价收入、罚金收入、上级拨付的误工补贴等。

按收入的性质或业别进行划分，可以分别计算出各行业的总收入，以便正确计算出各业的收益，考核各业的经营成果。凡是规模较大的或有条件的单位或企业，都应按上述划分进行具体的核算。

2. 按收入渠道划分的各项收入

农村联产承包责任制的建立，使农村合作经济成为了既有统一经营，又有分散经营的多层次结构的新型合作经济。合作经济收入的渠道也较多，因此，可作如下划分：

（1）队营收入　指合作经济组织直接经营的农林牧副渔等各业的生产收入。

（2）联营收入　指合作经济组织通过投资、合资，与外单位或个人联合经营而获得的利润分成、股息分红等。

（3）利润返还收入　指乡村办的企业按规定从企业税后利润中拨回的收入。

（4）其他收入　指不包括以上收入范围的有关收入。如利息收入、租金收入、罚款收入、产品物资盘盈及出售上年产品溢价收入，以及上级拨付的各种误工补贴收入等。

二、收入管理与核算原则

为了正确核算合作经济单位的各项收入，应注意以下几项原则：

1. 抓好各业生产

生产是各项收入的基础。要增加收入，就必须依据价值规律，充分利用当地资源，发挥当地优势，开展多种经营。只有创造出大量的生产收入，才有管理与核算工作。

2. 做好承包合同的管理

合同不仅是完善和稳定生产责任制的有力措施，也是采用经济方法管理的重要方法。在承包合同中，各项收入是重要指标，严格履行合同，就有利于各项收入落实到各承包户（组），使收入有了可靠的保证。

3. 分清收入的界限

在计算生产收入时，不能虚估收入，更不能瞒产私分，必须核实。凡是属于当期可分配的收入，都应计算，不能遗漏。不属于当期的，不能计入收入之中。为此，应分清以下几个界限。

（1）分清收入与积累的界限　各项收入是指可以参加分配的收入。对于出售固定资产或固定资产残值的变价收入，应分别列入有关的专用基金作为积累，不能作为收入。

（2）分清收入与往来款项的界限　合作经济组织有时虽然收到了钱，如向银行或信用社借款、收到暂收款、收回暂付款等，但这些钱均属往来结算款项，日后要清理或偿还，因此不能列作收入。

（3）分清收入的年（月）度界限　就是指在会计年（月）度截止期前已经实现的收入列为当期收入，超过截止期的应作为下期的收入。

4. 以产出实现作为确定收入的标准

现阶段农村合作经济单位生产的自给性较强，各项劳动成果有的通过销售取得收入，有的则作为"三留（留种子、留饲料、留口粮）"，来满足自身的消费。如果仅将销售出去换回货币资金的部分计算作收入，就会使生产经营的成果不能得到全面反映。因此，对合作经济单位的产品，只要是脱离生产过程，形成产成品，不论该产品是对外销售，还是作为"三留"或直接分配给内部成员，都应按规定的计价方法计算收入。这种确定收入的方法常叫作"生产实现制"。

具体计算时，对直接对外销售的产品，按实际售价计算收入；单位"三留"产品，按规定的中等收购价计算收入；分配给集体成员的，按实际作价计算收入；各业之间相互利用的产品，按规定的中等收购价计算收入。

5. 积极组织货币资金收入

在生产实现制下，合作经济组织的收入包括实物收入和货币收入。由于农业生产周期较长，生产的季节性较强，在收入的实现上表现为货币资金收入较少和各个季节不均衡的现象。为保证生产的顺利进行，加速资金的周转，货币资金是必不可少的。因此，合作经济单位应尽可能使产品商品化，及时换回货币资金，以满足各方面的需要。具体做法就是，发展多种经营，缩短生产周期，采用新的技术措施，使产品质高价廉，并及早收回货款。

三、收入核算方法

为了反映和监督合作经济单位各项收入的实现情况，在总账中应设置"农业收入""林业收入""牧业收入""副业收入""渔业收入""其他收入"等账户。各项收入实现时，记入各有关收入账户的贷（收）方；年（月）终将各项收入转入收益分配时，记入各有关收入账户的借（付）方，平时各收入账户只有贷（收）方余额，反映已实现的收入；在年（月）终决算分配转账后，各收入账户应无余额。

为了详细地反映各项收入的具体情况，各项收入的总账账户下应设有关的明细账。其中，"农业收入"账户可按农业经营项目、产品名称或承包单位（人）设置明细账户；"林业收入"账户可按林业经营项目、产品名称或承包单位（人）设置明细账户；"牧业收入"账户可按畜禽种类、产品名称或承包单位（人）设置明细账户；"副业收入"账户可按副业经营项目、产品名称或承包单位（人）设置明细账户；"渔业收入"账户可按渔业经营项目、产品名称或承包单位（人）设置明细账户；"其他收入"账户可按各有关项目分设明细账户。

为了分渠道反映各项收入，各项收入的明细账可以采用多栏式账页。按经营项目或产品名称设立账户，按承包单位（人）或收入的渠道设立专栏。具体格式见表8-1。

表8-1 收入明细账（一）

总账账户：农业收入
明细账户：水稻

年		凭证号数	摘要	增加		减少		结存		来源渠道	
月	日			数量	金额	数量	金额	数量	金额	社营	承包者上交

如果合作经济单位需要按收入的渠道来反映各项收入，也可以对明细账户采取按收入的渠道或承包单位（人）设账户，按经营项目或产品名称设专栏，具体格式见表8-2。

表8-2 收入明细账（二）

总账账户：农业收入
明细账户：承包者上交

年		凭证号数	摘要	增加		减少		结存		产品名称	
月	日			数量	金额	数量	金额	数量	金额	小麦	水稻

以上两种明细账户，在登记时要同时填明数量、金额。

对于其他有关专栏，为了减少明细账的栏目，填写专栏时可只注明金额。

如果合作经济内部承包组织（人）较多，而且各项收入主要来自各承包组织（人）上交的收入或产品时，为便于经济核算，及时掌握各承包组织（人）履行承包收入的情况，可再增设"上交产品收入登记簿"，登记簿的"其中"栏，可只记金额，不记数量。其格式见表 8-3。

表 8-3　上交产品收入登记簿

年		凭证号数	摘要	单位	应交		已交		其中				经手人签章
									小麦		水稻		
月	日				数量	金额	数量	金额	应交	已交	应交	已交	

下面举例说明各项收入的核算，按产品名称设明细账户进行核算。分录需分别登记在总账账户和明细账户中。

例 1：某承包户上交小麦 1000 公斤，每公斤作价 3.40 元，共计 3400 元，已验收入库。作会计分录：

借（收）：产品物资　　　　　　　　　　3400 元
贷（收）：农业收入——小麦　　　　　　3400 元

例 2：社营牧业组出售育肥猪 10 头，每头作价 3000 元，共计 30000 元，款已存入信用社。作会计分录：

借（收）：存款　　　　　　　　　　　　30000 元
贷（收）：牧业收入——养猪　　　　　　30000 元

例 3：收到联营企业拨回的利润 40000 元，款已存入信用社。作会计分录：

借（收）：存款　　　　　　　　　　　　40000 元
贷（收）：副业收入——某联营企业　　　40000 元

例 4：某养鱼承包户上交收入 100 元。作会计分录：

借（收）：现金　　　　　　　　　　　　100 元
贷（收）：渔业收入——养鱼　　　　　　100 元

例 5：收到信用社通知，将本单位存款利息 2500 元，转入存款户。作会计分录：

借（收）：存款　　　　　　　　　　　　2500 元
贷（收）：其他收入——利息　　　　　　2500 元

例 6：某果林承包户上交出售苹果的收入 40000 元。作会计分录：

借（收）：现金　　　　　　　　　　　　40000 元

贷（收）：农业收入——水果　　　　　　40000元

例7：将旧大车一辆卖给某承包户，收到现金40000元，该大车原值100000元，已提折旧60000元。将小农具一批，卖给各成员，收到现金50000元。作会计分录：

① 卖掉旧大车时

借（付）：固定基金　　　　　　　　　　40000元
折旧　　　　　　　　　　　　　　　　　60000元
贷（付）：固定资产——大车　　　　　　100000元
借（收）：现金　　　　　　　　　　　　40000元
贷（收）：公积金　　　　　　　　　　　40000元

② 卖掉小农具时

借（收）：现金　　　　　　　　　　　　50000元
贷（收）：其他收入（变卖物资）　　　　50000元

例8：卖给某加工厂刚收获小麦一批，价250000元，对方暂未付款。作会计分录：

借（付）：应收款——加工厂　　　　　　250000元
贷（收）：农业收入——小麦　　　　　　250000元

例9：按照合同，向国储库交售小麦10000公斤，每公斤3.4元，共计34000元。其中交售刚收获小麦7500公斤，交售库存小麦2500公斤。作会计分录：

借（收）：存款　　　　　　　　　　　　34000元
贷（收）：农业收入——小麦　　　　　　25500元
贷（付）：产品物资　　　　　　　　　　8500元

例10：从社营养鱼池捕捞鲜鱼50000公斤，卖给外单位25000公斤，收到现金150000，分给本单位成员共25000公斤，计140000元，款暂欠。作会计分录：

借（收）：现金　　　　　　　　　　　　150000元
借（付）：成员往来——各户　　　　　　140000元
贷（收）：渔业收入——养鱼　　　　　　290000元

第二节　支出核算

合作经济单位的各项支出是生产经营过程中各种消耗的货币表现，是考核某一单位经营管理水平的一项重要指标。目前，由于农村集体经济形式和劳动报酬形式的特点，大多数农村合作经济组织尚未实行农产品成本核算，所以在计算总支出时一般不包括劳动消耗部分。

一、支出分类

合作经济单位集体积累的增加和消费水平的提高,都取决于当期的收益(纯收入),而当期收益的多少又取决于收入和支出两个条件。在总收入不变的情况下,支出越少,收益越多;相反,支出越多,收益越少。但是,由于农业生产技术的特点,适当增加合理的、必要的支出,又会促进生产的进一步发展,促使总收入大幅度增加,在总收入增加幅度大于各项支出增加幅度的情况下,也会增加收益。因此,合作经济单位在发展多种经营,积极组织收入的同时,还必须合理开支、节约开支、计划开支,努力做到以较少的消耗取得较大的收益。所谓合理开支,就是使各项支出要保证生产经营的需要,把钱花在刀刃上,促进生产的发展。所谓节约开支,就是要加强经济核算,精打细算,考虑经济效益。所谓计划开支,就是对各项支出应制订开支计划,确定开支定额和限额,使各项支出处于控制计划之内。

实行包产到户和包干到户后,合作经济组织一级的财务支出比过去减少了,集体成员对集体单位的各项支出也不如过去那样关心了。因此,如不严格控制各项支出,不健全必要的财务支出审批制度,就很可能出现损害集体利益的不正当行为,造成财务混乱和经济损失。因此,加强对支出的核算也是巩固和发展承包责任制,保护集体财产的重要手段。

二、支出管理与核算原则

各项支出统称为"总支出"。由于支出的性质和去向不同,在具体核算内容上也不尽相同。

1. 按支出的性质或业别划分的各项支出

(1) 农业支出 包括用于当期可收获的各种农产品所发生的各项开支。如经营粮食、经济作物、蔬菜、水果等所发生的种子费、肥料费、农药费、机耕作业费、畜力作业费、排灌作业费、架材(园田用的架材)费、农机具维修费、农机具折旧费等。

(2) 林业支出 包括用于当期经营的林业生产所发生的各项开支。如培植树苗、砍伐林木、采集林产品过程中所支出的种苗费、肥料费、农药费、小型机具购置及维修费和林业用固定资产折旧费等。

(3) 牧业支出 包括用于当期经营的畜禽生产所发生的各项开支。如饲养各种畜禽所支出的畜禽购置费、饲料费、饲草费、防疫医疗费、小型用具购置费、畜禽棚舍维修费、畜牧业用固定资产折旧费等。

（4）副业支出　包括用于当年经营副业生产所发生的各项开支。如经营各种农产品加工的作坊、社办工业企业、手工业、运输业、商业、饮食服务业、编织、采集、提供劳务等所开支的各项原材料费、燃料费、设备维修费、工具用具购置费、副业用固定资产折旧费等。

（5）渔业支出　包括用于当年经营的水产养殖和捕捞等生产过程所发生的各项开支。如养鱼、养虾、养蟹等发生的种苗费、饵料费、药品费、捕捞费、渔具购置及维修费、渔业用固定资产折旧费等。

（6）管理费　包括用于当期经营管理所发生的行政开支。如办公用品购置费、邮电费、书报费、照明费、差旅费、发放先进单位（个人）的奖金、管理用固定资产折旧费等。

（7）其他支出　包括不属于以上各项开支的其他有关支出。如利息支出、租赁费、产品物资的盘亏以及出售上年产品的差价损失、防汛开支、非常损失、呆账损失、特殊事故赔偿损失等。

（8）待摊费用　指当期发生的某些开支，由于数额较大，而需要由以后各期分别摊销。如对下年收获的越冬小麦或多年生经济作物所支付的种苗费、排灌费、机耕费、肥料费，一次性开支的大修理费用和低值易耗品支出，预付的下期报刊费等。

按各项支出的性质或业别来划分，便于区分各业的费用成本，能与按业别划分的各项收入相比较，以反映各业的收益和支出水平。

2. 按支出去向划分的各项支出

（1）社营支出　包括由合作经济组织一级直接经营的农林牧副渔等各业生产费用开支。如实行统一经营的各项支出、实行包产到组（户）的包产支出、实行包干到户后仍由集体统一经营的生产费用支出。也就是说，凡是为取得社营收入而支付的有关费用，都作为社营支出。

（2）折旧费　包括各业用固定资产的折旧费。固定资产下放后作价保本保值的折旧费，也包括在本项目之中。

（3）管理费　包括用于行政管理的各项有关开支。具体项目同按支出的性质或业别划分的各项支出中的管理费项目相同。

（4）其他支出　包括不属于以上开支的各项其他支出。具体项目按支出的性质或业别划分的其他支出。按支出的去向划分，可以简化核算手续。

三、支出核算方法

为了对各项支出进行合理地、正确地管理与核算，应注意以下几项原则。

1. 加强支出的计划管理

合作经济组织要对各项支出，按计划期的支出项目、数量、金额，制订出年度（季度）计划，以便做到心中有数，合理调剂资金，以保证有充足的资金满足于生产经营的需要，避免盲目开支，造成损失和浪费。

2. 制订开支标准或费用定额

对于各项支出，应尽可能制订合理可行的开支标准或费用定额。有了开支标准或定额，就可控制各项开支，既有利于保证生产经营的需要，又有利于防止损失和浪费。例如，对于各项作物的种子费，可根据不同作物的合理播种量制订种子定额；对领用的化肥、农药等，可根据科学技术措施，制订相应的肥料、农药定额；对各种畜禽，可根据不同畜禽的群别、类别，来制订相应的饲料定额、医药费定额等；对一些杂项开支，如干部、群众出差或行政办公用具开支等，可实行包干到人或制订相应的开支标准，包干费用超支不补，节约给予奖励，超出开支标准的不准予报销。

3. 执行开支审批制

合作经济组织的一切开支，除了有计划、按定额外，还必须认真执行开支审批制度。在办理各项开支前，坚持由有关人员加以审查和批准，任何开支不经过一定的审批手续，不予办理。具体可根据开支的性质、计划内外、金额大小、支付的形式，来规定审批权限。一般在计划内或定额内的开支，由单位负责人审批；计划外或超定额的开支，应严格把控，由单位领导小组讨论审批。严格执行开支审批制度，有利于维护财经纪律，防止乱支乱用，从而保护集体财产的安全完整。

4. 划清支出性质和支出界限

在计算各项支出时，要按支出的性质，划清以下界限：

（1）划清生产经营支出与基本建设支出的界限　生产经营支出属流动资金开支，是用于生产经营上的各项开支。基本建设支出是用于农田水利开支以及购置固定资产方面的开支。两者性质不同，不能混淆，不能相互挤占。在资金来源上，两者也不相同，生产经营开支由当年生产收入补偿，而基本建设支出则由公积金开支。如果混淆了两者的性质，或故意相互挪用，就会人为地扩大或缩小当年的生产经营支出，从而影响收益分配。

（2）划清生产经营支出与往来款项的界限　合作经济单位归还银行、信用社的贷款，偿还应付款以及清偿暂收款，都属于往来结算款项，不能列为生产经营支出。

（3）划清生产经营支出的年（月）度界限　为了正确计算收益和合理分配，以便于考核经营成果，应将本期生产经营支出与下期生产经营支出划分清楚。划分的原则应采用"权责发生制",就是通过判断各项支出与本期各项收入是否相关来确定,即收入在哪一期间实现,就由哪一期间负担为取得这些收入所耗费的生产经营开支。例如对于养猪,一部分育肥猪当年没有售出,可将这部分育肥猪的饲养费从当年的牧业支出中结转出来,作为以后年度的费用开支。又如种植业中的越冬作物生产费用,虽然在秋冬季发生一些种子费、肥料费、机耕费等,但不能作为当期的农业支出,而应先记入待摊费用中,下年再转出来作为支出。但对于一些生产经营规模较小,而且跨期间的费用较少的合作经济组织,也可以采用"收付实现制"来处理一些跨期间的支出。这样做可以简化核算手续,避免结转时费用的偏高或偏低现象。一个核算单位采用一种各项支出的期间处理方法,方法应相对固定不变,绝对不能本期实行权责发生制,下期实行收付实现制,否则,将使核算资料失去可比性,难以正确反映本单位的收益。

为了反映和监督各项支出的发生情况,在总账中应设置"农业支出""林业支出""牧业支出""副业支出""渔业支出""管理费""其他支出""待摊费用"等账户。当发生各项支出时,记入各有关支出账户的借(付)方,年(月)终将各项支出转入收益分配(或结转下期)时,记入各有关支出账户的贷(收)方,平时各支出账户只有借(付)方余额,反映发生的各项支出。为了详细地反映各项支出的具体情况,各项支出的总账账户下应设有关明细账。其中,"农业支出"账户可按作物名称、农业生产经营支出项目或承包单位(人)设置明细账户;"林业支出"账户可按林业生产品种、林业生产经营支出项目或承包单位(人)设置明细账户;"牧业支出"账户可按畜禽种类、畜牧业经营支出项目或承包单位(人)设置明细账户;"副业支出"账户可按副业生产经营项目或承包单位(人)设置明细账户;"管理费"账户可按各项管理费类别设置明细账户,如果管理费按定额落实到承包单位(人),也可按单位(人)的名称设置明细账户;"其他支出"账户按支出的具体项目设置明细账户;"待摊费用"账户可按待摊费用的具体项目设置明细账户。

为了分别反映各项支出的去向,以便考核各承包单位(人)对各项支出指标的执行情况,各项支出明细账可采用多栏式账页的格式。可以按生产经营支出项目设账户,按承包单位(人)设专栏,具体格式见表8-4。

表8-4 支出明细账(一)

总账账户:农业支出
明细账户:小麦

年		凭证号数	摘要	增加	减少	余额	承包单位(人)		
月	日						第一作业组	第二作业组	第三作业组

如果需加强对承包单位（人）的各项开支进行管理与核算，也可按承包单位（人）设账户，按生产经营支出项目设专栏，具体格式见表8-5。

表8-5 支出明细账（二）

总账账户：农业支出
明细账户：第一作业组

年		凭证号数	摘要	增加	减少	余额	作业项目		
月	日						小麦	水稻	玉米

在支出明细账中，发生的费用记在增加栏，一般只登记金额。在登记费用支出时，要按多栏式账户的性质，在相应的有关栏目中注明这些费用支出的去向。

为了使合作经济单位和各承包单位（人）及时掌握承包任务的完成情况，以便加强承包管理与经济核算，除设置"上交产品收入登记簿"外，还可按承包单位（人）设置"费用成本支出登记簿"。其格式见表8-6。

表8-6 费用成本支出登记簿

年		凭证号数	费用成本定额	实际领用金额	作业项目			经手人签章
月	日				小麦	水稻	玉米	

一定时期末，承包单位（人）设置的费用成本支出登记簿中记载的余额，就是该承包单位（人）的各项成本开支，利用该登记簿资料，就可进行承包结算。

在各项支出明细账或登记簿上登记有关费用开支时，一定要有相应的原始凭证。有外来凭证就利用外来凭证，如发票、收据等；没有外来凭证，也要有自制凭证，如出库单、费用消耗凭单等。支出明细账与有关的登记簿记录应当相符。

下面举例说明各项支出的核算，按生产经营支出项目设明细账进行核算。

例1：某承包户从库中领用化肥一批，价值24000元，用于小麦追肥。作会计分录：

　　借（付）：农业支出——小麦　　　　　24000元
　　贷（付）：产品物资——肥料　　　　　24000元

例2：用现金外购畜药一批，价值1800元，直接使用。作会计分录：

　　借（付）：农业支出——耕畜费　　　　1800元
　　贷（付）：现金　　　　　　　　　　　1800元

耕畜所发生的各项开支，如饲料、防疫用药、医疗费等均作为农业支出。

例3：养猪专业户领用饲料玉米一批，价值50000元。作会计分录：

借（付）：牧业支出——养猪　　　　　　　50000元
贷（付）：产品物资——饲料　　　　　　　50000元

例4：用存款购进农药一批，价值30000元，其中一半入库，一半直接用于果林防病。作会计分录：

借（付）：林业支出——果林　　　　　　　15000元
借（收）：产品物资——农药　　　　　　　15000元
贷（付）：存款　　　　　　　　　　　　　30000元

例5：队办榨油作坊领用润滑油一桶，价值3000元。作会计分录：

借（付）：副业支出——榨油　　　　　　　3000元
贷（付）：产品物资——燃料及润滑油　　　3000元

例6：支付外请榨油技术工人劳动报酬10000元。作会计分录：

借（付）：副业支出——榨油　　　　　　　10000元
贷（付）：现金　　　　　　　　　　　　　10000元

例7：用现金购买办公用品，共开支8200元。作会计分录：

借（付）：管理费——办公费　　　　　　　8200元
贷（付）：现金　　　　　　　　　　　　　8200元

例8：修建养鱼池，共开支现金40000元。作会计分录：

借（付）：渔业支出——养鱼　　　　　　　40000元
贷（付）：现金　　　　　　　　　　　　　40000元

例9：用存款购进养鱼用木船一只，价值80000元，购入鱼苗一批，价值400元，投入鱼池饲养。作会计分录：

① 木船为固定资产，应记：

借（收）：固定资产——木船　　　　　　　80000元
贷（收）：固定基金　　　　　　　　　　　80000元
借（付）：公积金　　　　　　　　　　　　80000元
贷（付）：存款　　　　　　　　　　　　　80000元

② 鱼苗为渔业生产支出，应记：

借（付）：渔业支出——养鱼　　　　　　　40000元
贷（付）：存款　　　　　　　　　　　　　40000元

例10：用存款支付信用社贷款利息1200元。作会计分录：

借（付）：其他支出——贷款利息　　　　　1200元
贷（付）：现金　　　　　　　　　　　　　1200元

例11：预订下年度报纸杂志，支付现金1500元。作会计分录：

借（付）：待摊费用——报刊费　　　　　　1500元
贷（付）：现金　　　　　　　　　　　　　1500元

到下年度开始建新账时，再作会计分录：

借（付）：管理费——报刊费　　　　　　1500 元

贷（收）：待摊费用——报刊费　　　　　1500 元

例 12：小麦施用化肥一批，价值 20000 元。作会计分录：

借（付）：待摊费用——小麦　　　　　　20000 元

贷（付）：产品物资——肥料　　　　　　20000 元

到下年度开始建新账时，作会计分录：

借（付）：农业支出——小麦　　　　　　20000 元

贷（收）：待摊费用——小麦　　　　　　20000 元

第九章 农户记账管理

第一节 会计核算概述

一、会计与会计核算

1. 概念

会计就是主要运用货币形式，记录和核算各种生产经济活动或预算执行的过程及其结果的一种方法。它是以货币计量作为统一的尺度，全面、系统、完整、综合地反映和监督生产经营过程和经营成果的一种科学方法。会计核算主要根据核算资料，通过填制凭证、登记账簿、编制报表等手段，对生产经营活动进行分析，以便总结经验，了解经营动态，进行有效控制，改善经营效果。

农户要对自身从事的生产经营活动实行经济核算，会计核算是经济核算重要的工具和方法，因此必须了解与掌握会计的基本知识与技能。

2. 内容

会计的内容也称会计的对象，是对会计要反映和监督的内容而言的。会计的任务、方法、制度、技术等问题，都与内容有密切关系，受内容的制约。

农户会计的内容，主要是农户在生产经营过程中的资金及其运动状况。其具体内容首先是反映和监督农户的资金，具体表现形式是钱和物。钱包括现金和存款，物包括劳动手段和劳动对象。在生产经营过程中，钱、物可以由一种形态转化为另一种形态。由于对内、对外关系，钱、物可以转化为债权，如应收、暂付款项；钱、物还可以相互转化，如用钱买物、以物卖钱等。

钱、物的转化表明了钱、物的去向，会计核算就是跟踪钱、物这种转化，查明钱、物的来龙去脉。由此可见，农户资金在它的运动过程中，具有多种多样的形态，反映着农户资金的各种占用情况，会计上称为"资金占用"。

（1）资金占用　农户资金占用情况见图9-1。

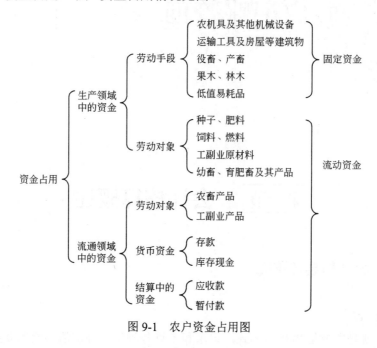

图9-1　农户资金占用图

（2）资金来源　钱、物的使用一定有来源及去向。农户资金来源见图9-2。

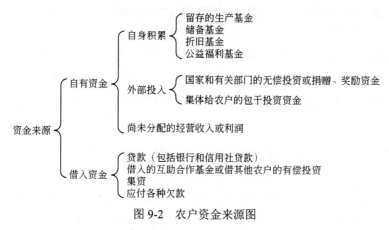

图9-2　农户资金来源图

（3）资金占用与资金来源的平衡关系　有一定数量的资金占用，必须有相等数量的资金来源。农户取得的各种资金，必定占用在各种形态上，即农户资金总额，从占用方面说，是资金占用总额，从来源方面说，是资金来源总额。因此，农户资金的占用总额与来源总额,必然是相等的关系。这种相等关系,称为资金占用与资金来源的平衡关系。

经济业务的发生不影响资金占用和资金来源的平衡关系。经济业务发生引起资金占用和资金来源的变动不外乎下面四种类型:①资金占用和资金来源双方同时等额增加;②资金占用和资金来源双方同时等额减少;③资金占用项目之间等额有增有减;④资金来源项目之间等额有增有减。由此可见,无论何种情况,都不会影响资金占用总额与资金来源总额的平衡关系。

(4)农户资金的周转 农户用货币购买生产资料(包括固定资产与劳动对象),此时农户的钱变成物储备起来,成为了储备资金,供应给生产过程(生产投入),生产出的产品,表现为产品资金,产品销售出去,又可获得货币资金,物又变成钱。如此周转,循环往复。农户的经营资金周转图见图9-3。

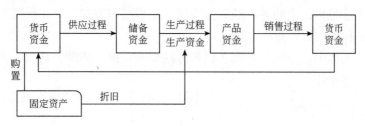

图9-3 经营资金周转图

二、会计的功能

(1)正确、及时、完整地记录和反映农户的生产经营活动和财务情况 会计通过记账、算账和用账,完整地对各种财产的变动、收入与支出、活劳动与物化劳动的消耗、经营成果的形成与分配等进行记载、核算,做到情况明了、数字准确、反映及时,有利于加强资金管理,促使资金合理使用,提高经济效益。

(2)运用会计核算资料,管好用活资金 会计核算要依据各种核算资料,对生产经营和财务收支进行分析,考核各项计划执行过程和结果,查明原因,及时总结经验,挖掘潜力,找出差距,通过严密的会计手续和财务会计制度,合理管好、用好、用活资金,充分发挥资金利用的经济效果。

(3)实行农户会计记账,是农户生产经营自我检查与监督的科学方法 会计监督作用贯穿经营的全过程。会计记账能反映各项钱物增减变动,审核凭据,并不定期清点盘存检查,看每项开支是否合理、合法,手续是否齐备,从而促使农户认真贯彻执行党的政策、法令、制度和计划,改善经营管理。

三、会计核算方法

会计核算的方法是农户对其经济活动进行连续、系统、全面、综合地记录、计算、反映和监督。一般要包括如下程序:

1. 设置会计科目

会计科目就是对收支活动过程中发生的各项经济业务进行分类,并确定名称的一种方法,简称"科目"或"账户"。采用的会计科目确定之后,就要把分散在凭据中的各种资料,按一定的程序,录入账簿,使其能按会计科目分门别类反映出来。

2. 记账方法

记账方法是指发生的各种经济业务按一定程序和方式,记在账簿上的方法。有单式记账和复式记账两种方法。

在会计工作中,记账是基础。记账方法要求正确、清晰、易懂,并且能如实反映客观经济业务。

3. 设置和登记账簿

账簿是记账的本子,它按会计科目分立账页,并采用一定的记账方法,根据凭证记录的经济业务资料进行分类登记。设置和登记账簿,是为了对核算资料进行整理,既要按时间顺序进行,又要明确分类。目前按时间顺序方法的,一般限于现金和银行存款的收付;按分类方法的,一般为"总分类账",即"总账","明细分类账"即"明细账"。分类记账采用"平行登记"的方法进行。

农户记账要固定到人,确保账目清楚、责任明确,有利于考查核算。账簿要连续记账,不要隔行、隔页,也不能撕页、插页,要上承下接。记账后,在账簿上注明凭证编号。记了账的凭证要画上"√",表示已登记入账;账簿每页记完,要在最后一行加记总额,结出余额,在摘要栏内,注明"转次页"。下一页第一行要将上一页的总额、余额记上,并在摘要栏内注明"承前页"。账簿记错,不能刮擦、挖补或用药水涂抹,可以采用画线、红字或补正更正。

4. 填写和审核凭证

会计凭证简称凭证,是保证会计记录完整、真实的根据,是具有法律效力的书面证明。是收付钱、物,明确经济责任和记账的依据。一切凭证都要经过审核后,才能入账。会计凭证按照填制程序和用途可分为记账凭证和原始凭证两种。记账凭证是会计人员根据审查合格的原始凭证,按照"会计分录(指每笔经济业务的有关账户、收付或增减方向和金额的一种记录)"的要求,填制的一种作为记账的凭证。而原始凭证，即购物或经济业务发生时的发票、借条、收据、领条等。

5. 编制会计报表

编制会计报表是定期总结和反映经济活动和财务收支情况，考核计划执行结果的一种专门方法。它是以账簿记录为依据，经过整理而产生的财务、成本报告文件。会计报表按时间分，有月份报表、季度报表、年度报表；按经济内容分，有资金平衡表、利润表、产品成本表等。编制报表要注意做好物质财产的清查，随时清理往来账务，核实财务收支，核对账簿记录。编好会计报表之后，还要进行会计报表分析。

四、会计制度

（1）会计凭证制度　记账应该有依据，办理任何一项经济业务，都必须索取或填制会计凭证。严格做到按凭证记账，没有审核的凭证，不能作记账的依据。

（2）记账、对账制度　必须将发生的各项经济业务及时准确地登记、核对，切实做到账账相符、账款相符、账物相符、账证相符。

（3）统一会计科目制度　目前国家无统一规定，农户可根据实际需要设置。会计科目一经选定不能任意改变其名称、编号和核算内容。会计科目分资金占用和资金来源两类。资金占用类包括固定资产、林木资产、产品物质、饲养畜禽、材料、产品、现金、存款、有价证券、基本建设、包干投资、待摊费用、投放周转金、应收暂付款、服务费、经营费用、共同费用、工资及奖金、生产费用、管理费、其他支出、上交提留款项、税金等；资金来源类包括股金、企业基金、福利基金、上级投资或奖励、贷款、应付暂收款、待售产品估价、服务收入、农林牧副渔工副业收入、其他收入、收支结算等。

（4）会计报表制度　必须按月、按季、按年编制会计报表，做到准确、完整、及时，并对报表经常检查、分析，发现问题，及时解决。

（5）财产清查制度　清查盘点实物，登记盘存清单，估价实物，编制实存账存对比表。

（6）会计档案保管制度等。

第二节　农户记账法

记账法分为单式记账法、复式记账法两大类。单式记账法简单易行、灵活方便，可按经济业务直接记账。复式记账法是一种比较科学的记账方法，就是对每项经济业务，同时设有两个或两个以上相互联系的会计科目，进行登记核算。这种方法能如实反映资金运动的来龙去脉，使各项收入和支出一清二楚；能利用"平账公式"检查账户记录的正确性（由于每笔经济业务记录的两个或两个以上账户的金额相等）；能有效监督资金的使用情况。

目前农户记账的形式多种多样，方式方法也不拘一格，根据各地实际经验和情况，目前一般采用的记账方法有：单式收付记账法，增减记账法，钱、物收付记账法，借贷记账法。

一、单式收付记账法

单式收付记账法类似"上收下付"记账。主要特点是，对每一项经济业务只在一个账户中记一笔账，实际上是单方面的不完整的记载。收就记收入，付就记付出。一般只登记现金的收入和付出及欠人与人欠的经济业务，有的同时登记实物的收付。其账簿一般只有一本流水"日记账"或"分类日记账"。年终盘存，分别就钱物收付算出总数，以确定盈亏。实行钱物分记的要有"现金日记账"和"实物日记账"，同时记好两本账，并分别核算。

经济业务比较复杂的农户，可设置"收支往来账"和有关登记簿（即"三账两簿"），或在日记账的基础上，设几个会计科目，分类记账。

日记账又称"流水账"，即按时间顺序，逐日记账，不论有无凭证，发生一笔账就记一笔账。日记账的基本格式，一般为"三栏式"，见表9-1。也可以根据需要采用多栏式，见表9-2及表9-3。

经营收入与经营支出也可以分开设置账页。

表9-1 经营收入与经营支出账页（现金、实物收付账）

年 月 日	单据编号	项目	摘要	收入	付出	结余

表9-2 经营收支日记账

年 月 日	单据编号	摘要	实物数量	经营收入		经营支出				结存金额
				金额	项目明细	金额	项目明细			
							种子	农药	税金	上交

表9-3 现金实物记账

单据编号	摘要	项目	现金			数量	实物			附注
			收入	付出	结余		收入	付出	结余	

也可以单独设置账页。不论是分设两本账还是设一本账,"现金"栏登记现金的收付金额,收入记"收入"栏,付出记"付出"栏,收入(包括上期结余)减付出等于结余数;"实物"栏登记各项产品、物资收付折价的金额,收入记"实物"栏内的"收入",付出记"实物"栏内的"付出","结存"栏记实物收付相减后的金额数字。各栏合计金额就是农户一定时期内的现金和实物的收付总额和结存金额,年终可根据日记账分别计算经营成果。

收支往来账应设置"三账两簿"进行记账、算账,即设置经营收入(各项收入)、经营支出(各项支出)及经济往来三本账和产品物资、固定资产两个登记簿。经济业务较多的农户设"三账两簿";经济业务较少的农户可用一本账代替"三账两簿",即按收支账目在一本账上分别设立账页,一个项目设一页,经济往来和固定资产同样分别设立账页。账页格式可采用"三栏式"或"多栏式"。记账、结账示例如下:

某农户2019年1月1日向信用社贷入生产资金10000元。1月10日,村分配化肥150公斤,计450元;分配农药折款150元;水稻良种50公斤,计450元,款暂欠;物资放在家里。4月15日,原村分配化肥150公斤、水稻良种50公斤和农药(共计1050元),全部下田使用。5月25日,收获小麦175公斤,单价3元,计525元,过秤入库。6月25日,向信用社贷款1000元当即用600元购农药灭虫,余款暂存。7月1日,收获稻谷2000公斤,单价每公斤3元,共计6000元。8月5日,出售稻谷1200公斤,计3600元。9月8日,将库存稻谷20公斤,计60元,用作猪饲料。10月25日,用库存小麦种25公斤秋播,计75元。10月30日,收获稻谷300公斤,当即售给粮店,单价每公斤3元,计900元。11月10日,出售蔬菜200公斤,收入现金500元。11月15日,用现金购化肥100公斤,计300元,暂存待用。11月25日,用现金购账簿一本,计12元。11月30日,收获稻谷1200公斤,当即送粮站出售,单价每公斤3元,计3600元。12月15日,收获棉花并到采购站出售120公斤,计1800元,当即扣还预购款250元、信用社贷款500元,实际收现金1050元。12月20日,村收缴农户使用的固定资产折旧费150元。12月22日,归还村分给的化肥、农药、种子欠款500元。12月25日,出售鸡鸭,收入现金900元。12月30日,支付信用社贷款利息30元。按上列经济业务逐项登记入账(表9-4~表9-6)。

登记经营收入账需明确以下事项:

① 经营收入账(或叫各项收入账)记录农户经营所取得的各项收入,要按各项收入发生的时间逐日逐笔登记。

② 收获各种粮食、经济作物等农副产品,按当时价格入账,收获入库的农副产品折价入账后,出售后不再登记收入;如有差价,按盈亏处理;对农户自己消费的部分要折价入账,以免漏记,影响经营成果。

③ 各账的合计金额就是农户一年的总收入、总支出及各项往来业务（设专页登记，以便清理结算），收付结存（或亏欠），可查明农户经济业务及经营成果。

表9-4 某农户经营收入账

年	月	日	项目	说明	实物数量/公斤	收入金额/元	项目明细		
							承包收入/元	自营收入/元	其他收入/元
2019	5	25	农业收入	收获小麦，入库单价3元	175	525	525		
2019	7	1	农业收入	收获稻谷，入库单价3元	2000	6000	6000		
2019	10	30	农业收入	收获稻谷，出售单价3元	300	900	900		
2019	11	10	自营收入	出售蔬菜	200	500		500	
2019	11	30	农业收入	收获稻谷，出售单价3元	1200	3600	3600		
2019	12	15	农业收入	收获棉花，出售	120	1800	1800		
2019	12	25	自营收入	出售鸡鸭		900		900	
			合计		3995	14225	12825	1400	

表9-5 某农户经营支出账

年	月	日	说明	支出金额/元	项目明细/元							
					水稻良种	化肥	农药	饲料	折旧	其他	税金	上交
2019	4	15	水稻良种、农药、化肥下田	1050	450	450	150					
2019	6	25	贷款购农药	600			600					
2019	9	8	库存粮食20公斤作饲料	60				60				
2019	10	25	库存小麦25公斤播种	75	75							
2019	11	15	用现金买化肥	300								
2019	11	25	用现金买账本	12						12		
2019	12	20	上交固定资产折旧	150					150			
2019	12	30	付贷款利息	30						30		

表9-6 产品物资登记簿

年	月	日	凭证编号	说明	单价	收入		付出		结存	
						数量	金额/元	数量	金额/元	数量	金额/元

二、增减记账法

这是目前应用得较多又比较简便易行的一种记账方法，用"增加"和"减少"作为记账符号，来反映资金运动变化。

（1）增减记账法的特点 ①要将全部账户划分为资金占用与资金来源两大类；②不论是资金占用账户，还是资金来源账户，发生的增加数都记在账户的增加方，发生的减少数都记在账户的减少方；③根据资金占用与资金来源平衡的原理，每项经济业务要同时记入两个或两个以上账户，使之保持一定的对应关系；④登记账户或为有增有减，或为同增同减，应根据经济业务的内容而定，但最终对应账户是相等的。

（2）增减记账法的规则　①同类账户变动，同增同减，发生额相等；②同类账户变动，有增有减，增减发生额相等。根据前述资金占用和资金来源增减变化四种类型，用增减记账法举例说明如下。

例1：某农户购进材料一批，价款1500元。该例属于资金占用和资金来源两者都增加的业务。

增：材料　　　　　　　　1500元
增：应付暂收款　　　　　1500元

例2：某农户以存款1000元，支付欠交的材料款。该例属于资金占用与资金来源两方面都减少的业务。

减：存款　　　　　　　　1000元
减：应付暂收款　　　　　1000元

例3：某农户将价值2000元的材料投入生产。该例是只有资金占用一方面有增有减的业务。

增：生产费用　　　　　　2000元
减：材料　　　　　　　　2000元

例4：某农户向银行申请贷款3000元，支付所欠材料款。该例是只有资金来源一方面有增有减的业务。

增：贷款　　　　　　　　3000元
减：应付暂收款　　　　　3000元

（3）增减记账法试算平衡　采用增减记账法时，需要试算平衡。有些经济业务是以同增同减记账的，各账户的增加发生额总计和减少发生额总计不相等，不能简单地平衡，因而要采用差额相等方法进行试算平衡。公式如下：

资金占用增加额-资金占用减少额=资金来源增加额-资金来源减少额

运用这个公式，可以检查每笔会计分录是否正确和已记入的各账户是否正确。

试算平衡，除差额法外，还可采用余额平衡法。公式如下：

增加资金占用类各户期末余额之和=资金来源类各账户期末余额之和

三、钱、物收付记账法

钱、物收付记账法运用最普遍，是一种"大众化"的记账方法，简明清晰，易懂易行。

1. 钱、物收付记账法的物质基础和依据

① 农户生产经营，都要同钱与物联系。生产经营过程中资金运动与周转，就是钱与物的运动及其来源和去向；各种经济往来关系，也是以钱、物的进进出出为基础的。

② 除钱以外，农户的物还表现为生产手段，其中有相当一部分是自制、自建、自繁的；劳动对象如种子、畜禽、饲料基本上是自给的，土杂肥、厩肥、土农药等也都是农户自己的。

③ 农户关心自己生产经营的经济效果，重视自己钱和物的收入和付出，重视劳动成果的增长。

④ 农户对于钱、物的进出，都是谈收付，概念清晰。钱、物收付记账法中，收多少，付多少，收付两抵是盈是亏，一目了然，最易为农户所接受。

2. 钱、物收付记账法的基本内容

① 以钱、物为记账主体，以"收"与"付"表示记账方向。钱、物收进记"收"方，钱、物拿出记"付"方。对日常发生的经济业务，都从钱、物收付记账。收入钱、物，必有来源，付出钱、物，必有去向。

② 以钱、物的实际收付为记账的"收""付"。群众所说的收付，是根据钱、物的实际进出确定的。记账、算账，也以实际的钱、物进出为依据。所用单据、账簿、报表都用"收""付"为登记符号，收进钱、物，都记为"收"，付出钱物，都记为"付"，容易为广大农户接受。

③ 以收、付、余的平衡关系作为记账、算账的依据。农户记账是要记录收多少，付多少，还剩下多少，用公式表示，即：收入－付出＝结余。用这个公式反映钱、物及其来源及去向，确定记账原则，制订各种账簿、报表，检查记账、算账是否正确，便于账务记载和经济核算。

3. 钱、物收付记账法的记账规则

农户采用钱、物收付记账法，对各项经济业务，都要从钱、物收付的角度来记账。各项经济业务，按其与钱、物的收付关系，可分为四种类型。下面分别说明这四种类型的规则：

（1）钱、物收进业务　这类业务收进钱、物，必然引起钱、物来源增加或去向减少，要在钱、物的来源类或去向类的有关科目同时各记一笔"收"。

例1：农户收入小麦 100 公斤，单价 3 元，折价入账。

收：产品物质——小麦　　　　　5000 元
收：农业收入　　　　　　　　　5000 元

例2：政府奖给打稻机一台，价值 50000 元。

收：固定资产——打稻机　　　　50000 元

收：固定资产基金　　　　　　　　　　　50000 元

例 3：收回某人以前领出的购物款 10000 元。

收：现金　　　　　　　　　　　　　　　10000 元

收：暂付款　　　　　　　　　　　　　　10000 元

（2）钱、物付出的业务　这类业务付出钱、物，必然引起钱、物去向的增加或来源的减少，要在钱、物的去向类或来源类的有关科目同时各记一笔"付"。

例 4：使用库存尿素 100 公斤，单价 2 元。

付：产品物质——化肥　　　　　　　　200 元

付：农业支出——肥料　　　　　　　　200 元

例 5：用存款偿还信用社生产费用贷款 5000 元，付利息 100 元。

付：存款　　　　　　　　　　　　　　5100 元

付：贷款　　　　　　　　　　　　　　5000 元

付：生产基金　　　　　　　　　　　　100 元

（3）钱、物相互转化的业务　这类业务包括钱变物、物变钱、钱变钱、物变物。这类业务发生时，要在钱、物类有关科目上，一个记"收"，一个记"付"。

例 6：用现金购买饲用玉米 100 公斤，单价 2 元。

收：产品物质——玉米　　　　　　　　200 元

付：现金　　　　　　　　　　　　　　200 元

例 7：用玉米 100 公斤，折价 200 元，换回水稻杂交种子 25 公斤，两不找补。

收：产品物质——水稻种子　　　　　　200 元

付：产品物质——玉米　　　　　　　　200 元

例 8：出售库存稻谷 1000 公斤，单价 3 元，共计人民币 3000 元，款存信用社。

收：存款　　　　　　　　　　　　　　3000 元

付：产品物质——稻谷　　　　　　　　3000 元

例 9：向信用社存款 1000 元。

收：存款　　　　　　　　　　　　　　1000 元

付：现金　　　　　　　　　　　　　　1000 元

（4）不涉及库存钱、物收付的业务　这类业务有钱、物来源与来源之间，去向与去向之间以及来源与去向之间的相互转化，通常称转账业务。要把这些转账业务当作钱、物的收付看待，在来源类或去向类的有关科目，一个记"收"，一个记"付"。

例 10：用存款 20000 元，购手扶拖拉机一台。

收：固定资产——手扶拖拉机　　　　　20000 元

付：固定资产基金　　　　　　　　　　20000 元

例 11：收到农机站收费通知单，应付机耕费 1500 元。
收：暂收款　　　　　　　　　　1500 元
付：农业支出——机耕费　　　　1500 元

例 12：向银行申请贷款 15000 元，支付所欠材料款。
收：贷款　　　　　　　　　　　15000 元
付：应付暂收款　　　　　　　　15000 元

4. 使用钱、物收付记账法必须建立的账目

目前，农户利用钱、物收付记账法或增减记账法记账时，必须建立经营收入账、经营费用账、经济往来账、固定资产账等。

（1）经营收入账　主要记录和反映生产经营过程中的各项收入情况，格式见表 9-7。

表 9-7　经营收入明细账

年		凭证编号	说明	金额							
月	日			百万	十万	万	仟	百	拾	元	角	分

经营收入可分为农业收入、林业收入、牧业收入、渔业收入、工副业收入、其他收入等。用货币形态表现，记入各类收入账，然后汇总登记入"总账"。上述各项收入账则为"明细账"。

（2）经营费用账　主要记录和反映在生产经营过程中所发生的一切费用，格式见表 9-8。

表 9-8　经营费用账

年		凭证编号	说明	金额							
月	日			百万	十万	万	仟	百	拾	元	角	分

同样分为农业、林业、牧业、渔业、工副业、其他等经营费用。用同样格式先记"明细账"，再汇总，记入"总账"。

以上经营收入与经营费用，均是用货币形态表示。经济业务发生时，如为现金，可直接先记入各类明细账；如为外购物，可按买价计价，在说明中注明；如为自繁自产物，则先折价，在说明中注明，记入"明细账"，然后汇总记入"总账"；如果经营收入与经营费用（物质消耗）是实物（物质产品），则应先将实物分别列表登记入账，然后分别折价（因为各类实物不能直接相加）入账实物（物质产品）收入或消耗。格式见表 9-9。

表 9-9　产品物质明细账

年		凭证编号	说明	收入数量/公斤	付出数量/公斤	结存数量/公斤
月	日					
		累计				

实物账要分门别类登记，如种植业，要分粮食、棉花、油料、烤烟、苎麻等；畜牧业要分肉猪、育肥猪、产毛羊、乳牛等。按经济业务发生的时间及时记入各种作物、产品物质的明细，然后折价记入"总账"。

（3）经济往来账　主要记录农户与外来单位或个人所发生的各种经济往来款项，包括资金借入、收回、借出、偿还、银行存款变动以及各种应收款、应付款等。要有明细账，总账，以便了解资金往来的状况。格式见表 9-10。

表 9-10　经济往来账

年		凭证编号	说明	借入或收回金额							欠人或人欠金额						
月	日			万	仟	百	拾	元	角	分	万	仟	百	拾	元	角	分
		累计															

（4）固定资产账　主要记录和反映农户购置、自造、自繁、自建的生产经营固定资产的增加、出售、报废等情况。格式见表 9-11。

表 9-11　固定资产账

年		凭证编号	说明（固定资产名称）规划及变动缘由	增加		减少		结存	
月	日			数量	金额/元	数量	金额/元	数量	金额/元
		累计							

定期（一季、一年）将以上四种账簿汇总整理成"经营收入、经营费用和效益表"，作为经营分析的依据。格式见表 9-12。

表 9-12　经营费用账

经营项目	经营收入/元	经营费用/元			经营净收入/元
		合计	其中		
总计					
其中：农业收入					
林业收入					
牧业收入					
渔业收入					
工副业收入					
其他收入					

表 9-12 中的经营收入,减去经营费用,得出的经营净收入即经营的总体效益。经营净收入的大小,反映该农户给社会所做的贡献程度和本农户提高收入或生活水平的幅度,也是扩大再生产能力的有效指标。

四、借贷记账法

借贷记账法是记录由经济业务发生引起的会计要素增减变动情况的一种复式记账方法,电脑记账基本上都采用借贷记账法。

1. 借贷记账法的记账符号

① 借贷记账法以"借""贷"两字作为记账符号。"借""贷"表示不同经济业务的增减变动情况,具体的涵义则取决于账户的不同属性。

② 借贷记账法是一种复式记账法。其账户的基本结构分为左右两方：左方为"借方",右方为"贷方"。借方记录资产、费用的增加,负债、所有者权益的减少及收入的结转;贷方记录资产的减少、费用的结转,负债、所有者权益及收入的增加。一般情况下,余额出现在借方的账户属于资产类账户;余额出现在贷方的账户属于负债类、所有者权益类账户。费用类账户和收入类账户结转后没有余额。

借贷记账法各类账户的结构见表 9-13。

表 9-13 各类账户结构

借方	贷方	余额
资产增加	资产减少	借方
负债减少	负债增加	贷方
所有者权益减少	所有者权益增加	贷方
盈余结转	盈余增加	无
费用增加	费用结转	无

2. 借贷记账法的记账规则

借贷记账法建立在复式记账原理的基础之上,其基本记账规则是"有借必有贷,借贷必相等"。具体规则如下：

① 对于每一笔经济业务,都要在两个或两个以上相互联系的账户中进行登记,在一个账户中记借方,必须同时在一个或几个账户中记贷方;或者在一个账户中记贷方,在另一个或几个账户中记借方。

② 相等的金额同时记入借方账户与贷方账户。由于借贷记账法的理论基础是"资产+费用=负债+所有者权益+收入",因此,反映由经济业务发生引起的各项目变动时,只有以相等的金额登记,才能保持会计恒等式两端要素之间的平衡关系。

采用借贷记账法时，因业务情况不同，有时是简单会计分录（即一借一贷），有时也可是复合会计分录（即一借多贷或多借一贷），一般不允许有多借多贷现象出现。

在编制会计分录时，应按照以下步骤进行：一笔业务发生首先应确定涉及哪几个账户，这些账户各属于哪一类；其次，业务发生引起该账户的变化是增还是减；最后，根据所属账户类别确定记账方向。

3. 借贷记账法的试算平衡

① 试算平衡。就是根据"资产+费用=负债+所有者权益+收入"的平衡关系，按照"有借必有贷、借贷必相等"的记账规则，通过汇总计算和比较，来检查账户记录的正确性和完整性。

经济业务发生后，按照借贷记账法的记账规则来记账，不但每一笔经济业务的借贷发生额相等，而且单位在一定时期内所发生的全部经济业务的借贷双方合计金额也必然相等。

② 试算平衡公式。采用借贷记账法可以按照下列三个公式试算平衡：

a. 会计分录试算平衡公式。借方账户金额=贷方账户金额。

b. 本期发生额试算平衡公式。全部账户本期借方发生额合计=全部账户本期贷方发生额合计。

c. 余额试算平衡公式。全部账户借方余额合计=全部账户贷方余额合计。

③ 试算平衡表。试算平衡公式其实也是严格按借贷记账法的记账规则来进行账务处理的。在会计实务中通常应用在会计期末，用试算平衡表的方式进行本期发生额及期末余额的试算平衡。常用的试算平衡表有三种：一是总分类账本期发生额试算平衡表；二是总分类账期末余额试算平衡表；三是总分类账本期发生额及期末余额试算平衡表。

④ 本期发生额及期末余额试算平衡表的编制。表内"会计科目"一栏是账户的名称，一般按资产负债表的排列顺序填写，其他有关栏次则根据各账户记录的发生额及余额填写。首先，应算出各账户本期借方发生额、贷方发生额和期末余额；其次，将每一账户期初、期末余额和借贷方发生额记入试算平衡表的对应行次，分别累加后得出合计金额，即完成了试算平衡表的编制。格式见表9-14。

表9-14 本期发生额及余额试算平衡表

会计科目	期初余额		本期发生额		期末余额	
	借方	贷方	借方	贷方	借方	贷方
合计						

记账时要注意：如果发生额或余额不平衡，说明账户记录或计算一定有错误，但平衡也并不能说明无错误，因为有些错误并不影响平衡关系，如用错会计科目、重记或漏记同一笔分录、借贷方向记反等，这些错误需要采用其他会计检查方法进行检查。

第十章 农产品成本核算管理

农产品成本核算是经济核算的重要组成部分,是农村合作经济会计的重要工作。农村各种生产责任制的建立和完善,为健全成本核算、加强成本管理、改善经营管理、降低农产品成本创造了条件。同时,在生产责任制的基础上开展成本核算工作,又可以提供确切的成本核算指标,促进生产责任制的完善和发展。

第一节 农产品成本核算的意义

农产品成本是指生产一定种类和数量的农产品中所包含的物化劳动和活劳动的货币表现,也就是生产某一农产品所耗费的生产费用。例如,小麦的公斤成本,就是指为生产一公斤小麦所花费的种子、肥料、农药和人工等费用的总和。

农产品成本的高低,由农业产品产量的高低和农业生产费用支出的多少所决定。它可以反映农业增产和节约两个方面的经济效益,是一个十分重要的综合性经济指标。降低农产品成本,就意味着农业能够以同样的物化劳动和活劳动的消耗,生产出更多的农产品。为了更好地发展农业商品生产,提高经济效益,必须不断地降低农产品成本。而正确、及时、全面地进行农产品成本核算,加强成本管理,就有着非常重要的意义。

1. **农产品成本核算是计算农业生产耗费和确定收益的必要工作**

产品成本是衡量和补偿企业生产耗费的尺度,在生产经营过程中,企业须以自己的生产收入来补偿生产耗费,而究竟应该补偿多少耗费,只有通过计算产品的成本才能确定。同时,也只有正确计算产品成本,才能正确确定当年的收益。

2. **计算农产品成本是推动合作经济、提高农业经营管理水平的重要杠杆**

产品成本是反映合作经济经营管理工作质量的一个重要指标。无论劳动生产率的高低，机器设备利用的好坏，材料消耗的多少，资金使用得是否合理，等等，都会在产品成本中反映出来。通过计算产品成本，进而开展成本分析，就可以发现产品成本高或低的原因，挖掘降低产品成本的潜力，以不断地提高经济效益。

3. 正确计算农产品成本可为农产品价格的制订提供依据

农产品价格是农产品价值的货币表现。在不断扩大农产品市场机制的情况下，农产品价格将主要依据农产品本身的价值。产品成本是产品价值的主要组成部分，因此，农产品成本计算得正确与否，将会对农产品价格的制订和在农产品市场上运用价值规律产生重大的影响。

4. 正确计算农产品成本有利于调整农业产业结构、加速发展农村商品生产

以较少的成本去获取较大的收益，是合作经济经营的主要目标。目前，农业各产业部门的成本利润率有较大差别。各合作经济组织在正确计算产品成本的基础上，进行成本比较、分析，就会发现各部门间的投入产出区别，从而促使各单位改进技术措施，调整生产布局，以获取更大的经济效益。

第二节　农产品成本核算的要求

为了更好地计算农产品成本，发挥成本核算的作用，对成本核算应提出以下要求。

一、管算结合，算为管用

成本核算是成本管理的一个重要手段，在对合作经济单位的生产费用进行必要的记录和计算的同时，还应在各项生产费用发生之前做好审核和控制工作。对于符合国家政策制度和计划，有利于多快好省发展商品生产的开支，应积极协助支持，否则就要严加控制。可见成本核算工作本身就是对生产耗费的管理。

成本核算也是成本管理的需要。成本管理所需的成本资料，相当一部分来自会计计算产品成本时所提供的数据。成本核算资料正确、及时，就可以考核和分析成本计划的完成情况，保证再生产资金的合理补偿，从而准确计算各单位的财务成果。对待成本核算的准确性，应从成本管理的要求出发，既要防止脱离实际的管理要求和核算能力，去追求为算而算的数字游戏，也要防止片面化和简单化，不能提供出基本的成本资料的做法。鉴于我国农村的实际情况，成本核算应抓住重点，从成本管理的要求出发，量力而行。在满足管理需要的前提下，按照分清主次，区别对待，坚持主要从细、次要从简、细而有用、简而有理的原则，采取既合理又简便的方法，正确地汇集和分配生产费用，计算产品成本。

二、正确划分各种费用界限

进行农产品成本核算，必须正确划分以下几个方面的费用界限：

1. 划分应计入产品成本和不应计入产品成本的费用界限

合作经济单位所发生的各项支出，具有不同的性质和用途，并有不同的资金来源。哪些费用应计入产品成本，即由生产流动资金开支，哪些费用不应计入产品成本，即由特定的资金来源开支，国家财经制度和有关的成本核算规程都有相应的规定，这种规定称为成本开支范围。目前在农村经济单位中，对成本开支范围也有较明确规定，如，严禁将基本建设的支出计入产品成本，严禁将专用基金的支出计入产品成本等。如果任意扩大成本开支范围，将不应计入成本的费用计入成本，不仅会人为地提高产品成本，使成本不实，而且会减少合作经济单位的经营利润和国家财政收入。因此，每个农业企业都应严格地遵守成本开支范围，防止乱挤、乱摊成本行为的发生。

2. 划分各个成本核算期间的费用界限

农村合作经济单位可根据自身生产经营的特点，制订出成本核算期间。例如，种植业可将年度作为一个成本核算期间，养殖业可将月度（季度）作为一个成本核算期间。成本核算期间一经确定，就应相对固定。农产品成本就按既定的年度（月度、季度）进行计算、分析及考核。按权责发生制的原则，应将发生的各项生产费用按其所属期间进行划分，正确计算并分配待摊费用和其他有关费用。凡应由本期产品成本负担的费用，应该全部计入本期产品成本，不应由本期产品成本负担的费用，则不能计入本期产品成本。因此，本期发生的费用，不能拖到下期记账，也不得提前结账，人为地调节产品成本。

3. 划分各种农产品之间的费用界限

为了考核和分析各种农产品的实际成本，应分别对不同种类、不同品种的农产品成本进行计算。对发生的各种生产费用，凡能直接分清应由哪种产品负担的费用，如种子、肥料、饲料等，应直接计入该种产品的成本；凡是由几种产品共同耗用，分不清应由哪种产品负担的费用，如管理费、其他支出等，应采用适当的方法进行分配，然后再计入各种产品成本。不能在各种产品成本之间，特别是盈利产品和亏损产品之间，任意增减费用，以盈补亏，掩盖成本超支。

4. 划分产成品成本和在产品成本的费用界限

在一定时期（年、季、月）末，种植业和养殖业的产品如果全部产出，没有在产品，那么，本期所发生的各项费用相加，就是各种产成品的成本。实际上，在期末，往往有一部分产品正处于生产过程中，如冬小麦、存栏畜禽、放养中的水生动植物等，对于同类、同品种的产品，当它们既有产成品产出，又有在产品进行生产时，则应采用适当的方法将这类（种）产品的生产费用在两者之间进行分配，分别计算出产品成本和在产品成本。不能任意降低或提高期末产品成本，人为地调节产品成本。

正确划分以上四方面的费用界限有着十分重要的意义。划分费用界限的过程，也就是计算产品成本的过程。费用界限划分得正确，产品成本计算也就准确。

三、做好成本核算的基础工作

多年来，农产品成本核算的基础工作比较薄弱，许多制度尚不健全。要做好成本核算，提高经济效益，必须要做好以下几项基础工作：

1. 准确、及时地做好原始记录

原始记录是成本核算的原始资料。凡是材料、劳动时间、燃料及动力的耗费，费用开支，质量检验，产成品入库，等，都要有真实的原始记录，并及时登记。否则，就不能正确反映生产耗费，造成"假账真算"，产生不良后果。

2. 建立健全定额管理制度

定额是企业根据本单位当前的设备条件和技术水平，对生产产品所耗费的原材料、人工、费用等方面应达到的标准。实行定额管理就是根据定额来控制费用的消耗。有了定额，才能考核分析各项支出的费用是否合理，是否节约。农村合作经济单位要加强经济核算，必须要制订出积极先进的、符合实际的定额，为逐步实现成本控制、成本预测打好基础。

3. 认真实行材料和产品的计量、收发、领退和盘点制度

企业的各项产品物资收发，都要经过计量。必要的计量工具，如秤、尺等，必须配备齐全，并经常校正和维修。凡是材料收发、领退及产品的出入库等，都要有严格的制度，办理必要的凭证手续，防止乱领乱用，造成浪费。库存的产品物资要定期进行盘点，做到账实相符，防止积压、霉烂变质、贪污、盗窃的发生。做好这些工作，将对正确、及时地进行成本核算起着重要作用。

第三节　生产费用与产品成本

一、生产费用分类

生产费用是合作经济单位在生产过程中所发生的以货币表现的全部支出。在

一个单位中,生产费用表现为多种多样,因而,需分类进行核算。生产费用的合理分类,是正确计算产品成本的重要条件。

1. 按照经济性质分类

这种分类是将性质相同的费用归纳在一起,而不考虑它们的具体用途、支出地点以及是否计入、怎样计入产品成本。这种分类法通常称为要素费用分类。具体划分为:①种子、种苗和外购幼畜禽;②饲料;③农药和肥料;④其他材料;⑤低值易耗品;⑥折旧费和产役畜摊销费;⑦人工费用;⑧其他费用。

生产费用按经济性质进行分类,能够反映合作经济单位各种费用要素的耗用情况及费用总额的构成,有利于按项目编制生产费用支出计划,掌握和控制费用开支,并可为分项核定合作经济单位的资金需要量提供依据。

2. 按照经济用途分类

这种分类可按业别分为农业生产费用、林业生产费用、牧业生产费用和渔业生产费用。如果一个合作经济单位生产单一,仅从事一两项生产,各项生产所发生的费用可进一步划分成若干成本项目。

例如,农业的成本项目可以分为:①种子和树苗;②肥料;③农药;④人工费;⑤机械作业费;⑥畜力作业费;⑦田间运输费;⑧灌溉费;⑨其他直接费;⑩共同生产费;⑪管理费;⑫往年费用。

牧业的成本项目可以分为:①外购幼畜禽费;②饲料费;③畜禽医药费;④产畜摊销费;⑤低值易耗品;⑥机械作业费;⑦人工费;⑧其他直接费;⑨共同生产费;⑩管理费。

上述各成本项目,各企业可根据自身的行业特点和管理的需要,作适当的增减变动。

按用途划分的费用,可以清楚地看出产品成本中材料、人工和其他各项费用的耗用情况,便于考核和分析产品成本升降的原因和寻求降低成本的途径。

3. 按照生产费用与生产过程的关系分类

这种分类可以分为基本费用和一般费用。基本费用是指直接用于生产过程中的费用,如农业生产中的种子和种苗、肥料、农药等;一般费用是指组织和管理生产所发生的各项费用,如管理、其他支出等。这样分类有利于分析和考核两类费用各自的比重,促进企业加强经营管理或改善经营管理。

4. 按照生产费用计入产品成本的方法分类

这种分类可分为直接费用和间接费用。直接费用是指可以直接计入某种产品的费用,如种子费、饲料费等;间接费用是指与两种或两种以上产品有关的费用,如管理费、共同生产费等,它们通常需要采取一定的标准和分配方法计入各有关产品成本中去。区分直接费用和间接费用，并且合理地选择间接费用的分配方法，对于正确、及时地计算产品成本有着重要的意义。

5. 按照生产费用与产品产量的关系划分

这种分类可分为变动费用和固定费用。变动费用是指与产品产量增减有直接联系的费用，如种子费、肥料费、饲料费等；固定费用是指与产品产量增减没有直接联系的相对稳定的费用，如管理费、折旧费等。

区分变动费用和固定费用，有利于成本分析，寻求降低成本的途径。变动费用随产品产量变化而发生变化，降低变动费用的主要途径应从降低单位产品的费用消耗着手；固定费用与产量变动的关系不大，降低固定费用主要应从提高产量和降低费用的绝对额着手。在农业会计中应用管理会计方法，进行成本和利润的预测和分析，其重要的工作是需将农业生产费用划分为变动费用和固定费用。

二、生产费用与产品成本的关系

按各种费用要素反映的生产费用和按成本项目反映的产品成本是两个涵义不同的指标，两者间既有联系，也有区别。

联系：①生产费用的发生额是构成产品成本的基础，产品成本是通过归集、分配一定期间应由产品负担的生产费用而计算出来的。②两者间的一些费用名称也是相同的，例如，生产费用要素中有"人工费""种子和种苗""饲料"等，而成本项目中也有相同名称的项目。

区别：①合作经济单位一定时期的生产费用，包括发生的全部生产经营耗费。例如，人工费用中既包括用于产品生产的劳动报酬，也包括不是用于产品生产的报酬。而一定时期的产品成本，是生产费用中用于产品生产的部分。例如，成本项目中的"种子""人工费"等只包括与产品生产有关的实际支出。②合作经济单位一定时期的生产费用，是实际发生的费用。例如，实际支付的应摊销较高数额的开支，使用低值易耗品、预付保险费、书报费等均应作为本期生产费用。而一定时期的产品成本，则是产品应该实际负担的费用。一些实际支付的"待摊费用"，则不计入本期的产品成本。因此，一定时期实际发生的生产费用总和，不一定等于该期产品成本的总和，而某一时期产成品成本，可能要包括几个期间的生产费用。

因此，生产费用和产品成本总额的相互关系，可列公式如下：

本期完工产品成本=期初在产品成本+本期生产费用−期末在产品成本

本期完工产品成本可转入"管理费"账户。

例如，合作经济单位畜力作业费用要汇集分摊到相关产业中，会计人员可作如下会计分录：

  借（付）：农业支出——种植业——小麦　　　　11466 元
      农业支出——种植业——玉米　　　　18427 元
      牧业支出——养殖业——基本猪群　　13923 元
      管理费　　　　　　　　　　　　　　10647 元
      共同生产费　　　　　　　　　　　　31532 元
  贷（收）：辅助生产——畜力作业　　　　　　　85995 元

如果役畜为本单位以外部门服务，也应按对外提供产品或劳务的数量分配畜力作业费。结转时记入有关生产收入账户的借（付）方。

畜力作业的副产品，如粪肥、鬃毛等，应按其使用的对象结转有关成本。如果副产品对外销售，则将饲养费用转入有关生产收入账户的借（付）方；如果副产品在企业内部使用，则将饲养费用转入使用部门的生产费用之中。

农业企业中的其他辅助生产部门，如汽车运输、供电、修配等部门的核算和费用的分配，与畜力作业大致相同，此处不再举例。

第四节　机械作业费的核算与分配

机械作业指企业中的拖拉机、联合收割机等进行的生产作业。如果有的拖拉机专门从事运输，应在"辅助生产"账户中进行核算。随着农业机械化水平的不断提高，机械作业成本在农产品成本中的比重也越来越大，如果单以提折旧的方法将农业机械折旧费转入成本，不核算机械作业的费用，那么，对于加强成本管理，考核农业机械的经济效益，以及贯彻落实承包责任制，都是十分不利的。因此，有必要单设"机械作业"总账账户或登记簿，核算和分配在机械作业中发生的各项生产费用。

一、机械作业费核算

1. 机械作业费核算形式

企业核算机械作业费和计算机械作业成本时，应按各种机械的作业班次填写"机械作业核算单"，作为核算的原始凭证。其主要内容应包括：①作业任务及完成情况；②机用燃料情况；③用工情况；④服务对象及部门。其一般简化格式可参照前述辅助生产中的凭证。机械作业核算单的基本格式见表10-1。

表 10-1　机械作业核算单

日期	作业名称及地点	牵引农具	工作量			主油消耗		工时							使用人工/个
			定额/标准亩	定额/标准亩	定额/标准亩	定额/公斤	定额/公斤	纯作业	机车故障	农具故障	自然影响	保养	其他	合计	
10.11	小麦3号	圆盘耙	3600	3600	728	45	40	8	1			1		10	2

机械作业费核算一般有三种形式：

（1）综合核算　即不分机种、不分机车，只分拖拉机和联合收割机两个核算对象。

（2）分机种核算　即按机车的种类，即以"轨式拖拉机""轮式拖拉机""拖拉联合收割机""自走联合收割机"进行核算。这种核算形式一般在拥有较多数量农业机械的情况下采用。

（3）单车核算　即将每台机车作为核算对象。

2. 机械作业费归集

可根据自身具体情况灵活采用上述任何一种形式。但不论采用何种形式，均应按下列成本项目归集发生的生产费用：

机械名称：东方红54型

① 人工费用：指机械作业过程中支付给机务人员和参加作业人员的劳动报酬。

② 燃料及润滑油：指机械作业和保养过程中耗用的主油、副油及其他燃料。

③ 固定资产折旧费：指机车以及拖带农具的折旧费。

④ 固定资产修理费：指上述农机具的有关修理费用。

⑤ 其他直接费：指上述四项费用以外的直接费用，如低值易耗品、劳动保护支出等。

⑥ 共同生产费：指在实行单车或分机种核算情况下，与机被作业有关的共同性费用。

为汇集生产费用，可设置机械作业总账账户或登记簿。作业费用发生时记入该账户的借（付）方，结转机械作业成本时记入该账户的贷（收）方。其明细分类账户按成本项目设置。如果分机种和单机核算，可按机种或机车设机械作业二级账户。

例如，某单位某月拖拉机发生如下费用：支付劳动报酬 92000 元；领用柴油和机油，价值 84000 元；应提取折旧费 65000 元；领用修理用零件，价值 120000 元；以现金支付其他费用 50000 元。

会计分录如下：

　　① 借（付）：机械作业——拖拉机——人工费用　　　　92000 元
　　　　贷（付）：现金　　　　　　　　　　　　　　　　92000 元

② 借（付）：机械作业——拖拉机——燃料及润滑油　　84000 元
　　贷（付）：产品物资——燃料及润滑油　　　　　　84000 元
③ 借（付）：机械作业——拖拉机——固定资产折旧费　65000 元
　　贷（收）：公积金　　　　　　　　　　　　　　65000 元
④ 借（付）：固定基金　　　　　　　　　　　　　65000 元
　　贷（收）：折旧　　　　　　　　　　　　　　65000 元
⑤ 借（付）：机械作业——拖拉机——固定资产修理费　120000 元
　　贷（付）：产品物资——修理用零配件　　　　　120000 元
⑥ 借（付）：机械作业——拖拉机——其他直接费　　50000 元
　　贷（付）：现金　　　　　　　　　　　　　　50000 元

3．机械作业成本的计算

（1）拖拉机作业成本的计算　拖拉机能进行耕地、耙地、播种、运输等多种不同的作业，为了统一计算拖拉机的工作量，可将各项有关作业折合成一种标准工作量，这个标准工作量称为"标准亩"。所谓标准亩，是指拖拉机牵引复式铧犁，在土壤阻力中等的条件下，每公亩（1 公亩=0.15 亩）土地耕深 20～22 厘米的工作量。至于拖拉机其他作业，可按一定标准（通常按燃料油消耗量或每小时完成的工作量比例）折成标准亩。这个折合比例，称为标准公亩折合系数。为了求得拖拉机一定期间所完成的总工作量，就需将拖拉机完成各种作业的工作量，分别按折合系数折成总标准公亩。那么，拖拉机成本的计算就以标准公亩成本为单位，其计算公式如下：

$$拖拉机作业标准亩成本=\frac{一定时期拖拉机费用总额}{一定时期拖拉机作业完成标准亩}$$

假定某单位拖拉机某月完成作业量为 30072 标准亩，根据前述机械作业账户的明细核算资料，就可编制拖拉机作业成本计算表，其一般格式见表 10-2。

表 10-2　拖拉机作业成本计算表

年　　月　　日　　　　　　　　　　　　　　　　　　　　　　　单位：元

项目	行次	单位成本		总成本	
		计划	实际	计划	实际
人工费用	1	（略）	3.1	（略）	92000
燃料及润滑油	2		2.8		84000
固定资产折旧费	3		2.2		65000
固定资产修理费	4		40.0		120000
其他直接费	5		1.6		50000
共同生产费	6				

续表

项目	行次	单位成本		总成本	
		计划	实际	计划	实际
作业费用合计	7	(略)		(略)	411000
标准亩总数	8				30072
标准亩成本	9		13.67		13.67

（2）联合收割机作业成本的计算　联合收割机与拖拉机不同，它只从事一种作业，因此，可按实际完成的作业标准亩计算作业成本。联合收割机分牵引和自走两种，在联合收割机进行非行走脱谷作业时，可按脱谷数量折合成作业标准亩的方法，计算其工作量，其计算公式如下：

$$联合收割机作业标准亩成本 = \frac{一定时期收割作业费用总额}{一定时期收割机完成的作业标准亩}$$

（3）其他机械作业成本的计算　其他机械作业，如柴油机、脱谷机等的成本计算，与联合收割机作业成本的计算相同，都是按实际发生的费用总额除以所完成的作业数量，求得机械作业的单位成本。

二、机械作业费分配

机械作业为受益对象提供劳务，经过计算的机械作业成本就按提供的劳务数量向各个受益对象分配。其计算公式为：

某产品或部门应负担机械作业费用 = 当期机械作业单位成本 × 机械作业为该产品或该部门提供的工作量

如有的单位当月发生的机械作业单位成本不能及时计算出来，为了及时结算提供劳务的成本，在分配机械作业费用时，可以按计划或固定单位成本进行计算。待实际成本计算出来，两者之间的差额可转入"管理费"账户。

结转机械作业成本时，借（付）记有关账户（"各项支出""辅助生产"）；贷（收）记机械作业账户。

第五节　管理费与共同生产费的核算与分配

管理费和共同生产费都是为组织生产和管理生产所发生的共同性费用，属于间接费用。一般来说，这些费用的增减与产品的产量不成正比例关系，具有相对的固定性。因此，提高产品产量，相对地就可以降低单位产品成本中这些费用所占的比重。

一、管理费的核算与分配

1. 管理费的核算内容

管理费是指为组织、管理整个企业生产和为整个企业生产服务所发生的各项费用。主要包括管理费用和业务费用两大部分。

管理费用包括：

① 管理人员劳动报酬：指各级管理人员、经济核算人员、勤杂人员的劳动报酬。

② 办公费用：指会议费、宣传费、邮电报刊费、取暖费、照明费、文具纸张费等。

③ 差旅费：指出差人员的差旅费。

④ 折旧费：指管理部门使用的固定资产的折旧费用。

⑤ 修理费：指管理用固定资产的修理费用和其他管理用具的维修费用。

⑥ 低值易耗品摊销费：指管理部门和人员领用低值易耗品的摊销费用。

业务费用包括：

① 仓库管理费：指仓库中管理经费、库存材料、产成品的盘亏。

② 利息支出：指向银行或信用社的借款利息与存款所得利息收入的差额。

③ 运输费：指发生的行政用车费及车船费。

④ 其他费用：指不包括上述费用在内的其他费用，如消防费、保险费等。

2. 管理费的核算方法

为了汇集和分配管理费，应设置"管理费"账户，明细分类账户可按上述费用项目设置。当发生管理费时，记入该账户的借（付）方；将管理费分配转入基本生产各有关账户时，记入该账户的贷（收）方，经过分配后，一般应无余额。

3. 管理费的分配

一定时期末，应根据"管理费"各明细账汇总管理费，然后再采取一定的分配方法将费用分配到各产品成本中去。在确定分配标准时，要考虑与被分配的费用有无比较直接的关系。同时，计算的手续也要简便易行。通常可采用以下几种分配方法：

（1）按照生产工时进行分配　各业产品生产都要占用一定的劳动时间，即生产工时或生产天数。以各种产品所占用的生产工时比例进行分配费用，可以将劳动生产率与产品负担的费用水平联系起来。其计算公式如下：

$$管理费分配率 = \frac{管理费总额}{生产工时或天数总额}$$

某种（类、批）产品应负担管理费=该种（类、批）产品的生产工时或天数×管理费分配率

例如，某单位某月发生管理费 8000 元，根据统计记录，生产工时总额为 20000 小时。其中，用于生产蔬菜 10000 小时，用于生产大田作物 6000 小时，用于生产畜牧产品 4000 小时。其分配计算如下：

$$管理费分配率=\frac{8000}{20000}=0.40（元/小时）$$

蔬菜生产应负担管理费=10000×0.40=4000（元）

大田作物生产应负担管理费=6000×0.40=2400（元）

畜牧产品生产应负担管理费=4000×0.40=1600（元）

采用这一方法分配管理费，在劳动生产率提高时，单位产品生产工时减少，那么，单位产品负担的管理费也相应减少，从而使单位产品成本降低。但也应指出，如果各种产品的机械化程度各不相同，也会使大部分管理费由机械化程度较低的产品来负担。因此，这一方法在各种产品或各类产品机械化水平大致相同的情况下采用比较适宜。

（2）按耗用材料的数量或成本进行分配　这是以各种产品或各类产品所耗用的材料的数量或成本的比例作为标准，来分配企业管理费的一种方法。其计算公式如下：

$$管理费分配率=\frac{管理费总额}{耗用材料数量（成本）总数}$$

某种（类、批）产品应负担的管理费=该种（类、批）产品所耗用材料数量×管理费分配率

这一方法只适用于各种产品耗用同一种类材料，生产过程比较简单，材料的价值（数量）在全部生产费用中占较大比重的单位。因此，从事畜牧业生产的企业可以采用这种方法。

（3）按直接费用总额的比例进行分配　这是以直接计入各种成本的直接费用数额作为标准来分配管理费的一种方法。其计算公式如下：

某种（类、批）产品应负担的管理费=该种（类、批）产品直接费用总额×管理费分配率

这种方法由于直接费用总额中包括了人工费用、材料和其他直接费，不受机械化程度及材料消耗不平衡的影响，计算方法也比较简单。

（4）按年度计划（或预订）分配率分配　若采用这一方法，不管各月实际发生的管理费是多少，计入产品成本中的管理费，都是按年度计划（或预订）确定

的分配率分配。计划（或预订）分配率是根据管理费的计划数（或预订数）除以计划生产量算出的生产工时（材料耗用量、直接费用总额）的计划数得出。其计算公式如下：

$$管理费计划（或预订）分配率=\frac{年度管理费计划（或预订）总额}{年度各种产品计划产量的生产工时（或其他标准）}$$

某种（类、批）产品应负担的管理费=该种（类、批）产品实际产量的生产工时（或其他标准）×管理费计划（或预订）分配率

若采用这一方法，在年度终了时，全年实际发生的管理费与已经分配计入成本的管理费会有一定的差额。对于较小的差额，可一次计入当年 12 月份的各种产品成本中去。如果差额较大，可以在该年度进行重新分配或调整。实际数大于已分配数的，用蓝字补足，实际数小于已分配数的，用红字冲减。

这种分配方法能够在一定程度上简化分配手续，及时计算产品成本。尤其适用于季节性生产的企业，如农业企业中的大田作物、淡水养殖、林业生产等。因为在这些单位中，每月发生的管理费相差不多，如每月按实际发生额进行分配，由于淡季和旺季生产的产品数量相差悬殊，产品成本中管理费就会随着忽高忽低，从而影响产品成本的可比性。

二、共同生产费的核算与分配

1. 共同生产费的核算内容

共同生产费是指生产经营中与多种产品生产经营有关，需采用分配方法计入产品成本的费用。如种植业、牧业、渔业各自生产产品所发生的有关费用。一般可由下列内容组成：

① 人工费。指直接从事一业生产，但与该业多种产品有关的人工费用。如农业共同生产费中的人工费可包括农业技术员、保管员、晒场人员、保卫人员的劳动报酬；牧业共同生产费中的人工费可包括畜牧技术员、兽医、防疫员等的劳动报酬。

② 燃料和动力费。指同一业别内各种产品生产共同耗用的燃料、电力等费用。

③ 固定资产折旧费。指同一业别内使用的固定资产折旧费用。

④ 固定资产修理费。指上述固定资产的有关修理费用。

⑤ 低值易耗品费。指同一业别内共同使用的工具、器具、设备、劳保用品等费用。

⑥ 生产服务运输费。指各业内部为生产几种产品服务的运输费用。

⑦ 其他费用。指不包括上述各项的其他有关费用。

2. 共同生产费的核算方法

为了汇集和分配共同生产费，应设置"共同生产费"账户或登记簿，二级账户可按业别设置，明细分类核算可按上述七项内容进行。当发生各项共同生产费用时，记入该账户的借（付）方，将共同生产费分配并转入各产品成本时，记入该账户的贷（收）方，经过分配后，一般应无余额。

3. 共同生产费的分配

在一定时期末，应将各业别的共同生产费采取适当的分配标准转入本期各种产品成本中去。其分配的方法可依照前面介绍的管理费的分配方法，根据单位具体情况选定。一般来说，为保持会计工作的一致性，分配方法一经确定，在年度内就不能变动。否则，将会影响产品成本的可比性。

最后应当指出：共同生产费只是在一个单位具有两个或两个以上业别的情况下才会发生，即发生在一些大中型的合作经济组织中。如果一个组织较小，或只从事一业生产，则不必设共同生产费账户，可将发生的一些共同性费用先记入管理费账户，然后再分配到产品成本中去。

第六节　粮食生产的成本核算

粮食生产包括小麦、水稻、大豆、玉米、高粱、薯类等的生产。

一、核算对象

为了适应生产管理的要求，适当简化核算手续，在确定成本核算对象时，应分清主次，突出核算重点。对国民经济有重要意义，而且收获较多的产品，应单独核算；对次要，且经济价值较低的产品，可分类或合并核算。分类或合并时，应把产品生产技术过程大致相同、活劳动和物劳动的消耗相差不大、作物生长时间大致相同的归为一类（组），然后再按一定标准确定该类（组）各种产品的成品。对不同收获期的同一作物，如冬小麦和春小麦、早稻和晚稻，则应分别核算，不能合并在一起核算成本。

二、成本项目

粮食生产的成本项目可分为以下几项：

（1）种子及种苗费　指在生产过程中耗用的自产或外购的种子及种苗的价值。种子及种苗不论自产还是外购，都只计算其本身的价值（自产的按收购价格或固定价格，外购的包括买价和运杂费）。至于为了促进生产、增加产量、提高质量、防治病虫害等对种子所进行的精选、消毒、春化等工作，均应视为作物的作业项目，计入有关作物的人工费或其他费用项目中。

（2）肥料费　指在生产过程中所耗用的化肥、厩肥的价值。外购肥料按实际采购成本核算；自产的农家肥等可按固定价格核算；自制颗粒肥和其他肥料的加工费用，应分别计入有关作业费用中。

（3）农药费　指生产中耗用的农药的价值。外购农药的价值包括运杂费。

（4）人工费　指在生产过程中直接从事人力作业的劳动报酬额。将人工劳动报酬计入成本时，从时间上分，有按月、按季、按年几种情况；从价格标准上分，有按实际、按计划、按固定的劳动报酬额几种情况；从用工量上分，有按出工人数计工、按出工人数折合成标准工数计工等几种情况。不同分类办法，对人工费的合理性、真实性，都有着一定的影响。

（5）机械作业费　指在生产过程中使用的拖拉机、收割机及其联结机具进行作业的费用。

（6）畜力作业费　指在生产过程中使用畜力从事田间作业的费用。临时配备畜力工作的人工费用不计入本项目，直接计入人工费项目中。

（7）田间运输费　指在生产过程中使用的汽车、拖拉机、畜力车在田间运输种子、肥料、农产品等发生的各项运输费用。临时配备的运输人员劳动报酬不计入本项目。

（8）灌溉费　指能直接计入或分配计入的排灌费、喷灌费、滴灌费、人工降雨费，以及其他有关的用水费用。

（9）其他直接费　指不属于上述各项的其他直接费用。如直接为某种作物所消耗的其他材料、低值易耗品、分期摊销的待摊费用等。

（10）管理费　指各种作物应分配的有关管理费用。

（11）共同生产费　指各种作物应分配的共同性费用。如果企业规模较小，而且只从事粮食生产，则不用设此项目，有关共同性费用可计入管理费项目中。

（12）上年费用　指应由本年产品成本负担的上年发生的有关费用。

三、期间成本

由于粮食生产的生产周期较长，一般一年一熟或两年三熟。因此，确定成本计算期间时，最好以一年为一个单位，即按年度归集生产费用，计算产品成本。

年终，将各项生产费用分别计入各有关成本项目，通过下列公式，就可算出本年的产品总成本：

本年产品总成本=上年末的在产品成本+本年发生的成本费用−结转下年的在产品成本

四、粮食作物成本计算

根据粮食作物生长和种植的特点,粮食作物的成本计算,可分为单一产品成本计算和间种、套种、混种产品成本计算。

1. 单一产品成本的计算

单一产品指在一块土地上只耕种一种粮食作物的产品。各种费用记入该产品的有关成本明细账后,即可计算出产品的总成本、单位成本。

粮食作物产品成本通常需计算出两项指标:单位产品成本和单位面积成本。

(1) 单位产品成本计算　单位产品成本,又叫作公斤成本,是指每公斤粮食作物产品的平均成本。在粮食作物生产中,可以同时取得主、副两种产品。主产品是生产的主要目的产品,如小麦、稻谷、玉米等;副产品是在生产过程中随着主产品自然产生的产品,如麦秸、稻草、玉米秸等。主、副产品是同一生产过程的结果,它们在生产过程中发生的各项生产费用,是联系在一起的,因此应由主、副产品共同负担。也就是说,应将一种作物的全部生产费用在主产品和副产品间进行分配,以分别计算出它们各自的成本。分配生产费用的方法通常有两种:

① 估价法。对副产品的价值按照一定的价格进行估价,如按计划价格、销售价格等。估出的副产品价值即作为副产品的生产成本。从当期生产费用总额中减去副产品的成本,就是主产品的成本。副产品产量可实际测量计算,也可以按主产品产量折合,如稻草和玉米秸等副产品,可按主产品的产量,一比一进行计算。采用估价法计算副产品成本,计算比较简便。

② 比例法。对主、副产品成本按照一定的比例将实际生产费用进行分配的方法。通常可采用计划与实际比例、定额与实际比例两种。

所谓计划与实际比例,指实际生产成本总额与主、副两种产品计划成本总额的比例,即分配率。主、副产品的计划成本总额等于主、副产品的计划单价乘以它们各自的实际产量。

所谓定额与实际比例,指实际生产成本总额与主、副两种产品定额总成本的比例。主、副产品的定额总成本等于主、副产品的单位定额成本乘以它们各自的实际产量。

根据求出的分配率(计划比例、定额比例),就可分别计算出主、副两种产品的成本。计算公式如下:

$$分配率 = \frac{实际生产成本}{主、副产品计划或定额成本总额} \times 100\%$$

主(副)产品实际成本 = 主(副)产品计划或定额成本 × 分配率

采用比例法计算产品成本，计算结果比较准确。

（2）单位面积成本计算　单位面积成本，又叫作单位亩成本，是指每亩粮食作物的平均成本。其计算公式为：

$$某种作物单位亩成本 = \frac{某种作物生产总成本}{某种作物播种面积}$$

单位亩成本反映的是某种作物在一定土地上的费用水平，是考核粮食作物生产经济效益的一个重要指标。由于农业中生产资料，尤其是土地具有地区的差别性，种植粮食作物时，在相同面积土地上投入同样的成本，不一定获得同等数量和质量的产品；同样，在相同面积土地上，为获得相同数量和质量的产品，则可能会分别耗用不同的生产成本。计算单位亩成本的目的就在于，使企业更好地规划粮食作物布局，合理安排和使用土地；另一方面，可将单位面积成本和单位面积收入相比较，进而分析不同粮食作物、不同技术措施和不同土地的经济效果。

在单位亩成本的计算公式中，某种作物生产总成本是当期应由产品负担的全部生产费用，不能减去副产品的成本。某种作物的播种面积也可以用某种作物的耕作面积或收获面积替代，其结果是在分子部分不变的情况下，单位亩成本相应增高或下降。无论采用哪种指标，一经确定，就不能随意更换，否则要影响成本计算的准确性。

例如，某合作经济组织种植水稻 12000 亩。在整个生产过程中，领用种子，价值 5000 元；领用化肥，价值 32000 元；领用农药，价值 5000 元；人工费用 60500 元；应分配机耕作业费 18000 元；役畜费用 9900 元；支付灌溉费 14000 元；其他直接费为 11600 元；应分配共同生产费 9360 元；应分配企业管理费 17040 元。全部生产费用共计 182400 元。当前水稻收获后，经检斤过秤，生产稻谷 800000 公斤，稻草 60000 公斤，稻草每公斤估计 0.04 元。

根据上述资料，成本核算如下：

① 各项费用转入成本账户。作会计分录：

  a. 借（付）：农业支出——水稻——种子和种苗　　　　5000 元
    贷（收）：产品物资——种子　　　　　　　　　　5000 元
  b. 借（付）：农业支出——水稻——肥料费　　　　　32000 元
    贷（收）：产品物资——肥料　　　　　　　　　　32000 元
  c. 借（付）：农业支出——水稻——农药费　　　　　5000 元
    贷（收）：产品物资——农药　　　　　　　　　　5000 元
  d. 借（付）：农业支出——水稻——人工费　　　　　60500 元
    贷（收）：成员往来——各户　　　　　　　　　　60500 元

e. 借（付）：农业支出——水稻——机械作业费　　18000元
　　贷（收）：机械作业　　　　　　　　　　　　18000元
f. 借（付）：农业支出——水稻——畜力作业费　　9900元
　　贷（收）：辅助生产——畜力作业费　　　　　9900元
g. 借（付）：农业支出——水稻——灌溉费　　　　14000元
　　贷（付）：存款　　　　　　　　　　　　　　14000元
h. 借（付）：农业支出——水稻——其他直接费　　11600元
　　贷（付）：产品物资（现金等）　　　　　　　11600元
i. 借（付）：农业支出——水稻——共同生产费　　9360元
　　贷（收）：共同生产费——种植业　　　　　　9360元
j. 借（付）：农业支出——水稻——企业管理费　　17040元
　　贷（收）：管理费　　　　　　　　　　　　　17040元

② 编制成本计算表。根据上述登记的水稻作物明细分类账，就可编制粮食作物成本计算表，以反映出总成本、单位成本及其构成情况。具体见表10-3。

表10-3　成本计算表

年　月　日　　　　　　　　　　　　　　　　　　　　　　　　单位：元

项目	行次	水稻成本/元	（略）	合计
种子和种苗	1	5000		
肥料费	2	32000		
农药费	3	5000		
人工费	4	60500		
机械作业费	5	18000		
畜力作业费	6	9900		
灌溉费	7	14000		
其他直接费	8	11600		
直接费用合计	9	156000	（略）	（略）
共同生产费	10	9360		
管理费	11	17040		
生产成本合计	12	182400		
减：副产品成本	13	2400		
主产品总成本	14	180000		
主产品单位成本	15	0.225		
主产品产量/公斤	16	800000		
单位亩成本	17	15		
播种面积/亩	18	12000		

2. 间种、套种和混种作物产品成本的计算

间种是指在一块土地上，分别行垄同时种植两种或两种以上的作物。套种是指在一块土地上，分别行垄先后种植两种或两种以上的作物。混种是指在一块土地上，不规则地种植两种或两种以上的作物。

这些作物所发生的各项费用，在计算产品成本时，有的能直接划分到某种作物的明细分类账中，有的不能直接记入。对于这些共同性的费用，可按各作物的播种面积比例进行分配。播种面积可按播种量，参照有关数据进行折算。其计算公式如下：

$$某作物播种面积 = \frac{该作物播种总量}{该作物亩定额播种量}$$

$$某作物应负担的共同性费用 = 该作物的播种面积 \times \frac{几种作物共同性费用}{几种作物播种面积之和}$$

将共同性费用分配后，各种作物明细账中的直接记入费用，加上分配来的共同性费用，就是各种作物的成本。其账务处理和单位公斤成本、单位亩成本的计算，同前述的单一作物成本计算相同。

例如，某单位玉米和大豆间种 1800 亩，经测定，玉米实际播种 900 公斤，每亩播种量定额为 0.75 公斤；大豆实际播种 1200 公斤，每亩播种量定额为 2 公斤。整个生产过程中共发生费用 15080 元，其中，玉米直接发生的费用为 2450 元，大豆直接发生的费用为 1840 元，两者共同性费用为 10790 元。秋收时，收获玉米 60000 公斤，玉米秸 60000 公斤，每公斤估计 0.04 元；收获大豆 20000 公斤，豆秸 14002 公斤，每公斤估价 0.02 元。

根据上述资料，玉米和大豆的成本计算如下：

$$玉米播种面积 = \frac{900}{0.75} = 1200（亩） \quad 玉米总成本 = 2450 + \frac{10790}{1800} \times 1200 = 9643（元）$$

$$大豆播种面积 = \frac{1200}{2} = 600（亩） \quad 大豆总成本 = 1840 + \frac{10795}{1800} \times 600 = 5438（元）$$

$$玉米单位公斤成本 = \frac{9643 - 2400}{60000} = 0.12（元）$$

$$大豆单位公斤成本 = \frac{5438 - 280}{20000} = 0.26（元）$$

$$玉米单位亩成本 = \frac{9643}{1200} = 8.04（元）$$

$$大豆单位亩成本 = \frac{5437}{600} = 9.06（元）$$

第七节　蔬菜栽培的成本核算

蔬菜栽培按其生产技术和生产条件不同，可以分为大地栽培和保护地栽培两种。

一、核算对象

大宗蔬菜可单独核算成本，按品种汇集生产费用和计算该产品成本；对栽培面积不大，价值也较低的蔬菜，为简化核算手续，可以合并为一类进行核算，然后再采用一定的分配方法计算出各产品的成本。

二、成本项目

蔬菜产品成本项目和粮食作物的成本项目近似。一般可分为：①种子和种苗；②肥料；③人工费；④机械或畜力作业费；⑤燃料费；⑥其他直接费；⑦共同生产费；⑧管理费。

三、期间成本

由于蔬菜生产周期较短，而且经常有产品产出并销售，在确定成本计算期间时，可以按月度计算产品成本；如果是大量分批生产，也可以考虑以一个生产周期为成本计算期，进行归集和分配有关生产费用，并计算每批产品的成本。

四、蔬菜产品成本计算

1. 大地栽培产品成本计算

大地栽培是蔬菜生产的主要方式。在蔬菜大面积生产时，可按每种蔬菜分别计算产品成本。计算的方法是：在"农业支出"账户下，按蔬菜的品种设立二级账户，并按成本项目汇集产品的生产费用，从而计算出各种蔬菜产品的总成本，将各种蔬菜产品的总成本分别除以各种蔬菜的产量，可计算出各种产品的单位成本。

如果合作经济组织的蔬菜栽培面积不大，为了简化核算手续，可以将各种蔬菜合并计算出总成本，然后采取分类法（比例法）再计算出各种产品的单位成本。计算公式如下：

某种蔬菜产品实际总成本=该种产品计划单价×该种产品实际产量×分配率

$$分配率 = \frac{各种产品实际总成本}{各种产品计划单价 \times 各种产品实际产量} \times 100\%$$

$$某种蔬菜产品单位成本 = \frac{该种产品总成本}{该种产品总产量}$$

例如，某单位对蔬菜产品采用分类法计算产品成本。当期以茄子、豆角、黄瓜为一类，实际发生生产费用为 960 元，本期收获茄子 2000 公斤，每公斤计划成本为 0.20 元；收获豆角 1500 公斤，每公斤计划成本为 0.20 元；收获黄瓜 1000 公斤，每公斤计划成本为 0.50 元。三种产品成本计算表见表 10-4。

表 10-4 成本计算表

产品名称	产量/公斤	计划成本/元		分配率/%	实际成本/元	
		单价	金额		单价	金额
茄 子	2000	0.20	400	80	0.16	320
豆 角	1500	0.20	300	80	0.16	240
黄 瓜	1000	0.50	500	80	0.40	400
合 计	4500	—	1200	—		960

2. 保护地栽培产品成本计算

保护地栽培就是利用温床和温室等防寒设备进行的蔬菜生产。随着人民生活水平的不断提高，对保护地栽培蔬菜的需求量越来越大，对这方面进行成本核算也就越发重要。温室和温床作物，可按每种作物单独计算成本。在计算时，按各种蔬菜名称设明细账，分成各个项目汇集各自的生产费用。如有共同费用，可按一定的分配标准进行分配。通常采用的分配标准为：温床按格日数（一个温床格占用一天，为一个温床格日数）；温室按平方米日数或畦日数（温室中一平方米占用一天，为一个平方米日数）。采用这类标准进行分配，能使各种蔬菜产品的成本同它们所占的种植面积和生长期长短有密切的关系。其成本计算公式为：

$$某种温床蔬菜应分配共同性费用 = 该种蔬菜占用的格日数 \times \frac{应分配共同性费用总额}{几种蔬菜占用格日数}$$

某种温室蔬菜应分配共同性费用=该种蔬菜占用的平方米（畦）日数×

$$\frac{应分配共同性费用总额}{几种蔬菜占用平方米（畦）日数}$$

例如，某单位在温床栽培韭菜，占用格日数为 20 个，生产期为 40 天；栽培黄瓜，占用格日数为 50 个，生产期为 70 天。某期共发生共同性费用 172 元；直接费用 73.10 元（其中韭菜 13.10 元，黄瓜 60 元）；本期韭菜产量为 75 公斤，黄瓜产量为 250 公斤。成本计算如下：

$$韭菜占用格日数=20×40=800（个）$$

$$黄瓜占用格日数=50×70=3500（个）$$

$$韭菜应分配共同性费用=800×\frac{172}{800+3500}=32（元）$$

$$韭菜总成本=13.10+32=45.10（元）$$

$$黄瓜应分配共同性费用=3500×\frac{172}{800+3500}=140（元）$$

$$黄瓜总成本=60+140=200（元）$$

$$韭菜公斤成本=\frac{45.10}{7.5}=0.60（元）$$

$$黄瓜公斤成本=\frac{200}{250}=0.80（元）$$

蔬菜栽培成本核算的账务处理同粮食作物大致相同。

第十一章 庭院经济管理

以家庭为单位,利用房前屋后空隙地从事种植业、养殖业和工副业生产,在我国有着悠久的历史。早在原始社会末期,我国就开始利用庭院人工饲养家畜家禽。进入封建社会后,庭院经营已成为农村一种普遍的生产形式,不过囿于长期封闭、僵化的自然经济环境,千百年来,它一直停滞不前,毫无生机。

20 世纪 80 年代,我国农村普遍吹起了以家庭联产承包责任制为核心的改革春风,广大农民不仅有了生产经营自主权,而且获得了剩余产品的支配权,庭院生产不仅有效地消化了农民的剩余劳动时间,而且产品可以拿到集市上出售,这是近些年来我国庭院经济得以快速发展的客观基础。因此,庭院经济的崛起是农村改革的产物,是农村市场经济发展的必然结果,也是建设中国特色社会主义农业的重要组成部分。

第一节 庭院经济的概述

一、概念

庭院经济是指农户以自家庭院和四周空坪隙地为基础,以集约技术为手段,以较高的经济、社会、生态效益为目标,以发展商品经济为目的,以提高农村土地利用率和生产率、开发自然资源和社会资源为宗旨的特有产业形式和经营形式。庭院经济的经营范围,从广义上讲,正不断由经营土地向经营非土地扩展,由经营农业向经营非农业扩展,涉及农林牧副渔及工商建运服 10 个产业。简单地说,凡是在农村庭院从事的各种经济、经营活动,都应划入庭院经济范畴。

二、主要类型

庭院经济从不同的开发利用角度上可以划分成若干种类型。

1. 从生物生态方面划分

（1）空间上多层次利用类型　由于庭院面积有限，为了提高效益就要尽可能地充分利用空间，也就是打造"立体庭院"。庭院空间一般可分三个基本层次：一是高空层。指庭院2米以上部分，利用方式有栽培攀缘植物，如葡萄、猕猴桃、瓜类；屋顶养蜂、养兔、养貂等经济动物。二是地面层。可进行庭院加工、庭院养殖、庭院园艺、庭院果树栽培等。这一层是庭院的"黄金空间"，目前收益比较高的大棚蔬菜、规模饲养业等主要在这一层进行。三是地下层。包括地下室、菜窖、鱼池、花窖等。利用这一层夏季冷凉、冬季保温的特殊环境，可发展食品储藏保鲜和培植食用菌、育秧、养鱼等。

（2）时间上合理利用类型　自然资源中的光、热、水、气、肥、土等随着时间不断变化，巧用时间就能充分合理利用光、热、水、气等资源，是提高庭院经济效益的好办法。一般有两种利用方式：一是利用作物生长发育季节的最佳时间差。通过不同生物种群或同一种群不同生长发育期进行组合，最大限度地利用资源，生产出尽量多的产品。我国一些地方实行的不同生育期品种或不同作物间作套种，前茬芹菜套蒜苗、后茬黄瓜套青椒等均属此类。二是利用地区时间差和"人造"时间差。这种时间差对城市蔬菜供应十分重要，利用当地与邻近城市的时间差，生产城市急需的淡季菜。或者直接利用区域上的自然差异，或发展保护地栽培，人为地制造时间差。

以上两种类型的基本原理是，利用生物之间共生、互生和物质能量循环再生，使光、气、热、水、肥、土等自然资源和生物资源能被多层次、多梯度、集约、合理利用。

2. 从产业形式方面划分

这种划分方法一般是按传统农林牧副渔的分类方法来进行的，可以分为以下几种类型：

（1）种植型　利用庭院种植栽培蔬菜、水果、树木、花卉、中草药、食用菌等。这种类型的特点是投资少、见效快、技术简单、容易掌握，一般是一业为主、多种经营。既可美化环境，又可提高经济效益，是比较普遍的庭院经济类型。

（2）养殖型　利用农村庭院的特殊环境、农副产品资源和剩余劳动力发展养殖业，包括饲养猪、鸡、鸭、鹅、牛、羊等常规种类，也包括一些特殊的经济动物和经济昆虫。在多水地区，庭院可养鱼、鳖等水生生物。庭院养殖业见效快、收入高,而且牲畜排泄物集中投入农田,又可增加附加效益。

(3) 加工业型　利用庭院空间发展小型农副产品加工业,主要有粮食、油料、水果、畜产品及其副产物的加工、储藏保鲜和手工艺品、草编、柳编、皮毛、中草药、石料、小农具生产等,既可充分利用当地资源,又可实现加工增值。这种类型的生产只要把握住市场需求,保证产品质量,就可以取得较高的经济效益。

(4) 服务型　包括生活服务、技术服务、文化艺术服务和旅游服务四种类型。如小商店、小饭馆、小旅店、家庭托儿所、家庭理发室、电器修理部等。

3. 从经营方式方面划分

庭院经济的经营方式十分复杂,可以说是"万紫千红、各具芳姿"。要想进行比较详细的分类,是十分困难的,只能作粗略划分。

(1) 自产自销型　这是一种比较原始的、传统的经营方式,也是商品生产发展的起步形态。农户在庭院生产出的产品,自己运到市场销售,一般规模比较小,是庭院经济初级阶段的普遍经营方式。

(2) 定向营销型　即庭院经济生产的产品主要供应某一个或两个销售市场。生产目的性很强,只要这个市场需要,就可以持续取得稳定的效益。比如,供应大城市居民生活必需的副食品的庭院生产,同一些较大规模加工、出口企业建立产供销一条龙的庭院生产均属此类。

(3) 专业户经销型　分散的各家各户庭院经济产品,由专业户统一收购销售,形成了产销分离的格局,生产者可以专心生产,销售专业户则集中精力销售。有些农民还自发地组成了专业合作社,负责当地庭院经济主要产品的销售;还有的农民组成了"庭院经济协会(或研究会)",系统地为农户进行技术指导、信息提供、生产资料供应、产品销售的全程服务。这种发展形式应当成为我国庭院经济发展的方向。

(4) 厂户结合型　有些工厂将一些初级加工工序或简单产品生产转到农户,工厂提供技术、原料,由农户在庭院加工初级产品,工厂按价收购,进行精加工。

三、基本特点

庭院经济作为一种新型的农村经济形式,一定程度上反映了农民的科技水平、文化素质和价值取向。我国是一个农业大国,但农业现代化、专业化水平不十分发达,庭院经济的发展很适应我国社会主义初级阶段生产力发展水平,因此具有广泛的适应性和旺盛的生命力,在农村市场经济实践中,庭院经济这种经济行为有其自身的特点和优势。

(1) 适应范围广　庭院经济适应不同层次的生产力发展水平,也适应不同层次的生产经营规模的需要。它既可以沿用手工操作,也可以开展机械化作业;既可以利用先进的科学技术进行生产管理，也可以沿用传统的生产经营模式；既适应于沿海及平原地区，又适应于内陆及山区。

（2）经营灵活　庭院经济投资少、见效快、收益高，可以避开资金不足这一经济发展的制约因素。劳作地点在房前屋后不过十米，便于农户有效地利用剩余劳动力和剩余时间。由于经营规模一般较小，可以随市场变化及时调整经营方向和生产项目。

（3）以商品生产为目的　现阶段农户发展庭院经济的目的，已由传统型的自食自用为主转向商品生产的轨道，非自身生活必需品占据庭院经济产品的绝大多数。庭院经济的劳动投入量越来越大，商品生产率越来越高，对市场的针对性越来越强，产品种类、质量和上市时间紧跟市场需求。因此，庭院经济的发展促进了自然经济向商品经济的转化。

（4）科学化和集约化　在庭院这块"方寸之地"，人类和生物种群、种类高度密集。人类劳动尤其是采用新品种、推广新技术，使自然、环境、劳动力等资源得到深度利用，形成了庭院"小气候"，使庭院经济向着多层次利用土地、水面、空间、光能的立体经营方向发展，向着庭院生态良性循环方向发展。

（5）生态效益好　农户庭院相当于一个小的生态环境，无数座庭院连接起来，就构成了一个大的生态空间。建立合理的庭院生产结构，科学地布局生产，不仅可以充分利用资源和时空，还净化了空气，减少了污染，改善了环境，达到经济与生态的和谐统一。

（6）收入稳定和效益高　庭院经济是一种集约经济，不仅商品率高，而且投入产出率高。俗语讲"一亩园，十亩田"，意思是说一亩园田地收入相当于大田收入的十倍。这虽然是一种形象说法，但反映出了庭院收益与大田收益的较大差距。近年来，各地对庭院经济做了大量的对比调查，结果是每亩庭院收入相当于当地大田每亩收入的六倍左右。庭院经济不仅效益高，而且收入比较稳定。这是由于庭院生产有很多有利条件：地势平坦、水源充足，遇旱能灌、遇涝能排；周围有房屋、树木作屏障，受风、雨、雪、雹、霜、冻危害较小，增强了抵御自然灾害的能力，基本能达到旱涝保收。因此，庭院经济是稳定和改善人们生活质量的重要保障。

此外，庭院经济还具有生产工厂化、劳动密集型、发展长期性等特点。

第二节　庭院经济的地位和作用

庭院经济作为农村经济的一种经济形式，它的诞生和发展符合中国的国情。由于它具有较大的弹性，对整个农村经济发展不会产生副作用，相反，当它在"量"

的意义上达到一定突破时，将会推动整个农村经济的深入发展，并直接影响到整个农村的经济生活水平。因此，庭院经济在农村发展中有着特殊的地位和作用。

农村经济从广义上讲包括农林牧副渔及工商建运服十大产业，在这十大产业中，除了运输业外，其他九大产业都会有庭院经济的内容，尤其是牧业、副业和工、商、服务业以及农业中的种植业，非常适于庭院生产，是庭院经济的主体。

有专家认为，庭院经济同大田经济、乡镇企业共同构成我国农村经济的三大支柱。所谓大田经济，是指关系整个国民经济全局以及人民生活的主要农产品的生产，是农村经济的主体和基础。庭院经济和乡镇企业则是农村经济的两翼，后者体现了较高的生产力发展水平，指示了我国农村工业化的发展趋势，是在农村生产力水平线上突起的部分；而前者，则是现阶段生产力水平线上一般意义的体现，代表了生产力水平线上的大多数。大田经济和庭院经济、乡镇企业三者相辅相成，互为补充，互相促进。没有大田经济这个主体和基础，庭院经济和乡镇企业也就成了无源之水；而没有乡镇企业的发展为农村开辟一条工业化道路，没有庭院经济的发展为未来农村生产的社会化、专业化提供扎实的物质基础，也就不会有整个农村经济的迅猛发展。

按照农业现代化的发展目标，如果再考虑新增劳动力，就业难度很大。目前，农村每个劳动力每年有三分之一左右的剩余时间。这样庞大的一支劳动力队伍和这样富余的劳动时间，如果全部靠城市和农村第二、三产业消化，既不可能，也不现实。很显然，庭院经济就是一个新的就业门路。中国农村有千千万万个庭院，如果有二分之一的庭院能得到充分开发，每个庭院平均容纳一个劳动力，就可解决上百万个劳动力就业问题。因此，庭院经济的发展恰好符合中国农村劳动力多又分散经营这一基本国情。

第三节　庭院经济发展的途径及目标

目前，农村经济要登上新台阶，仅靠发展大田经济实现的难度很大，必须依靠乡镇企业和庭院经济的大力发展。发展庭院经济要比发展乡镇企业容易许多，而且，庭院经济的产品还可用来加工转化，支持乡镇企业的发展。因此，农村经济要再上新台阶，实现乡村振兴，庭院经济是个大的突破口。发展庭院经济主要有以下几条途径。

一、充分利用有利条件

一些地区发展庭院经济具备很多有利条件，大体归纳如下：

1. 资源较丰富

首先，有比较充足的土地资源。除靠近城市边沿的村屯外，绝大多数农户的庭院都比较大，这是发展庭院经济的基本条件。如果再加上园田地，深度开发利用的潜力是巨大的。其次，一些地区光照、积温、降水条件适宜。如果能充分利用，科学布局，可以常年开展生产活动。现阶段，很多农户大力发展大棚蔬菜、大棚养猪、小笼养禽，已经实现了一年四季不间断生产。再次，一些地区有丰富的森林、荆条、芦苇、水草等资源，还有玉米秸秆、稻草等副产品，可以大力发展庭院编织、食用菌栽培、草食畜禽养殖及小型加工业。

2. 发展基础较好

农村历来就有栽植"三园（小菜园、小果园、小药园）"、饲养"两群（鸡鸭群、猪羊群）"的传统习惯，多年来积累了丰富的实践经验。特别是农村改革以来，农业生产力得到解放，农民获得了生产经营自主权，他们在完成大田作业的同时，开始在庭院种菜栽果、养畜养禽、加工开店，庭院经济在一些农村已经形成了一定的规模，有了比较坚实的基础。

3. 涌现出了一大批庭院经济发展的带头人

农村中有无数的能工巧匠，有很多有胆有识的开拓者。在党的富民政策感召下，他们充分发挥聪明才智，大胆实践，艰苦创业，为发展庭院经济作出了表率，成为农民学习的榜样。先富起来的农民在资金、技术等方面的支持，使庭院经济发展步伐明显加快。各地的实践已经证明，庭院经济的某一个项目之所以能发展起来，除天时、地利等自然条件外，主要是由一个或几个带头人先发展起来，逐渐向周围辐射、扩散的结果。

4. 庭院经济的产品销路好

庭院生产都是集约生产，技术含量一般较高，产品的档次相对也较高。更重要的是，庭院生产商品，规模小、投资少、掉头也快，对市场的适应性很强。因此，庭院经济产品很少出现大批量积压和过剩。近几年，由于农村交通便利、物流速度快，有的地方已经形成了比较稳定的销售队伍，一些政府部门和工商企业，和农民签合同、建基地、包购包销等，这些都进一步拓宽了庭院经济产品的销售渠道。

二、因地制宜选择庭院经济项目

农村地域广阔，不仅区域间地形地貌、生活习俗不同，就是同一区域户与户之间生产生活的条件也有较大差异。发展庭院经济，要从现实出发，尊重客观条件，允许农户自己选择项目，绝不能违背现实，不顾客观条件"一刀切"。一个成功的庭院经济项目，一定是同农户的现实生产力水平相适应的，如果超越了农户自身的生产力水平，很难获得理想的经济效益。因此，庭院经济项目的选择，对每个农户来说都是十分关键的。怎样才能选准庭院经济项目？对农户来说，关键要掌握以下几条原则：

1. 要因地制宜

农户既要考虑庭院所处的地理位置，又要考虑庭院的自然环境条件。比如，城市郊区交通便利，利用庭院空隙地生产应季产品可以及时出卖，而且能卖上好价钱；远郊地区则更适宜生产耐储耐运、时限较为宽松的"长线产品"；平原区地势平坦、土质肥沃、光照充足，适宜发展种植业；山区地形复杂、气候冷凉，更适宜种药栽果，发展食用菌和其他土特产品。只有对所处条件有清晰的认识，才能扬长避短，发挥优势，选好适宜发展的项目。

2. 要面向市场

现在的庭院经济大部分是商品经济，要生产适销对路的产品，获得较高的经济效益，就必须掌握市场动态，研究消费者心理，学会"你需我有、你有我优"的经营策略。

面向市场组织生产，重要的是要抓住市场信息。"信息是个宝，还要用得巧"。市场信息千变万化，无时无刻不在产生和传递，要辨别出哪一条是真实可靠的信息，还需要做调查研究，进行科学预测和分析。对于广大农民来说，要获得可靠的信息不是一件容易的事情，这就需要各级政府部门、各级干部，特别是农业生产一线的组织者和指挥者，帮助他们搜集、分析、预测和传递信息，使农民少走弯路，避免不必要的损失。

3. 要依靠科学技术

商品经济的竞争是质量的竞争，质量体现了科技含量。科技含量高，产品质量就高，竞争力就强，反之亦然。庭院经济作为商品经济，必须把科学技术的应用放在首位。

除以上三条原则外，庭院经济项目在各业的选择方向列举如下。

① 种植业。重点发展保护地蔬菜、药用植物、果树苗木、食用菌、观赏花卉等。通过实施技术措施，采用先进工艺、设备，增加品种，提高产量、质量，均衡上市，保证常年供应。

② 畜牧业。重点发展暖棚养猪、笼养鸡、槽牛育肥、羽绒鹅以及名贵珍奇动物。

③ 加工业。重点发展农、林、牧业的主、副产品深加工。开办小粉坊、小豆腐坊，经营米面油加工、糕点加工、饲料加工、皮毛加工及草编、柳编等。

④ 服务业。重点发展方便居民生产生活的服务项目。如开办小修理厂、民俗村、小饭店、小旅馆、旅游景点、文化体育活动室、家庭托儿所等。

三、庭院经济发展的理想目标

庭院经济作为农村经济活动中的一种有效经济形式,有它独特的运行轨迹。它将根据自己的内在活力,自发调节与外部环境的适应程度,并随着社会经济的发展而不断完善提高。从目前已经表露出来的种种迹象和典型经验来看,今后庭院经济将从三个方面进行完善,并向更高层次发展。

从发展形式看,庭院经济的理想目标是企业化经营。随着社会主义市场经济的快速发展,庭院经济也会受到来自各个方面的挑战和冲击。要在激烈的竞争中求生存、求发展,在各种冲击中牢固地站稳市场,就必须改变落后、原始的生产方式,提高经营管理水平,也就必须以企业的面貌和合格的经济实体面貌出现。实行企业化经营的庭院经济,将以家庭农场、专业合作社、牧场、林场、工厂等面貌出现,是一种专业化、社会化程度较高的经济形式。

从发展内容看,庭院经济的理想目标是集约化经营。就是在一定的时间、空间和地域范围内,最大限度地投入资金、物资、劳动力和技术。

从发展特征看,庭院经济的理想目标是市场化经济。市场化的庭院经济,即是以市场调节为主的商品经济。从市场需求的角度讲,只有将庭院生产与市场机制融为一体,庭院经济才具有无比旺盛的生命力。市场化的庭院经济对从事生产活动的农民有两条最基本的要求,一是要有强烈的信息意识,要通过各种渠道广泛地了解市场,了解市场才能驾驭市场,适应变化;二是要有较高的决策素质,庭院经济由于分散生产,有相对的独立性,对决策有较高的质量要求,应尽量避免决策失误。因此,市场化的庭院经济要求农村不断地产生农民企业家,最终形成企业家阶层,从而使庭院经济发展产生质的飞跃。

总之,庭院经济是伴随农村改革不断深化而发展壮大的,必将对农村经济发展形成越来越强大的影响力和作用力,并对农村五个文明建设产生广泛而深远的影响。

第十二章 种植业技术经济管理

第一节 种植业技术经济研究概述

种植业生产是以农作物为生产对象，以农田为基本生产资料的物质生产部门，它的基本特征是能够蓄积和转化太阳能，利用太阳能形成初始有机物质。这是目前任何其他生产部门所不能代替的。所以种植业部门是农业的基础部门。没有种植业生产，畜牧业、渔业、农副产品加工业等都将失去发展的物质基础。此外，种植业生产的好坏还关系到人民生活和整个国民经济各部门的发展状况。因此，研究种植业生产中的技术经济问题具有现实和深远的意义。

一、基本特点

种植业技术经济，是从农业经济角度观察不同区域范围的农业增产的潜力和技术改造的方向，研究、比较不同的技术措施、技术方案和技术制度，在相同的自然条件下，对于增加农作物产量、改进农产品品质、节约劳动消耗和劳动占用等方面所起的作用，以便从中选优。这样可使现有的人力、物力和财力发挥最大的效能，产生最好的经济效果。

在研究种植业技术经济问题中，要充分注意以下特点。

1. 提高农作物光能利用率，是提高种植业经济效果的重要环节

农作物是农业生产的主体。因为作物产量的90%～95%是光合作用的产物，要获得较高的作物产量，最终表现在提高农作物对光能的利用和转化效率。据研究，植物光能利用效率在贫瘠荒凉地区仅为0.1%，在农田平均只有0.4%，在土地肥沃地区可达到1%～2%，在人工精心管理下的农田生态系统可达到6%～8%。

可见，农作物的增产潜力很大。所以，种植业技术经济研究的实质，就是从保持生态平衡，有利于物质和能量的输入与输出之间的正常交换关系出发，提出在等量劳动耗费条件下，采用能最大限度地蓄积太阳能，提高光能利用率，减少光合作用产物消耗的措施和方案，从而获得最佳经济效果。

2. 种植业是生物生产，技术方案和措施要与其相适应

在种植业生产过程中，人们的劳动和农作物的生长过程是结合在一起进行的，农业技术只有符合经济规律和自然规律，才能充分利用自然力，否则，即使投入很多劳动力和生产资料，也不会得到预期的经济效果。例如，不同作物或同一作物的不同品种，它们的生长期和成熟期各不相同，要求的环境条件也各异。而不同地区、不同土质和地势，以及不同的季节，又各自形成了一定的自然环境条件。人们如果掌握了农作物的生物学特性，善于运用其生理特点，因地制宜、合理安排，种植业生产便可以充分利用自然资源，获得增产增收的结果。

3. 土地是种植业不可代替的生产资料，是农作物充分利用太阳能和其他自然资源的物质基础

种植业技术经济效果的优劣，不仅取决于投入的人力、物力，还直接取决于地力。地力水平是决定产量高低的重要因素。一般情况下，种植业生产的技术经济效果与地力呈正相关。在进行种植业技术经济效果分析时，必须考虑地力因素的作用。由于土地资源有限，种植业生产不仅要因土种植，合理利用土地资源，而且要积极地用地养地，不断提高地力，这样才能使作物持续高产、稳产和大面积增产。

4. 种植业生产是露天作业，受自然影响较大，生产具有明显的不稳定性

由于气候、自然灾害以及农时季节时间限制等的影响，同量的劳动耗费将会获得不同的农作物产量，出现种植业技术经济效果不稳定的现象。因此，要掌握好农时季节，适时耕种，及时管收，还要因土种植、选择适合的品种，与保护地栽培等相配合，争取季节丰收，连年增产稳产，获得较好的经济效果。

种植业生产还具有茬口连续性、季节性及生产周期长等特点。因此，衡量一项技术措施是否合理，不仅要考虑本生产周期的经济效果，还要考虑是否有利于提高多个周期和大面积的总产量和总收益。

种植业的季节性对经济效果有一定限制，因为它严重地限制了各种生产资料的使用效率。如各种农业机械设备需常年配备，资金占用量大，而且使用时间有限。据调查，一些农村的收割机的年工作时间只有15～20天，各种机播农具、耕耙农具使用时间也短，这势必影响经济效果。施用同样的化肥，由于施后的天气变化不同，施肥效果也将有明显差异。尽管这样，仍有不少技术措施

和方案可以减少季节性对经济效果的不利影响，这也正是技术经济研究所要解决的一个问题。

二、主要内容

种植业技术经济研究的内容十分丰富，主要有以下几个方面。

1. 作物布局和耕作制度的经济评价与方案选优

这类研究往往具有综合性，目的是充分利用种植业资源。对土地资源、生物资源、品种资源以及水、光、热等自然资源的开发利用，通过技术经济分析、计量、论证，就可为合理布局、建立最佳生产结构和种植制度提供依据或选择出最优实施方案。

2. 种植业生产中各种生产因素的组合和最佳投入量的研究

通过这种研究，要掌握在特定的自然条件下各种生产因素合理配合的规律，确定最合适的生产技术体系。通过揭示生产因素之间的相互配合关系，研究资源的互相替代规律，从而确定各种生产因素的最佳投入量和配合方式。例如，确定最佳的肥料投入水平，氮、磷、钾肥料的最佳配合比例等。

3. 种植业中各项技术措施、方案的经济效果评价

在种植业的生产过程中需要实施许多技术措施，每项技术措施往往有若干可供选择的方案，如施肥可有不同的施肥技术和方案，灌溉可有漫灌、沟灌、喷灌、滴灌等不同的方案。对各种技术措施进行经济效果评价，可帮助选择较佳的技术方案，同时还能够为技术措施和方案的综合评价和选优提供依据。

4. 研究评价种植业中推广应用新技术、新成果的经济效果

农业科学技术发展很快，种植业中推广应用的新技术、新成果也很多，如新良种、新的栽培方法、新的耕作技术等等。通过研究评价，确定新成果推广应用所需具备的条件，计算推广应用后的经济效果，既可为向农民推荐新技术成果提供依据，又可为确定科研方向，制订技术推广政策提供依据。

三、评价指标

种植业经济效果的一些主要指标，如纯收益、劳动生产率或净产率、成本产值率或斤成本纯收益率、资金产值率、资金纯收益率等指标，都是种植业技术经济效果评价时经常要用到的。

由于土地是种植业生产不可替代的生产资料，加上我国地少人多，增加农产品总量主要靠提高土地生产率。因此，土地生产率指标在种植业技术经济评价中

占有极重要的地位。土地生产率指标与经济效果指标结合在一起使用，就能体现我国种植业生产经济目标的要求，保证使评价选用的技术促进增产增收。

种植业的土地生产率，目前应以单位面积（播种面积、耕地面积）的主产品产量为主要指标，应用这一评价指标，对提高农作物特别是粮食作物的单产量和总产量有着重大的现实意义。当然，土地生产率高，而经济效果不佳的技术方案和措施也是不可取的。因此，在评价中应把土地生产率指标同经济效果指标结合应用，综合考虑。

此外，土地利用率指标可以综合反映农业技术因素起作用的广度和深度。如耕地面积同播种面积的比较，即复种指数，可以反映耕地利用的广度和深度；粮食作物耕地面积和经济作物耕地面积比较，可以反映粮食和经济作物的土地利用的比重情况；粮食作物耕地面积与其他绿肥、豆科牧草面积比较，可以反映出种植业与畜牧业的比重。对土地利用的情况，还可以用宜用土地面积与已用土地面积的比重来表示土地利用的广度；用耕地的土地肥力程度来表示土地利用的深度等。

第二节　作物布局与耕作制度的经济效果评价

一、作物布局的经济效果评价

作物布局是指农作物在土地空间上的分布和各种农作物的构成，它是根据国民经济有计划、按比例发展规律的要求和地区自然、经济条件所提供的可能性，并按照作物自身生长发育的生物学规律来确定的。简单地说，作物布局就是合理地确定各地区作物种植的发展方向、比例关系和耕作制度，其目的是在有限的土地上，充分利用各种自然资源，以最少的人力、物力和财力，取得最多、最好的满足社会需要的农产品。作物布局是整个农业布局的核心，是一项战略性的措施，是农业现代化建设中发挥地区优势、实行区域化和专业化生产的重要依据。因此，对作物布局进行技术经济分析和论证，确定合理的作物布局和结构，是一个十分重要的课题。

作物布局受自然、技术、经济多种条件和因素的影响与制约，它的形成和实现又与生产关系、上层建筑以及管理体制等有着密切的联系，而且农作物布局又是在有限的耕地上进行的。因此，在一定时期、一定地区或农业生产单位，种什么作物、各种多少才能够取得最大的经济效果，并且能够获得各种作物的高产、稳产，是一项十分复杂的综合性工作。

为了确定作物的合理布局，在进行作物布局技术经济分析和论证时，要掌握以下一些原则。

1. 要因地制宜

作物布局要适应商品生产的发展，进行区域化、专业化生产作物。各地农业自然资源和经济条件有很大差别，不同作物有不同的生物学特性，并要求不同的生活环境条件。因此，只有因地制宜地栽培作物，充分发挥各地的优势，才有可能使各地区、各生产单位生产出最适于本地区本单位的优良产品，使作物布局结构达到最优化。在因地制宜的前提下，适应商品生产和专业户、重点户、新的经济联合体即"两户一体"的发展，进行区域化、专业化生产。这样不仅可以有效地改善局部的经济效果，而且还可以大大提高整个社会的宏观经济效果。

2. 要养地和用地相结合

根据不同地区的自然特点、社会经济条件和当前生产力发展水平，综合考虑各个时期各种耗地作物和养地作物的发展需要，并把它们安排到最适宜的种植区域、种植季节和耕作制度中去，以便在有限的土地和其他生产因素上，获得最大的农作物产量和经济效果，充分发挥土地用养结合的增产潜力。

3. 要从全局利益出发

作物布局的确定，关系到农业生产发展的长远规划，关系到正确解决农牧结合、农林结合、农林牧全面发展的问题。而且，现有的作物布局结构是农业生产中长期发展的结果。因此，确定合理的作物布局在实际中只是作物布局的合理调整。作物布局的调整要从全局利益出发，在整体结构合理的前提下，调整好局部结构。既要全面完成国家计划任务，又要兼顾集体和农民的利益；既要保证当年的增产，又要保证连年增产增收。同时，还要有利于农用地的经营管理、非农用地的开发利用，以及提高生态效益。

4. 作物布局的合理性是相对的

作物布局结构是否合理，是因地、因时而言的，只能是相对合理，一成不变的最优结构是不存在的。因此，农作物布局和结构的调整应该是个不断变化的过程。一方面，不同地区自然、经济条件的差别决定了布局和结构的差异；另一方面，随着我国农业由自给自足的自然经济向商品经济的转化，由传统农业向现代农业的转化，农业生产商品化程度在不断提高，农村工商业在不断发展，劳动力在逐步向农业外转移，这些社会经济条件对作物布局和农业生产结构都会有影响。所以，评价作物布局是否合理，必须针对一定地区、一定时期的客观条件分析论证，不能照搬外地经验。同时，要在农业生产实践中不断地加以修改、补充和完善。

对作物布局的分析论证和调整，通常采用以下两种基本方法。

（1）典型调查法　通过多地多年的实际调查，或利用现有的统计、会计报表资料，确定经济参数，运用数学和统计学的方法加以计算、对比和分析，进而制订或调整作物布局方案，达到因地制宜、适当集中，获得更好的经济效果，这就是典型调查法的运用过程和目的。

例如，北方主要产粮区，经过典型调查和技术经济分析以后确认，适当扩大水稻的比重是种植业内部合理调整结构的关键，这一措施有利于提高全年粮食总产量和经济效果。其依据是：①随着农田水利的发展，扩大水稻面积对春旱秋涝这一不利自然条件是趋利避害的有效措施，它可以提高种植业生产的稳定性；②由于水、肥条件的改善，扩大小麦种植是增加粮食总产量的重要措施；③有利于机械作业，提高农机、农艺相互适应的程度；④可以充分发挥水稻高产栽培技术体系的作用，促进农民增产增收。所以，运用典型调查法进行作物布局的技术经济分析，有利于正确确定作物的合理结构。

（2）线性规划法　作物布局的技术经济效果分析研究中，涉及的变量（各种作物在不同地域内的种植面积）很多，约束条件也很多，这类问题最适合采用线性规划法去求解。因此，在研究作物的同时，常应用线性规划法。运用线性规划法，可以在现有生产因素拥有量和国家任务的约束下对作物布局进行合理调整和规划，可使预期目标达到最佳。

二、耕作制度的经济效果评价

1. 耕作制度的形成与发展

耕作制度是人们栽培作物所采取的用地与养地相结合的耕种制度。它是以种植制度为中心，结合相应的土壤耕作、施肥、灌溉、排水、杂草和病虫害的防除以及其他田间管理等的一整套综合农业技术措施。

作物种植制度是其他各项农业技术措施实施的基础，包括轮作、复种和间作、套种等多种方式。当种植制度发生变化时，土壤耕作、施肥、灌溉等农业技术措施也将发生变化；当农业技术措施发生重大改变时，又将促进种植制度发生变化，从而使整个耕作制度发生改变，形成新的耕作制度。耕作制度的形成，不仅受当地自然条件、社会经济条件的影响，也与农业政策密切相关，但归根到底取决于科学技术的发展水平和社会生产力发展状况。在原始社会，生产力水平低下、生产工具简陋、耕作粗放，人类利用荒地的自然肥力种植作物。这种利用生荒地的自然肥力种植作物的制度，叫作生荒耕作制。随着科学与社会生产力的发展，生产技术与生产工具的不断更新，人类控制与改造、利用自然的能力增强，新的耕作制度不断出现，并代替了旧的耕作制度。历史上，生荒耕作制后，相继出现了熟荒耕作制、休闲耕作制、绿肥耕作制、轮作耕作制和复种耕作制等多种耕作制度。

从耕作制度的发展历史可知，耕作制度的演变，总是围绕提高和恢复土地肥力这个中心进行的。每次改革都在不同程度上提高了养地的作用。当今耕作制度的突出特点在于强调用地与养地相结合，保持养分平衡，不断提高地力。因此，评价耕作制度的经济效果，必须以不断提高土地肥力，维护与改善生态环境为前提条件。

2. 轮作制的技术经济效果分析

耕作制度的经济效果评价，内容十分丰富。由于耕作制度牵涉面大，评价时常采用综合评分方法。在此选用了五个指标：亩年产量、亩用工、斤成本、亩纯收益和土壤肥力递减度。分别表明五个方面的要求：高产、低耗、省工、增收和提高地力。

轮作又称换茬、倒茬、轮种等，它是在同一块土地上按照一定的顺序，在一定年限内，逐年按周期轮换种植不同作物。这个周期相对稳定下来，就形成了轮作制度。由于我国地域辽阔，各地的自然、经济条件不同，作物品种繁多，因此轮作方式因地而异，但是轮作的作用和目的都是一致的。轮作实现了用地养地结合，有利于防治和减少病虫害、提高产量。轮作是否合理和能够增产，关键在于换好茬、安排好作物种植顺序。

下面举例对不同轮作方式的技术经济效果进行分析。表 12-1 是东北某地区轮作换茬进行试验后得到的试验数据。可以看出，轮作换茬比连作重茬亩产高，而且不同的前作对后作产量的影响也不同，这就为采用最佳的轮作方式提供了各种可选择的方案。

表 12-1　不同前作对后作产量的影响

前茬作物	小麦		大豆		谷子	
	亩产/公斤	亩产占连作亩产的比例/%	亩产/公斤	亩产占连作亩产的比例/%	亩产/公斤	亩产占连作亩产的比例/%
大豆	171.9	12.3	92.3	100.0	215.9	163.7
玉米	155.5	111.5	127.8	137.7	182.8	138.8
高粱	154.3	110.6	117.2	126.4	137.5	104.4
谷子	125.4	89.9	127.0	136.9	131.7	100.0
小麦	139.5	100.0	124.5	134.2	198.7	150.8

若该地区种植小麦、大豆、谷子三种作物全部采用连作，即每块地每年都是种小麦、大豆或谷子，则每亩产量分别为 139.5 公斤、92.8 公斤、131.7 公斤。如

果每公斤小麦、大豆、谷子的价格分别为 3.0 元、5.6 元、4.0 元,那亩产值分别为 418.5 元、519.7 元、526.8 元,平均亩产值为 488.3 元。

若采用"麦—谷—豆—麦"的轮作方式,则小麦每亩产量为 171.9 公斤,谷子和大豆的亩产量分别为 198.7 公斤、127.0 公斤,这样,亩产值分别为 515.7 元、794.8 元、711.2 元,平均亩产值为 673.9 元。

若采用"麦—豆—谷"的轮作方式,则小麦、大豆、谷子的亩产量分别为 125.4 公斤、124.5 公斤、215.9 公斤,亩产值分别为 376.2 元、697.2 元、863.6 元,平均亩产值为 645.7 元。

通过上述分析可知,采用合理的轮作是提高产量和经济效果的有效途径。根据试验资料和经济效果分析,再结合市场价格和劳动力以及生产资料的供应情况,就可确定最适合当地的轮作方式。

评价轮作制经济效果的指标是多方面的,如果需要还可以用亩净产值、亩纯收益或成本产值率等指标进行分析评价。一般情况下,在计算、比较轮作制的经济效果时,还应将副产品的产值计算在内。

3. 复种多熟制的技术经济效果分析

复种多熟制是我国农业生产传统的耕作制度。其基本特征是通过充分利用空间和时间,提高土地及其他生产因素的利用率和更多地积蓄太阳能,以达到提高作物产量的目的。在地少人多地区,它是解决农产品不足的有效途径。随着科学技术水平的提高,复种指数也在不断提高,它对解决我国粮食问题起了很大作用。但是,复种指数的提高,必须要有相应的光、热、水、肥条件,以及良种和合适的作物品种组合,还要求有一定的劳动力资源及相应的耕作栽培技术等相配合,才能发挥复种多熟制的优势。因此,量力而行,特别是和土地的肥力相协调,应是实行复种多熟制的指导思想。否则,不仅地力遭到掠夺破坏,而且可能成本高,高产不增收,经济效果差。

下面举例对某地三熟制与二熟制的技术经济效果进行分析。表 12-2 是某地两种复种多熟制投入产出的调查数据汇总表,一种是一年种三熟即"大麦—前季稻—后季稻",另一种是一年种二熟即"小麦—单季稻"。

首先计算两种熟制的每亩耕地的粮食总产量。在"大麦—前季稻—后季稻"的三熟制中,要留出 10% 的大麦田作前季稻的秧田,还要留出 15% 的前季稻田作后季稻的秧田,因此,对大麦和前季稻的产量要分别打 10% 和 15% 的折扣。在"小麦—单季稻"的二熟制中,也要留出 10% 的小麦田作单季稻的秧田。因此,在计算全年耕地亩产时要对小麦产量打个 10% 的折扣。这样,三熟制的全年亩产量为:

$$237.1 \times 0.90 + 369.0 \times 0.85 + 332.1 = 859.1（公斤）$$

表 12-2　两种复种多熟制每亩投入产出数据

项目	三熟制			二熟制	
	大麦	前季稻	后季稻	小麦	单季稻
主产品产量/公斤	237.1	369.0	332.1	256.9	475.7
副产品产值/元	102.80	150.00	132.80	113.00	190.00
用工/工日	12.1	18.4	15.6	13.4	18.1
物质费用/元	24.90	36.68	33.43	36.58	41.45
其中：					
种子费	3.88	4.45	4.74	5.42	4.35
肥料费	15.36	18.20	15.82	21.75	20.47
农药费	0.15	2.29	2.15	0.97	2.63
机械作业费	1.05	2.76	1.94	2.87	3.15
排灌作业费	0.43	3.93	4.05	0.46	4.17
畜力作业费	1.03	0.75	0.73	1.01	1.49
其他	3.00	4.30	4.00	4.10	5.19

二熟制的全年亩产量为：

$$256.9 \times 0.90 + 475.7 = 706.9 \text{（公斤）}$$

三熟制的亩产量比二熟制的增加 152.2 公斤。（实际上没有增产这么多，因为多种一季水稻还需增加 10 多公斤水稻种子。此外，前季稻谷的出米率很低。这些情况在评价时都要加以考虑。）

接着计算产值，在计算亩产值和成本时，同样要打折扣。设各种主产品的价格为：大麦 3.00 元/公斤，小麦 3.80 元/公斤，前季稻谷 2.50 元/公斤，后季稻谷和单季稻谷都为 2.90 元/公斤。这样，三熟制全年的主副产品的亩产值为：

$$(237.1 \times 3.00 + 102.80) \times 0.90 + (369.0 \times 2.50 + 150.00) \times 0.85 +$$
$$(332.1 \times 2.90 + 132.80) = 2740.20 \text{（元）}$$

二熟制全年主副产品的亩产值为：

$$(256.9 \times 3.80 + 113.00) \times 0.90 + (475.7 \times 2.90 + 190.00) = 2548.80 \text{（元）}$$

最后计算人工费用和物质费用，设每工日值为 20.00 元，则有：

三熟制的亩用工费用 $= (12.1 \times 0.90 + 18.4 \times 0.85 + 15.6) \times 20.00 = 842.60$（元）

三熟制的亩物质费用 $= 24.90 \times 0.90 + 36.68 \times 0.85 + 33.43 = 87.02$（元）

二熟制的亩用工费用 $= (13.4 \times 0.90 + 18.1) \times 20.00 = 603.20$（元）

二熟制的亩物质费用 $= 36.58 \times 0.90 + 41.45 = 74.37$（元）

表 12-3 是以上计算结果的汇总，而且除亩产量外，还计算了亩纯收益、成本纯收益率和劳动净产率等指标。可以看出，三熟制的亩产量高于二熟制的亩产量，每亩增产 152.2 公斤。但是，三熟制用工多，物质投入多，比二熟制每亩

增加投入 252.05 元，使每亩纯收益比二熟制少 60.65 元，成本纯收益率比二熟制低 29.35%〔(1.95-2.76)÷2.76×100%〕，劳动净产率每工日比二熟制低 18.95 元，经济效果较差。另外还可以看到，在亩净产值指标上，三熟制很接近二熟制，这表明，在人多地少、劳动力有剩余的地区，种植适当比例的三熟制还是可取的。

表 12-3　两种复种多熟制的技术经济效果比较

指标	三熟制	二熟制
亩产量/公斤	859.1	706.9
亩产值/元	2740.20	2548.80
亩用工/工日	42.1	30.2
亩用工费用/元	842.60	603.20
亩物质费用/元	87.02	74.37
亩成本/元	929.62	677.57
亩净产值/元	1810.58	1871.23
亩纯收益/元	1810.58	1871.23
成本纯收益率	1.95	2.76
劳动净产率/（元/工日）	43.01	61.96

第三节　肥料利用技术经济

一、肥料利用技术经济研究的内容

增施肥料，不断培肥地力，是农作物高产稳产的重要物质基础。在农作物生产的物质费用中，肥料成本往往要占到 50%左右。据估计，在中低产地区增施化肥和改进施肥方法，在农作物增产中的作用要占到 40%左右。因此，分析研究肥料利用的技术经济问题，提高肥料的利用效率，对增加作物产量，降低单位产品成本有着重大的现实意义。

肥料作为农业生产的重要生产资料，在生产使用上有比较复杂的特性，这些特性与肥料利用的技术经济效果密切相关。具体特性有：

① 肥料的种类和品种繁多，它们的增产效果和价格各不相同。因此必须进行技术经济评价，合理使用，才能获得预期的经济效果。

② 肥料的积、制、运、施是各种农活中耗费劳动量最多的。据调查，一般农家肥用工占农业总用工的 20%～30%。因此这方面劳动节约的潜力很大。

③ 施肥增产效果与土地状况有密切关系。不同土壤中的营养成分与含量是

不同的，必须因土施肥，适度施肥，否则不能达到最佳的经济效果。

④ 施肥增产效果同施肥技术方法密切有关。同样品种和数量的肥料，常因不同的施肥方法而产生明显的增产效果差异。

根据这些特性，肥料利用技术经济主要研究以下四方面内容：

① 研究肥料的最佳投入量，使既增产又增收。
② 开展测土配方施肥，获取最佳施肥效果。
③ 研究不同肥料之间的最佳配合比例，充分发挥肥料的增产作用。
④ 分析评价各种肥料施用技术的技术经济效果，确定本地区各种土壤和各种作物的各种最佳施肥技术措施。

二、肥料的最佳投放量

实践证明，在一定条件下和一定范围内，增施肥料，增产显著；但超过一定范围便不增产，或者虽然增产，但追加单位肥料的增产量随肥料的增加而递减，出现肥料的边际报酬递减现象。这种边际报酬递减现象在作物高产田上尤为明显。因此，不论从技术效果还是从经济效果上看，确定作物最适施肥量都是非常必要的。

作物施肥量的最适值是因地、因时、因作物而异的，而且受多种因素制约，变动很大。因此，精确地确定施肥量是一个十分复杂的问题。但是在一定条件下，根据已定的经济目标，确定一个接近最佳值的施肥量还是可以做到的。目前，我国通常采用的方法有：经验定肥法、分组统计定肥法、以产定肥法、边际分析定肥法和测土配方施肥法。

1. 经验定肥法

在一个自然条件基本相同的地区内，可按高产试验田、丰产田和一般田进行分类，根据各类田的施肥经验，确定施肥量的多少。这是最简单的定肥法。由于经验数据比较粗略，这种定肥法误差较大。

2. 分组统计定肥法

利用历年或多地的实际资料，把施肥量与作物产量的关系进行分组统计，从中确定施肥量的最适值。这一方法比经验定肥法准确。但由于是利用过去的资料，而土壤肥力在不断变化，因此在许多情况下还需要进行补充分析和调整。

3. 以产定肥法

根据作物营养需要的理论，一定产量的作物就需要一定的肥料，即氮、磷、钾三要素的供给量。农学家们将会提供这方面的数据，如水稻的亩产达到500公斤时，需要25公斤纯氮，根据作物产量的需肥标准，再参考地力情况和肥料的利用效率，就可计算出每亩的最佳施肥量。具体可按下式计算：

$$氮肥施用量 = \frac{N - N_1 - N_2}{所施肥料中N的含量 \times 利用率}$$

$$磷肥施用量 = \frac{P - P_1 - P_2}{所施肥料中P的含量 \times 利用率}$$

$$钾肥施用量 = \frac{K - K_1 - K_2}{所施肥料中K的含量 \times 利用率}$$

式中，N、P、K 分别是所设计作物产量所需的氮、磷、钾的量；N_1、P_1、K_1 分别是土壤中可供给当季作物的氮、磷、钾的量，可通过对不同块的土壤进行取样化验确定；N_2、P_2、K_2 分别是有机肥供给当季作物的氮、磷、钾的量。可根据拥有的有机肥的量及氮、磷、钾三要素含量参数、利用率确定施肥量。

4．边际分析定肥法

利用田间施肥试验资料，得到肥料与产量的投入产出关系，然后运用边际价值平衡原理，确定肥料施用量的最适值。

5．测土配方施肥法

测土配方施肥是目前最科学的施肥方法。目前主要通过人工测地取土，通过测试仪器测出土壤中的养分含量，根据土壤中养分含量来算出对土壤上种的作物需补充施用什么肥料，施多少。

三、氮、磷、钾肥料的最佳配合

氮、磷、钾肥料对促进作物生长发育各有其不同的作用，必须合理配合施用，才能相互促进，充分发挥作用。生产实践表明，如果氮肥施用过多，钾肥施用过少，就会造成作物叶片徒长，籽粒产量下降。试验表明，氮、磷、钾肥配合使用，既能促进氮肥的增产作用，又能促进磷、钾肥的增产作用。单施氮肥，氮的利用率只有34%；单施磷肥，磷的利用率只有21%；氮、磷肥配合使用，氮的利用率达74%，磷的利用率达54%。所以，氮、磷、钾肥需配合使用且比例必须配合适当，这样才能改善施肥的经济效果。

氮、磷、钾肥的最佳配合比例是因地、因时而异的，一定要经过试验，才能找到当地最合适的肥料比例。

例如，中国农业科学院土壤肥料研究所在黑龙江省八五三农场和友谊农场进行了氮肥、磷肥配合施用的试验，结果表明，在八五三农场：当不施肥时，小麦产量为185.6公斤/亩；当不施氮肥，只施 8.6 公斤 P_2O_3 磷肥时，亩产达 252.4 公斤，比不施肥增产 66.8 公斤，增加产值 24.05 元，扣除施用磷肥的成本 6.86 元，增加纯收益 17.19 元。其他施肥方案都没有这个方案好，这个结果符合八五三农场的情况。该农场土壤有机质含量高，达 6.6%，每百克土壤的速效氮高达 5.79 毫克，而有效磷只有 1.61 毫克。因此，施用磷肥是增产增收的有效措施，而在短期内不施氮肥对产量没有大的影响，反而能降低成本，改善经济效果。在友谊农场：对试验结果的分析表明，每亩施用 4.4 公斤氮和 2.9 公斤 P_2O_5 磷肥时，有最好的施肥经济效果。这时小麦亩产达 183.5 公斤，比不施肥增产 37.4 公斤，增加纯收益 6.98 元。其他施肥方案都没有这个方案好，这个结果也符合友谊农场的土壤状况。该农场土壤中有机质含量只有 3.3%，是八五三农场的一半，速效氮含量低，每百克土壤只有 3.91 毫克，而有效磷却高达 6.17 毫克，比八五三农场高出许多。因此，友谊农场在施肥中，首先要增施氮肥，再配合施适量的磷肥。

四、施肥方法与经济效果

合理的施肥方法是改善肥料经济效果的重要环节。任何施肥方法，都应根据土壤情况、气候条件以及作物特点去考虑确定，才能获得好的经济效果。

有机肥料与无机肥料配合施用，是施肥的重要原则。施用有机肥料不仅能给作物提供各种营养物质，而且能增加土壤有机质，改善土壤理化性状。无机肥料具有营养成分含量高、肥效作用快的优点，合理施用不仅能及时供给作物速效肥料，而且能促进土壤有机质的分解，但若施用不当，或单一长期施用，则会产生副作用，破坏土壤结构。因此，无机肥料必须与有机肥料配合施用。

肥料的施用时间和节约施肥用工，同提高经济效果有直接关系。同量的肥料能否取得最大的技术经济效果，取决于施肥期是否符合作物产量增加的规律，以及是否节约用工量。比如北方的小麦高产田，在施用有机肥和种肥的基础上，根据气温、墒情、苗情和土壤，恰当地确定追肥期，取得了大面积高产稳产的成绩，还降低了成本。在现代化农业生产条件下，由于长效、高效复合化肥品种的发展和使用，国外不少农场改分期施肥为播前或播时一次集中施肥。这样既不影响肥效，又可减少机械作业费和能源耗费，还可节约施肥用工，取得了显著的技术经济效果。

在田间具体施用肥料时，采用的技术和方法是否得当，同样会影响技术经济效果。据试验，碳铵撒施的肥效只有 29%，基肥深施的肥效可达 52%，追肥深施的肥效可达 54%。

化肥施用的经济效果还与其他农艺措施之间存在着相互制约、相互促进的关系。如为水稻分次施肥，在等量用肥的条件下，株行距规格不同，产量也不同，又如，在地力水平较高，肥料又较充裕的情况下，就应该选用高产耐肥品种。

第四节　传统技术及农艺新技术的经济效果评价

一、作物良种的技术经济效果

种子是种植业的基本生产资料。选用适应当地环境条件的优良品种，不但能够充分发挥土、肥、水、光、热等自然资源条件的增产作用，而且能增强对不良影响因素的抵抗能力。实践表明，优良品种有非常显著的增产作用，能够极大地提高种植业生产的经济效果。

良种的增产效果明显，而且采用良种所增加的成本不多。但是，在良种利用中仍有许多技术经济问题需要认识和解决，否则会影响良种技术经济效果的发挥。

首先，要选用适合本地区的优良品种。良种的地域性很强，在外地增产的良种，在本地区不一定增产。因此，在引进良种时，要经过小面积试种阶段，确实证明适合本地区后再大面积推广。另外，良种要和当地条件相适应。如有的高产品种增产增收潜力很大，但生长期较长，会影响下季作物的生长和产量，如果没有相应的生长期较短的品种同它配套，那么就不宜选用这种高产品种。又如，有的作物品种在地力水平高的田块上有很高的产量，但在瘠薄土地上种植时效果就不明显，甚至还不如原用的当地品种。

其次，要做到良种良法。优良品种往往有一定的栽培要求，在推广良种时一定要同时采用与它配套的栽培措施，这样才能充分发挥出良种的增产增收作用。

最后，要保证良种的纯度，防止退化和混杂，这是保证良种有持续较好的技术经济效果的重要环节。

二、栽培技术的经济效果评价

在种植业生产中采用先进的栽培技术，是提高经济效果的重要手段。据估计，推广先进适用的栽培技术措施约增产10%～20%。如采用小麦叶龄促控栽培技术，一般可增产10%左右，并可省浇第一、二遍水。又如塑料薄膜覆盖技术在粮食、棉花、油料、蔬菜等多种作物上推广应用，普遍显著增产。地膜覆盖甜菜，每亩块根产量可提高10%～15%，提早成熟5～20天，每亩产值增加30%～40%。地膜覆盖蔬菜，可提早成熟5～20天，每亩产值可增加30%～40%。

一项栽培技术措施的新增经济收益，可能是来自其增产作用，也可能来自其减少成本的作用。且更多的是既增产又增加投入，但增加的收益大于增加的费用，产生了正的相对经济效果。下面举地膜覆盖栽培花生的例子，来说明这种相对经济效果的计算方法。

例,花生地膜覆盖栽培技术的经济效果分析:

河北省唐山地区从 1980 年起开始引进花生人工地膜覆盖新技术,并进行多点对比试验,三年累计试验面积 2649 亩,平均亩产达到 297.8 公斤,而在相同条件下作为对照的露地花生的平均单位仅为 170.4 公斤,前者比后者增产 127.4 公斤,而且,由于地膜花生长势旺,副产品花生秧的产量也很高,每亩达 600 公斤,比露地花生秧多收 250 公斤。1983 年,该地区推广地膜盖花生 7 万多亩,单产比全地区花生平均单产增产 136.8 公斤。因此,用对比试验的单产增量 127.4 公斤来计算,新增收益比较符合该地区的实际情况。增产部分中,主产品花生果按国家加价收购价格 1 元/公斤计算,副产品花生秧按每公斤 0.04 元计算,这样,采用人工地膜覆盖技术栽培花生比原用露地栽培技术的每亩新增收益为 93.8 元。

主产品的新增收益=127.4 公斤/亩×1 元/公斤=127.4 元/亩

副产品的新增收益=250 公斤/亩×0.04 元/公斤=10 元/亩

新增收益合计=127.4−10=137.4(元/亩)

下面计算每亩新增生产费用。人工地膜覆盖种植花生比露地种植花生一方面要增加塑料薄膜、除草剂等物质费用和人工铺膜等作业用工,另一方面又能减少某些作业用工,两者之差就是新增生产费用。

增加的生产费用:

① 塑料薄膜	10 公斤/亩×3.90 元/公斤	=39 元/亩
② 除草剂	0.15 公斤/亩×6.66 元/公斤	=1 元/亩
③ 人工铺膜	4 工日/亩×2 元/工日	=8 元/亩
④ 扎孔点种花生	1.5 工日/亩×2 元/工日	=3 元/亩
⑤ 付技术指导费		1 元/亩
小计		52 元/亩

减少的生产费用:

① 露地点种花生	0.2 工日/亩×2 元/工日	=0.4 元/亩
② 中耕培土(1 牲畜套具 1 天 5 亩 10 元)		2 元/亩
③ 清棵	2 工日/亩×2 元/工日	=4 元/亩
④ 中耕除草(二遍)	1 日/亩×2 元/工日	=2 元/亩
小计		8.4 元/亩
新增生产费用合计	52−8.4=43.6(元/亩)	

露地花生需要中耕培土和除草,而且由于北方春季风沙较大,在花生苗以后,其第一对枝叶常被埋在土里,需要进行清棵作业,用人工把土扒开,使枝叶露出地面。而用地膜覆盖种植的花生,其根在膜内,枝叶在膜外,土刮不起来,杂草

也长不出来，这就省去了露地种植花生所必不可少的这几种农活。

有了新增收益和新增生产费用，人工地膜覆盖栽培技术不需新增基本建设费用，就很容易计算出该项技术的经济效果：新增纯收益=137.4-43.6=93.8（元/亩）。

这些计算结果表明，农民采用人工地膜覆盖技术栽培花生，每亩将比露地种植花生增加 93.8 元纯收益，农民每投入 1 元新增生产费用将能增值 2.15 元，相对经济效果很高。

三、灌溉技术的经济效果分析

水是农业的命脉。合理灌溉是取得良好经济效果的重要措施，特别是在干旱缺水地区，采用先进的灌溉技术，提高灌溉水的利用率，有着更为重要的意义。

喷灌和滴灌的灌溉技术，较之地面渠灌，不仅节水，而且更利于作物生长，促进增产。试验结果表明，采用滴灌技术，每亩用水量只及地面灌溉的 40%～50%。但是，喷灌和滴灌需要建水源工程和购买机器，即需要一笔投资费用。因此，是否采用这两种灌溉技术，还需要进行经济效果分析。

现以吉林省通榆县农夫大田农作物种植专业合作社在通榆县向海乡向海村实施的基于农业生产社会化服务技术集成项目为例，来说明这类问题的经济效果分析方法。向海村十年九旱，土壤贫瘠，农作物产量很低，玉米常年亩产 533 公斤左右。2021 年该合作社与中国中化集团、中粮集团、吉林农担等企业开展"社企对接"，重点试验"水肥一体化膜下滴灌"技术，试验面积 2700 亩，玉米平均亩产 830 公斤，比常年亩产增产 297 公斤，每亩新增纯收益 193.33 元。这样，2700 亩滴灌试验田平均每年增加纯收益 52.2 万元。

为推广水肥一体化膜下滴灌技术，该合作社开展高标准农田建设，打井上电，购置滴灌设备，总投资 180 万元。此外，每年还需支出经常性的费用，即年运维费用，包括折旧、大修、维修费用和管理费、电费、工资等费用，共计 11 万元。现应用静态分析指标，计算投资回收期和投资效果系数，来分析该村采用水肥一体化膜下滴灌技术的经济效果合理性。计算结果表明，投资将在 3.66 年内全部收回，投资效果系数达到 27.3%，经济效果是合理的。

四、土地耕作的技术经济效果评价

土地耕作是农业生产过程中最基本的农业技术措施，目的在于为农作物的播种、发芽、生长、发育创造良好的土壤环境条件。应该因时、因地、因作物而采用不同的土地耕作方法。不同的耕作方法会有不同的劳动耗费，还会有不同的产出水平，这就需要通过投入产出之间的数量变化来评价它们的经济效果，作出择优决策。各地耕作技术因土壤、气候、种植作物等的差异而各不相同，而且随着农业生产力的发展，耕作方法也在不断改革与完善。例如免耕法、少耕法的出现，就是耕作技术的大变化。又如，黑龙江省通过对平翻耕法和垄作耕法的多年对比试验研究后，提出了一套新的耕作技术，叫作深松耕法。它吸收了平翻耕法和垄作耕法的优点，形成了自己的一套理论和措施，并按内容和时期不同，具体细分为多种深松耕法，如作物收获后的垄沟深松、倒垄时的深松、耙茬同时局部深松等耕作法。深松耕法不仅可减少作业次数，降低作业成本，而且土层不乱，以打破犁底层，增加透水能力，减少蒸发量，有利于防涝、抗旱，为增产创造了良好条件。实践已表明，深松耕法成本低，增产作用明显一般可增产 10%～30%，因此经济效果好。某地在种植小麦时进行了两种耕作方法的对比实验，结果表明，用平翻耕法的亩产量为 157.7 公斤，用深松耕法（耙两遍松深 37 厘米）的亩产量达 187.7 公斤，后者比前者增产 30 公斤，增产幅度达 19%，亩产值增加 11.49 元。深松耕法的机械作业费 0.82 元/亩，比平翻耕法的 0.70 元/亩增加 0.12 元/亩，其他生产费用都相同。因此，深松耕法比平翻耕法每亩纯收益增加 11.37 元，增长了 27%（平翻耕法的亩纯收益为 42.34 元），经济效果很显著。

五、农艺新技术的经济效果评价特点

在种植业生产中不断采用先进适用的农艺新技术，是提高种植业技术经济效果的重要途径。新技术通常在增产作用上优于原用技术，有的能提高产品质量，或降低成本，还有的如治理盐碱地技术，能增加产量，但更重要的是阻止了盐碱化程度的进一步加重，避免了产量的降低。一项新技术运用后，必须能给农民带来新增的经济收益，必须要比原用技术有更好的经济效果。因此，评价农艺新技术的经济效果，不但要看新技术本身的经济效果（绝对经济效果），还要看新技术与原用技术之间相对经济效果的大小。

新技术一方面会增加经济收益，另一方面往往要比原用技术增加一些劳动耗费。只有新增收益大于新增费用，才有正的相对经济效果。因此，一项新技术要推荐给农民，从经济角度看，至少应满足以下条件：

$$\frac{\text{新技术运用后的新增收益}}{\text{新技术运用中的新增费用}} > 1 \quad \text{或写成}$$

新技术运用后的新增收益 − 新技术运用中的新增费用 > 0

在具体计算农民采用新技术的相对经济效果时，可采用"单位面积新增纯收益"和"新增费用纯收益率"这两个指标：

单位面积新增纯收益 = 采用新技术后的单位面积新增收益 −
单位面积新增生产费用 − 单位面积上每年分摊的新增基本建设费用

$$新增费用纯收益率 = \frac{单位面积新增纯收益}{单位面积新增生产费用 + 单位面积上每年分摊的新增基本建设费用}$$

新技术的新增费用中，一部分新增费用与采用新技术的面积密切相关，比如运用良种或应用地膜覆盖技术，多采用一亩就要多花一亩的新增生产费用，叫作单位面积的新增生产费用；另一部分新增费用同面积不甚密切，如需建水库、购置大型机具等，叫作新增基本建设费用。新增基本建设费用可按折旧的办法分摊到单位面积上去。如果采用一项新技术并不需要新增基本建设费用，那么新增费用就是新增生产费用。

第十三章 农户经营计划管理

农户有计划地组织生产经营活动,目的是节约资源、降低成本,最终提高经济效益。

第一节 农户经营计划概述

一、概念

农户经营计划是农户对未来所要从事的经营活动所作的预计和筹划。这种计划是农户适应农村市场经济的发展,主动面向市场,使产与销紧密结合的有效手段。直接关系到农户的切身利益,而且在时间、内容和形式上具有较大的灵活性。而农户经营计划管理则是根据客观经济规律和自然规律的要求,用计划来组织、指挥和监督生产经营活动的一种管理制度。农户经营计划要坚持以国家计划和集体计划作指导,在这个基础上再根据市场需要和自身的经济效益,根据土地面积的多少、土质的好坏和农户自身的技术特长来制订经营计划,以确保计划任务落实;在执行和完成计划方面,要定期检查各项计划的落实情况,及时发现问题,解决问题,确保各种经济合同的履行,保证各项计划的全面落实。

二、内容

农户经营计划因制订计划的期限和形式不同,具体内容也有所区别。

1. 长期综合经营计划

这种计划一般是指为期五年以上的计划,是从总体上确定农户的生产经营的发展方向、增长速度与生产规模、生产技术的发展趋势和水平,以及主要经济技术指标的发展水平。长期计划的编制主要是将重要的经济发展项目和措施确定下来,如对家畜饲养规模的扩大、作物灌溉方式的改进、农机具的购置都可以作出粗略的安排,而要具体落实这些任务,还必须制订年度计划。

2. 年度综合经营计划

年度计划是经营单位最基本的计划,它是一年内生产经营活动的具体依据,也是实现长期计划的保证。其主要内容有:

(1)土地利用计划　是编制生产计划的基础。土地作为农户最基本的生产资料,要反映计划期内各项用地面积、结构和变动情况。

(2)产品生产计划　是农户年度计划的核心,也是制订其他计划的依据。它规定了在计划年度内应生产的产品品种、质量、数量、产值以及生产进度。

(3)产品销售计划　规定在计划年度内销售产品的品种、质量、数量和交货期,以及销售收入、销售利润等。

(4)物资采购供应计划　包括种子、肥料、农药、燃料、农机具、建材等需要的数量、供应量、供应时间和供应渠道。

(5)农业基本建设计划　包括农田水利基本建设计划、农业生产和生活设施、农业机械等计划。

3. 阶段计划

阶段计划是年度计划的分步落实,它又包括季节计划、小段计划和作业计划。它根据年度计划的要求,结合具体条件,在一定时期内,对农活进行安排,并为完成这些农活提出具体措施。例如确定作物播种、管理和收获的具体时间,劳动力、农机具、肥料、农药、种子的配备和栽培技术措施的要求。由于农业内部各部门的生产阶段不同,阶段作业计划的时间也不相同。如工副业一般按日历年度制订季度、月度计划,而种植业则按农事季节制订春耕、春播、春插、夏收、夏种、夏播、秋收、秋种以及冬季作物管理等计划。总之应以自然条件、生产条件的变化而灵活安排,只要不误农时,能有效地使用人力、物力和财力,提高农业劳动生产率即可。

三、基础工作

农户编制经营计划的基础工作,有以下主要内容:

1. 制订各种定额

(1)定额的概念　定额是指进行生产经营活动时,根据一定的生产技术条件所规定的,在人力、物力、财力的利用和消耗方面应当遵循和达到的各种标准,如一人、一犁、一头牛，一天可耕二亩地等。定额制订得是否合理、可行，直接影响到编制计划是否科学，是否符合实际，并影响到计划的具体实施。

（2）定额的种类　定额的种类很多，按其用途可分为：固定资产配备定额、设备利用定额、人员配备定额、劳动定额、物质消耗定额、产品生产定额、费用开支定额、成本定额等。在实际工作中，还可以根据管理工作的需要，制订各种综合的或单项的定额。

（3）制订定额的方法　制订定额的方法较多，常用的有经验估计法和统计分析法。

经验估计法是以农户多年劳动的实践经验作为制订定额的依据。例如，水稻插秧用工，一般劳动力插一亩田约需 2.7 个工日，那么就可以用这个经验数据作为水稻插秧用工的定额。用这种方法制订定额时，农户除了凭借自己的经验外，还可以参照其他农户的经验。经验估计法简便易行，适合为从事各种农活的人、畜力制订用工定额。

统计分析法是以农户的原始用工记录作为制订定额的依据，也就是以正常条件下多年的统计资料，计算出一个平均值，作为定额的标准。例如，某农户 2020 年的水稻用工原始记录如表 13-1 所示。

表 13-1　水稻生产用工记录　　　　　　　单位：工日/亩

项目	育秧	移栽	收获	施肥	中耕	整地	植保	灌溉	晒谷	农田水利	其他	合计
用工	1.55	2.8	3.2	1.5	1.2	2	0.5	0.5	1	2	1.5	17.75

水稻生产全过程每亩需用 17.75 个工日，已知前面连续四年的水稻亩用工数分别为 18.3、18.55、17.5、17.8，那么五年来水稻生产平均亩用工为：

$$(18.3+18.55+17.5+17.8+17.75)\div 5=17.98\approx 18（工日）$$

这样该农户就可以 18 个工日作为种植一亩水稻的用工定额。这种方法比经验估计法准确，但需要较为完整的统计资料，在作计划时，还要根据生产条件的变化进行适当调整，如采用薄膜育秧就比常规育秧用工多些，因此不能一概而论。

2. 做好原始记录和统计工作

原始记录是企业生产经营活动中用文字或数字记载下来的第一手资料。如劳动用工、机械作业用工、各种生产资料的消耗记录等。统计工作则是对原始记录进行分类、汇总、整理、分析，以便从数量上反映所研究事物的变化规律。通过原始记录和统计工作，能够及时全面地了解生产经营活动情况，是提供制订技术经济定额和确定计划指标的依据，也是考核和分析计划执行情况的基础。因此必须加强和完善原始记录和统计工作。

做好原始记录和统计工作的基本要求是：准确、及时、全面、完整。因此，农户必须建立健全原始记录制度和统计工作制度，并认真贯彻国家统计法令，掌握所规定的各项指标的内容与计算方法。

3. 做好技术经济情报的收集工作和市场研究工作

技术经济情报和各种市场预测资料，对进行经营决策和编制经营计划工作的作用日趋显著。因此，农户要积极收集与生产经营活动有关的农业科技情况、先进经验及其发展趋势，掌握其他农户在同类产品的品种、质量、成本、价格等方面的情况，了解和学习新的管理措施、新的农业技术，还要尽可能了解市场供需情况，以及市场供需情况对农户自身的生产经营活动可能产生的影响。

四、主要指标

在编制各种计划时，往往要借助许多指标来表明经济及自然现象以及这些现象的变化和发展趋势。指标是一定社会经济内容的数字表现，以表明社会经济数量方面的概念。一个完整的指标是由指标名称与指标数字组成的。如农业总产值30万元，"农业总产值"是指标名称，"30万元"是指标数字。在编制计划工作中，通过许多个指标，使计划任务具体化。常用的计划指标可以分为以下三类：

1. 数量指标和质量指标

数量指标是表明农业发展规模、速度或工作量大小的指标。如播种面积、单位面积产量、总产量、牲畜饲养头数、劳动力人数，等等。质量指标是表明各项质量的优劣或改进质量的程度，说明经济活动质量的水平。例如复种指数、良种比例、森林覆盖率、牲畜出栏率以及农产品的商品率、劳动生产率、土地生产率、单位产品原材料消耗量、油料作物出油率等。

2. 实物指标和价值指标

实物指标是指以实物物理单位来表现的指标，往往以实物的重量、面积等指标来计算。例如，产量、用水体积、木材体积等。利用这些指标可以反映各项生产的物资比例关系；但要注意，不是同类物品的实物指标不能相加，如100公斤皮棉就不能与300公斤小麦相加。价值指标是以货币形式表示的指标。例如，种植业总收入、畜牧业总收入、林业总收入、纯收入、生产成本等。这种指标的优越性就在于能把不同的产品和劳务收入相加，来反映生产成果。在计划中常常用价值指标反映经济发展的规模和速度，安排各种比例关系。

3. 指令性指标与指导性指标

指令性指标又叫批准指标,是经国家批准的具有国家法律效力、农户必须完成的指标,具有命令性。如农产品征购任务指标。指导性指标又叫计算指标,是指令性指标以外的各种指标。它不具有法律效力,可以在制订计划时参考,也可以作为编制计划的依据。

第二节 农户经营计划编制

一、编制原则

1. 三结合原则

农户既是地区性农村合作经济组织的成员,又是地区性合作经济组织统一经营下的分散经营层次。虽说农户是一个独立的自主经营的经济实体,但其经营活动还需要通过统分结合的责任制形式来接受国家计划经济的指导,某些生产活动也要受到集体经济发展计划的制约。因此,计划的制订要兼顾国家、集体和农户三者之间的利益,使三方面的利益有机地结合在一起。

2. 科学性原则

编制经营计划要坚持实事求是的科学态度,合理安排和确定生产经营的比例关系,使各生产项目、生产要素、生产环节之间保持恰当的比例关系。同时在编制计划时,要采用科学的方法,核实各项数据资料,使各项指标和措施都有科学依据。

3. 计划的灵活性和留有余地的原则

要求计划指标留有一定的余地。因为在计划的执行过程中,总是会遇到各种不确定性因素和不可控因素的干扰,如冰雹、洪水、久旱、冻雨等农户无法确定和控制的情况。因此,计划必须有适应内外环境条件变化的灵活性,经过农户的努力,可以确保计划的完成。

二、编制程序

农户所编制的各项计划,具体程序如下:

1. 确定主要农产品需要量

这里所讲的农产品需要量是指合同订购需要量、家庭成员生活需要量、生产需要量，以及能向市场出售的农畜产品和储备需要量的总和。需要量的确定有两方面：一是要清楚需要什么；二是要确定需要多少。两者清楚了，那么生产方向和生产目的也就明确了。核算农畜产品需要量的一个重要工作是确定消费定额。家庭成员的生活需要量和农户生产需要量，只能依靠平均每人粮食消费定额、平均每亩用种子定额、牲畜饲料定额等来进行推算。要使计划做到精确、可靠，必须依靠科学的定额。在确定需要时，除了数量要求以外，还应该考虑所需产品的质量以及产品的品种构成。

2. 确定主要农产品资源量

在农产品需要量已经明确的基础上，就要考虑如何满足需要，因此首先要确定计划期农产品的生产量，这是编制生产计划的主要工作。而生产量的大小又取决于农作物的播种面积和单位面积产量。因此，确定各种作物的播种面积、单位面积产量和总产量指标，就构成了种植业生产计划最基本的内容。

在生产实践中，也可能会遇到这样一种情况，承包农户为了提高生产的经济效益，对生产结构进行了合理调整，适当地增加了经济作物种植面积而使粮食作物面积略为减少，粮食作物产量不能满足总需要量时，那么资源量中就应当包括购进部分。

3. 平衡主要农产品的需要量与资源量

需要量与客观的生产量之间达到完全平衡是不可能的，这就需要农户采取相应措施解决。解决的方法一般有三种：一是增加生产。生产量的增加可通过因地制宜调整生产结构、采用先进的技术措施和使用新的科技成果，提高单产和复种指数来实现。二是购进或利用代用品等。三是适当地缩减不合理的需要。

三、编制方法

1. 编制经营计划的基本方法——综合平衡法

所谓综合平衡法，就是依据客观规律，综合具体情况，在数量上协调两个或两个以上的因素，使之具有合理比例关系的一种方法。这种方法的客观基础是各生产项目、各生产要素和各经济活动之间都存在着相互联系、相互依存、相互制约的关系，而这种关系在一定程度上常常反映为一种数量关系。例如粮食产量的提高，通常是伴随着一定数量的肥料、农药等投入的增加。综合平衡法就能较好地反映这种数量关系。平衡的双方，大体上可以归纳为"资源量"与"需要量"两项内容。在农户的经营计划中，主要应做好以下几个方面的平衡：

（1）生产结构的平衡 生产结构是指农户所从事的各生产项目的组合形式和

比例关系。它的平衡是指农、林、牧、副、渔、工等各业之间的平衡以及各业内部比例的平衡。通过这一平衡使生产规模、增长速度得到合理安排。

（2）生产任务与生产能力的平衡　生产任务包括国家、集体和农户的需要量。生产能力是指农户的各项自然资源、经济资源、技术条件。两者的平衡反映在很多方面，例如劳动力供需数量的平衡、机器设备能力与需要量的平衡、土地利用和灌溉用水供需量的平衡、物资供需的平衡、资金使用与资金来源的平衡等。

（3）产、供、销之间的平衡　主要针对农户内部与外部的平衡，反映的是生产物资购买与需要、产品的生产与销售之间的平衡。

平衡的具体做法是运用各种平衡表。平衡表的基本内容一般包括"需要""来源""余缺"和"平衡措施"四个部分。基本格式如表 13-2 所示：

表 13-2　×××平衡表

项目名称		
1. 需要 2. 来源		
余（＋）缺（－）		
平衡措施		

通过编制平衡表，对比需要与来源的余缺情况，就可以发现矛盾，为进一步挖掘生产潜力和克服薄弱环节提供依据。在编制平衡表时，通常要求对需要和来源同时进行计算，然后利用平衡等式进行检查。常用的平衡等式如下：

期初结存数＋本期计划增加数－本期计划需要数＝结余数

在编制计划时，由于各种农产品的特点和用途不同，以及地区之间的差异，平衡表的具体项目也不尽相同，如表 13-3 粮食平衡表和表 13-4 饲料平衡表。

表 13-3　粮食平衡表　　　　　　　　　　　　单位：公斤

项目	基期　　　年	计划期　　　年
1. 需要总量 ①口粮 ②饲料 ③种子 ④储备 ⑤集体提留 ⑥其他 2. 来源总计 ①生产量 ②购进量		
余（＋）缺（－）		
平衡措施		

表 13-4 饲料平衡表　　　　单位：头、只、公斤

畜禽种类	畜禽头(只)数	需要				来源									
		精饲料		粗饲料		精饲料					粗饲料				
		每头畜禽年均定额	合计	每头畜禽年均定额	合计	能量饲料	矿物质饲料	蛋白质饲料	其他	合计	秸秆			干草饲料及其他	合计
											玉米	花生	其他		
马															
骡															
驴															
牛															
羊															
鸡															

2. 编制经营计划的辅助方法

（1）比较法　指不同时期、不同经营单位同类指标的对比。如计划期与基期（即作为对比基础的时期）在相同指标上的对比；本农户与其他农户的相同指标的对比；不同技术措施经济效果的对比。通过比较，发现差距，吸取经验，使计划指标积极可靠。

（2）滚动计划法　是根据计划的执行情况和条件的变化，不断调整和修改计划，并把计划向前移动延伸的一种编制计划的方法。该方法主要用于编制中长期计划，也可以用于编制短期计划。这种计划可以根据经营环境的变化，对原计划进行及时调整和补充，提高农户的经营应变能力，增强计划的预见性。

第十四章 农村审计管理

第一节 农村审计的重要性

农村审计也叫"查账"。它是以党和国家的政策、法令和制度为准则,以会计核算资料,特别是以会计凭证为主要依据,来检验和查明合作经济单位生产经营活动和财务收支的合理性、合法性、正确性以及有效性。农村审计是实行财务监督的重要手段。

进行农村审计具有十分重要的意义,具体表现为:

1. 有利于维护财经纪律

农村实行生产承包责任制后,由于管理体制发生了变化,在财务会计制度不健全的单位,就容易出现开支不尽合理合法,甚至有铺张浪费和违反政策、制度、法令的现象。尤其是实行大包干后的合作经济单位,一般财务收支比过去有所减少,农民对集体的收支不如过去那样关心了,一些不法人员就会对公有财产进行贪污、挪用、拖欠等,损害集体的利益。因此,有必要进行农村审计,以查明合作经济单位的财会工作是否符合财会制度,是否遵守财经法令等。

2. 有利于落实和发展生产责任制

生产经营承包责任制的实行过程,调动了各方面的生产积极性,发展了生产。但由于承包单位都有相对独立的经济利益,如果领导不力、监督不严,也会出现违反政策、违背合同、损害各方面正当权益的行为,从而影响生产责任制的正常推行。通过组织各种形式和经常性的农村审计,可以促使各方面正确处理国家、集体和个人三者关系,正常履行承包合同。

3. 有利于保护集体财产的安全和完整

通过对财产物资的保管和使用进行农村审计，可以及时发现问题，堵塞漏洞，揭露和抵制贪污、盗窃、铺张等侵占和浪费集体财产的行为。特别是实行大包干责任制后，一些原有集体资金长期闲置未用，出现了许多管理中的问题，也必须通过农村审计予以清理并认真解决。此外，对合作经济单位内部之间、本单位与外部之间在集体财产的转移和计价等情况进行审计，就可以正确反映各种财产在所有权和使用权上的界限，处理好各方面的经济关系。

4. 有利于增产节支，提高经济效益

通过对各项收入与支出进行审计，可以及时了解在生产经营过程中的各种耗费和生产成果，以便比较收支、计算盈亏并考核其经济效益。将农村审计与会计分析结合起来，更便于找出原因，确定经济责任，提出有益的建议和措施，从而克服缺点和改进工作，总结提高经济效益的经验和管理水平，以促进生产经营的发展。

第二节　农村审计的种类和方法

一、审计种类

为了做好农村审计工作，充分发挥其财务监督的作用，应对农村审计进行合理的分类，以便正确运用并掌握其方法。

1. 事前审计和事后审计

按农村审计的时间划分，可以分为事前审计和事后审计。

事前审计是指在审计事项发生之前所进行的审查或复核。例如，对合作经济单位与各方面签订的经济合同内容、对各种财务收支计划等进行的审计。通过事前审计，可以纠正会计工作中的失误，以及防止违背财经纪律的现象发生，以保证合同指标能正常履行和完成。此外，在每笔开支之前进行的农村审计，也属事前审计。

事后审计是指在审计事项发生之时或之后所进行的审查或复核，是财务审计的主要方面。如对每张会计凭证、会计报表和每本账簿进行检查。事后审计可以总结经验教训，找出成绩和不足，作出评价。

2. 定期审计和不定期审计

按农村审计的期间划分，可以分为定期审计和不定期审计。

定期审计是指在规定的期间内所进行的审计和复核。检查人员根据合作经济单位的财务收支情况,一般在月末、季末或年末进行各有关项目的检查都属定期审计。定期审计的范围一般较广。

不定期审计是指为了特定的目标或工作中发生了特殊问题而进行的审计和复核,是一种临时性的审计。例如,发现某工作人员有贪污、盗窃的可能性,或已经构成事实,为查明真相以及确切的数额所组织的财务审计为不定期审计。这种审计一般属于专题性质的审计。

3. 全面审计和专题审计

按财务审计的范围划分,可分为全面审计和专题审计。

全面审计是指对合作经济单位的财务收支活动各方面的审查和复核。如按上级要求进行的清财工作,就是对各项产品物资、固定资产、货币资金等财产进行全部清查和核对,通过审计,对财务收支状况作出全面评价。实际上,一个单位的全部财会工作,不一定都发生问题,所以在审查时,也要分清重点。

专题审计是指对某一专门问题或几个有关问题所进行的审查和复核。这种审计一般以审计财经纪律的执行情况、检举揭发的事件或接受委托的内容为范围,审计的结果一般只就审计的某一部分或某一专题,作出局部的评价和结论。

4. 内部审计和外部审计

按财务审计的执行人员划分,可分为内部审计和外部审计。

内部审计是指由合作经济单位的专职人员对本单位财务状况所进行的审查和复核。如本单位会计人员、理财人员和有关领导对财务收支、财产变动情况进行专门审查,均属内部审计。开展内部审计,是对经济活动进行经常性、自我性监督的重要方法,是财务审计的基础环节。

外部审计是指由单位外部人员对本单位财务状况所进行的审计和复核。如合作经济单位的主管、税务、财政以及司法部门对某一单位进行的专门审查或联合审查。一般来说,外部审计具有一定的客观性,对监察和督促合作经济单位认真遵守财经纪律、提高经营管理水平具有重要作用。此外,合作经济单位由于工作需要,委托农村会计服务公司人员所进行的农村审计也属外部审计。

以上农村审计的分类是从各个侧面来说明的,合作经济单位在具体应用时,应根据实际情况,选择最有效的方式,使农村审计收到较好的效果。

二、审计方法

为了更好地达到会计检查的目的,发挥农村审计的作用,就必须运用一定的审计方法。从农村审计的形式来看,农村审计的方法有核对法、审阅法、查询法和实地盘存法;从农村审计的范围来看,农村审计的方法有详查法和抽查法;从农村审计的顺序来看,农村审计的方法有顺查法和逆查法。

1. 核对法

所谓核对法,是指用相互验证和复核的手段,检查账务处理和数据记录是否错误的一种农村审计方法。通过相互验证和复核,从中发现问题或弊端,并进一步分析其形成的原因和程度,以便采取措施,及时解决。运用核对法是会计检查中常用的基本手段。

核对法通常核对以下内容:

① 核对承包合同指标是否与实际完成的数额相一致。

② 核对原始凭证上的数量和单价的乘积是否与金额相符,各种物品的金额之和与合计数是否相符。

③ 核对记账凭证与所附原始凭证的张数和金额合计数是否相一致。

④ 核对记账凭证是否已过入总分类账和有关明细分类账,是否是"平行登记法",过账后的总账、明细账的金额是否相符。

⑤ 核对总分类账以及有关明细账各账户的余额是否与会计报表中的数字相一致。

⑥ 核对会计报表之间有关数字是否一致。

⑦ 核对会计员所记的账与出纳员、保管员所记的账是否相一致。

核对工作可由一人进行,也可两人或两人以上共同进行。由一人单独对某项业务进行核对,工作速度较慢,但能分别看到各项记录,对审查问题和发现线索都比较有利。由多人对某项业务进行核对,可由一人"唱账",其余人进行核对,这样可节省时间,但容易产生差错。

2. 审阅法

所谓审阅法,是指通过阅读合同凭证、账簿和报表,对某些经济业务进行会计检查的一种方法。它也是会计检查常用的一种基本方法。

(1) 承包合同的审阅 主要审阅合同中的手续是否完备,各项经济指标是否符合方针政策,所规定的内容是否具有社会、经济效益等。

(2) 原始凭证的审阅 主要审阅凭证中的字迹有无涂改,如有涂改,检查是否有签章证明;填发单位的名称、地址和图章是否合理合法,是否符合规定手续;凭证报销手续是否齐全;应该签字的人员是否都已签字;凭证所记载的经济业务是否合理合法,有无违反法令、制度的规定。

(3) 记账凭证的审阅 主要审阅记账凭证的有关内容与所附原始凭证所记载的内容是否一致,记账凭证的编制是否符合有关手续,有无将不符手续的原始凭证作为填制记账凭证的依据;记账凭证上所列会计分录是否正确;记账凭证的格式与所使用的记账方法是否一致。

（4）账簿的审阅　主要审阅各种账簿的登记是否符合要求，有无乱涂、乱改、乱用等现象；账簿的启用、交接是否有相应的手续等。

（5）报表的审阅　主要审阅会计报表中各个项目的填列是否符合要求，特别是自制内部报表资料是否齐全完整；报表中的有关项目对应关系是否合理等。

（6）其他记录的审阅　主要包括对承包结算手册、劳动手册、生产收支记录、产品物资登记簿、畜禽变动登记簿等进行记录手续、记录规则的审阅，以从中发现问题，进而与有关凭证和账簿相核对。

3. 查询法

所谓查询法，是指通过查问或询问的方式，取得所需材料，并证实某种经济问题的一种会计检查方法。在凭证、账簿、报表中不能直接通过核对法、审阅法加以证实的经济业务，一般可采用查询法来解决。查询法可分为面询和函询两种。

面询是直接找有关人员谈话，从谈话中了解情况，从而解决问题。在面询前，应拟好谈话提纲（书面或腹稿），包括找什么人，谈什么问题，谈话的方式方法，等等。面询时要注意采取温和态度，不要用审问式的口气，更不能发脾气，强行要对方给予证明等。

函询是通过发信到有关单位或个人，取得他们回函来核实所要检查的有关问题。对于函询的内容，一定要简单明确，以方便对方给予答复，不能毫无边际地让对方说明全部情况。函询往往不能引起对方的重视，如果没有收到对方回信，可再发函催询，或派人前往面询，以解决所查问题。为便于工作，明确职责，对于函询的发函日期、内容、发函人、回函情况，都应做好专门记录，以备查考。

4. 实地盘存法

所谓实地盘存法，是指根据凭证或账表记录对各项财产所进行的实地盘点，以确定它们是否安全、完整的一种会计检查方法。通过对各项财产的实地盘点，将实存数与应存数相比较，以查明账款、账物是否相符，财务管理方面是否存在问题。

在进行实地盘点前，要求会计员对所有收发凭证全部入账，并认真核对，保证账证、账账、账表相符，然后再与各项财产核实。盘存时，对于所查实物要整理清楚、排列整齐，最好分别挂上标签，注明实物的名称、规格、质量和数量，以利盘点。由于各项财产的构造形式、使用性能、用途和存放地点不同，可以分别采用相应的盘点方式。

（1）实地盘点法　即用计量器在存放地点清点数目的方法。如对粮食、物资和现金的清点，就是采用这种方法。

（2）估计法　对某些数量大、存放不规则和体重价廉的实物，不便计量和实地盘点时,可根据经验,采用估计数量的方法。对在清查中发现的账外固定财产,一般也用估计法。

(3) 测量计算法　对于露天存放的物资,堆存量大、较有规则的,可测量其体积,以单位体积换算成重量,求出其实存数量。

(4) 突击盘存法　对重要财产,如货币资金、贵重物品,应采取突击盘存法,一次清点完毕,以防用转移、挪用的手法作弊。

5. 详查法

所谓详查法,是指对被查单位的财务状况进行全面、仔细审查的一种农村审计方法,也称精查法。这种方法审查比较彻底,不容易疏漏错误。但是,由于详查法的审查面太广,需要花费较多的时间和人力,因此一般用于经济业务较少的项目或有严重问题的项目审查。

6. 抽查法

所谓抽查法,是指对被查单位的财务状况有选择地抽取某一段时间、某一部分内容进行审查的一种方法。如果抽查的结果没有发现问题,那么其他期间、其他部分内容就可不必再行审查;如果抽查结果发现有问题,那么就应扩大抽查面,或对某一问题进行详细审查。抽查法的优点是节省时间和节约人力,是农村审计中常用的一种方法。但是,由于抽查的时间和范围所限制,抽查的结果可能会产生一定的差错。因此,抽查时应注意以下几个问题:

(1) 合理地确定检查的对象　其一,要从检查的目的来确定。其二,要从检查对象的重要程度来确定。例如,在检查集体积累支出时,如果将一些开支金额较大,次数又多的项目作为抽查的对象,就容易抓住主要矛盾,解决主要问题。其三,要从被查项目发生问题的可能性来决定抽查对象。例如,在检查暂付款时,要注意各暂付对象在过去的欠款情况,如果有的负债单位或个人经常进行正常结算,而有的长期未进行结算,欠款也不归还,那么就应以后者作为审查对象。

(2) 合理地确定抽查日期和凭证　确定抽查对象后,还要研究抽查哪个期间的材料。一般来说,被查项目是有一定时间规律的。如检查合同的兑现情况,则将夏秋时和年终作为检查的期间,以承包合同和结算手册作为检查的资料。

总之,采用抽查法时,检查人员要根据自己的经验,经过慎重考虑,有的放矢地挑选某一时期、某一项目的内容,以节省人力物力,达到检查的目的。

7. 顺查法

所谓顺查法,是指按照记账顺序进行检查的一种方法,也称正查法。就是先从原始凭证的审查入手,顺序审查记账凭证、日记账、明细账、总账,最后审查会计报表。在一步一步的检查中发现经济活动和财务处理方面所存在的问题,最后确定会计报表中的财务指标及其反映的经济活动是否正确、合理、有效。在农村审计中，对于那些会计核算制度不健全，并且存在许多问题的合作经济单位，应采用顺查法。顺查法的缺点是工作量大、费时费力，抓不住重点。

8. 逆查法

所谓逆查法，是指按记账顺序相反的次序，从审查会计报表开始，依次审查账簿、记账凭证、原始凭证的一种会计检查方法。在审查过程中，常常不是对所有被查资料全部认真加以核对或审阅，而是根据农村审计人员所掌握的情况，重点进行审查。采用这种方法时，要求审查人员具有一定的分析问题能力，善于推理并找出重点。逆查法的优点是能抓住重点进行深入细致的审查，节约人力和时间。它的缺点是容易疏漏一些问题。顺查法和逆查法的优缺点正好相反，在具体应用时，两种方法可以结合使用。如采用顺查法时，适当运用逆查法，就可以抓住审查要点，并节省人力和时间；如以逆查法为主时，适当运用顺查法，就可对某些问题进行深入细致的了解。一般说来，顺查可详可略，但详查以顺查为好；逆查可以抽查为主，但抽查可顺可逆；审阅从报表开始，必然是逆查；核对可先可后，但详细核对以顺核为妥。

以上介绍的各种审计方法，是从不同侧面加以划分的，可供农村审计人员参考使用。在具体应用时，要注意各种方法不是孤立的，而是互相联系的，不是固定不变的，而是可以灵活运用的。

第三节 农村审计的阶段

要正确合理地做好农村审计工作，就应合理地安排整个农村审计的步骤。一般来说，农村审计的全过程包括准备阶段、进行阶段和终结阶段。

一、准备阶段

农村审计的准备阶段是审计全过程的重要阶段。如果准备工作做得详细、周密，就能为下一步审计工作的实施创造有利条件，做到有的放矢，收到事半功倍之效。因此，应重视农村审计的准备工作。

1. 收集资料

在审计之前，如果明确了审计的对象和目的，就要把有关的会计凭证、账簿和报表等收集起来，进行登记、造册并封存。

如果一些资料正在使用，不能全部收齐，可以将上期的资料加以封存。封存后的资料应指定专人负责保管,并制订相应的使用制度。任何人查阅资料,都应经有关负责人同意。查阅资料时,也要注意保持所取资料的完整和顺序,不随意抽取或随意涂改。查阅时要出具借条,收回时要查看是否有缺页或涂改。如确有必要,可以复制有关凭证资料,但应由被查单位同意并盖章证明。由外部人员审计时,如果查核范围不大,时间不长,需要的资料不多,可以由被查单位自行保管,由查账人员出具借条;如果查核范围较大,涉及时间较长,并且所查项目很重要时,可以由审查人员专门保管各种资料,特别是在涉及贪污、盗窃、挪用集体财产的情况时,应将被查对象所经管的各种会计资料收集起来,立出清册,集中归档,以备核用。如果审查对象仍在工作,应点清册数、页码,办好交接手续后暂时使用,必要时再抽调。

2. 了解被审单位或项目的情况

审计之前,应对审计对象所有相关的问题进行了解,以便抓住重点,有的放矢。

首先,要了解被查单位各个职能人员之间的职责分工,以及他们所经营的具体业务范围,实际是了解内部控制制度的基本情况。如果查核人员不清楚一个单位会计、出纳、保管、领导等人员之间的具体分工合作情况,那么如果在审计时发现了问题,也不知应找哪些人询问,查到可疑问题,也不可能知道与哪些人有关联。

其次,要了解被查单位的各项规章制度和业务处理手续。对各项规章制度,要注意有关财务会计和财产管理等方面的制度,实行承包责任制的合作经济单位,承包结算制度或手续应列为重点了解对象。此外,对被查单位采用何种记账方法、何种记账程序、何种记账凭证和账簿等,都应进行认真的了解。

以上情况对被查单位内部人员来说,由于他们平时接触较多,还比较容易做到。对被查单位外部人员来说,需有一个熟悉的过程,也可以在审查过程中边检查边熟悉,逐步弄清各项业务处理手续的来龙去脉。

3. 制订审计计划

检查计划是为实现审计目的而进行的工作安排。在了解情况、掌握资料的基础上,就可根据审计目的和要求,拟定审查的具体步骤,确定审查的方法,编写审计计划。

审计计划应包括以下主要内容:

① 被查单位的名称或项目;
② 审查的目的和要求;
③ 审查所采取的方法和种类;
④ 被查资料的起讫期间;

⑤ 审查人员的分工安排；
⑥ 审查时应注意的问题。

审计计划并无一定的格式，可以采用文字形式，也可以采用表格形式。编好完备周密的审核计划，才能使下一步审计工作有条不紊地进行，既能迅速完成任务，又可保证农村审计工作的质量。

二、进行阶段

经过充分准备，审查工作就可以根据计划着手进行。进行阶段是整个审查过程中工作量较大、费时较长、困难较多的阶段。这个阶段的具体内容将在本章第四节专门介绍。在此，只说明在进行阶段中应注意的几个问题和几项主要工作。

1. 做好审计记录

对所有审查的凭证资料，都应及时做好记录。其目的有两个：一是可以为编制查账报告或总结提供参考；二是可作为日后对审查工作产生疑问需再次检查时的参考。因为农村审计工作主要是对人的工作行为进行审查，必须有充分的根据才能说明问题。

审查记录包括审计人员工作日记和审查工作底稿两种。工作日记是由每一个审计人员根据时间顺序，对审计情况进行全面、详细的记录，要定期由审计负责人审阅。工作日记的一般格式见表14-1。

表 14-1　工作日记

审查人：　　　　　　　　　　　　　　　　　　　　　　　　　　　　　第　　页

审计日期	审计目的	审查的资料及日期	审计出的问题和简短评价	审计附件编号	审计负责人签章

审计工作底稿是为了达到审计目的，对审计过程中所发现的问题类型或性质分别归类的记载。工作底稿的作用是：为审计工作提供历史性记录；为支持审计人员的意见提供依据和证据；为编写审计报告提供资料。工作底稿是农村审计档案的重要组成部分，应由专人记录，负责人签章。工作底稿的项目可随审计的对象有所详略，一般包括：审计项目、日期、范围、发现的问题、问题的处理或建议、经手人签字等。在审计过程中，必然还会发生许多需要记录的事项，对此应及时记载并妥善保管，作为审计工作底稿的附件。

2. 讲究分工协作

在审计的进行阶段，审计人员适当分工并协作，是顺利进行审计工作的重要条件。进行全面审计或详细审计时，需要组织较多的审计人员共同参加，这就更需要充分注意他们之间的分工协作。一般可将审计人员分成两部分：一部分重点审计货币资金，对现金、存款等收支情况进行审计；另一部分审计其他各项财产。两部分人员无论发现哪些问题，都应及时向对方说明情况，以避免重复劳动并扩大审计线索。

有时，在审计中发现的问题需要采取查询法。在分工上可以有两种做法：一种是谁有问题谁去查，面查、函查均由经手问题人负责；另一种是组织专门人员查询。两种做法各有优缺点，前者能使所查问题由经手人办理查询，该人了解来龙去脉，查询效果较好；后者由专人负责，节省人力，工作专一。当然，具体分工时还要看审查人员的素质条件。如果是内部审计，在人员分工上要注意专业人员与非专业人员的配合。每一分工，应有专门从事财会工作检查人员，或有经验的财会人员，配合群众代表、民主理财代表等共同进行。如果是外部审计，不同部门（如财政、税务、信用社、会计服务公司、上级主管部门等）人员更要密切配合，按各自的专长来分工，共同做好农村审计工作。

3. 处理好审计与被审计的关系

在审计过程中，一定要正确处理同被审单位和被审人员之间的关系，要争取他们的支持，让他们理解农村审计工作的重要意义。具体审计时，要讲明政策、方法，既要坚持必要的财经纪律，讲求原则，实事求是，又要耐心说服，态度正确。不能以势压人，造成对立情绪，也不能委曲求全，缩手缩脚，掩盖问题。

4. 提高效率，最好一气呵成

审计工作只有抓得紧，毫不放松，一鼓作气，才能效果明显，效率提高。在进行审计过程中，必须按审计计划一步一步地进行，一笔一笔地核对、审阅、查询，一个一个问题地研究分析，及时找出原因和提出建议。切不可拖拖拉拉，松松垮垮，三天打鱼两天晒网。当然有时出现新问题，可以及时修订审计计划，有时被某一个问题难住了，必要时可共同研究，但决不能打退堂鼓，防止返工。审计人员在工作中一定要保持清醒的头脑，防止受不正之风的侵蚀，更要有熟练的工作技术和方法，才能公正、及时地提出问题、解决问题。

三、终结阶段

农村审计的终结阶段，是审计工作的总结，也是审计工作的最终阶段。在这个过程中，主要做好以下三方面工作。

1. 研究工作总结

做完审计工作后必须进行总结，才能看清这一过程所取得的成绩和存在的问题。在总结时，要注意以下几点：

① 要发动所有审计人员一起来总结，不要由个别负责人关起门来总结。

② 要从多方面来进行总结，包括审计人员的工作作风、团结互助、分工协作等。

③ 要在听取被审单位意见基础上进行总结，了解他们对审计过程和一些结论的看法，以便总结提高。

2. 写好审计报告书

当审计过程告一段落时，应根据总结的材料、工作底稿等，编写审计报告书（也叫审计报告）。

审计报告书是审计工作人员的一项总结性文件，是表明审计工作质量的重要资料，因此，农村审计人员必须充分重视。在审计报告书中，应把事实说清、情况写明、道理讲清、结论下准。报告书初稿写成后，应由有关负责人审阅，并一起讨论定稿。必要时，还应送与被审单位的负责人和财会人员审阅认可，以便把问题分析得更清楚。关于审计报告书的具体编写方法，在本章第五节详细介绍。

3. 整理资料，归档保存

每一项目审计完结后，应将所有相关资料统一归入一个总档案中。一般先归纳审计报告书副本及其起草文稿，其次是报告书所附表格及核实附件。所审的各项经济业务资料应分类归档，首先是工作底稿，然后是草表、草稿及有关调查记录。归入时，应按先后顺序编号，装袋保存。一般对审计报告书副本及附表应永久保存，其他资料也应保存 15 年以上。

第四节　农村审计的主要内容

对农村合作经济单位进行审计，其主要内容有以下几方面。

一、内部控制制度的审计

对内部控制制度进行审计，是整个农村审计工作的首要部分，也贯穿于每一项经济业务的审计之中。因为审计工作开始时，审计人员必须对被审单位作一番全面的了解，然后才能确定审计的重点和工作步骤。由于内部控制制度的薄弱环节是易出现问题的地方，必定要作为审计的重点。在全面了解内部控制制度的基础上，就可有的放矢地进行抽查或详查。

1. 审计内部控制制度的形式

对合作经济单位内部控制制度审计，一般有三种形式：

（1）查阅制度规定　合作经济单位无论规模大小，都存在一定的内部控制制度，有的形成文字，有的以图表示。审计时，可根据内部控制制度的原则，对被审单位的每项规定进行衡量，看其是否存在不合理、不完善的地方。

（2）调查制度执行情况　除了查阅"明文规定"的制度，还应了解合作经济单位究竟执行的是什么制度。因为"明文规定"的，不一定是实际执行的。所以，应通过实地调查加以了解。调查时宜采用编提问提纲的形式。例如，对合作经济单位收款业务内部控制制度进行调查时，可事先拟出提问提纲：①由谁负责收款？②收入款项是否一律填写收据或发票等？③收据、发票如何编号？④现金日记账、存款日记账由谁登记？⑤货币资金实存和账存是否经常核对？由谁来核对货币资金？收款凭证上都有谁的签章？经过对这些简短问题的提问，就可基本了解被审单位在收款环节可能出现的问题。

（3）实地观察制度的执行　有的合作经济单位虽然建立了一定的内部控制制度，但往往不能坚持，没做到真正实施。这样，仅凭询问不能达到弄清问题的目的，需实地进行观察审阅。一方面，要结合凭证审查，注意各有关会计凭证的流转程序。例如，检查产品物资控制制度时，要看产品物资的出入库凭证的经手人有哪些？盘盈盘亏凭证的经手人有哪些？从这些经手人的构成及相互关系中，就可观察出有关的问题。另一方面，要在各相应部门或个人之间进行核实，看其内部控制制度是否切实执行。例如，审计劳务用工内部控制制度时，就应到会计人员处观察审阅劳动工账，到记工员处观察审阅记工单，到每个成员处观察审阅劳动手册等。进行调查时，应随时作书面记录，然后将询问所得情况，总结归纳，记入审查工作底稿。

2. 对内部控制制度的评价

经过各种形式的检查之后，审计人员可在此基础上对被查单位或项目进行评价。在评价时应注意以下几点：

（1）要辩证地看待内部控制制度　尽管前面已介绍了内部控制制度的基本原则，但在实际运用中，各合作经济单位可结合本身的情况加以适当的应用。例如，规模大一些的单位，可以将制度设计得具体、细致和层次分明，而规模较小的单位，可以设计简明而有效的制度。农村审计人员在进行评价时，就要区别不同情况，不能以一种固定不变的制度模式去衡量。例如，审计一个合作经济单位的产品物资收发制度，既要看到能否有效地保证集体财产的安全和完整，还要看到能否按质按量保证生产经营的正常进行。大一些的单位应设采购员、保管员、会计员、负责人等相互间的内部控制制度，小一些的单位则可不设采购员，由保管员代替等。其评价的标准,应是内部控制制度是否有效。

(2)要实事求是指明要点 评价内部控制制度要切中要害,指明存在的实际问题,不能笼统地下结论,也不能含糊其词。例如,某个单位在产品物资保管制度中存在无盘存、无复核手续时,在评价时就应明确指出问题所在,并提出改进意见。绝不能仅作"产品物资内部控制制度不健全"的表达,这样难以堵塞漏洞、改进工作。

(3)要注意各项具体控制制度的相互关系 在一个单位中,各项经济业务都应有相应的内部控制制度。这些制度之间会存在必然的联系,审计时应加以综合考虑。如果发现有相互矛盾的地方,应注意其产生的原因及后果,及时提出,以利改善。例如,在现金收支制度中规定,开支现金必须由领导和会计员签字才能提现,而在费用管理制度中又规定,用于管理费的各项开支须会计员批准才可支取。这样,在两个制度中对同一业务处理的规定就存在不同的程序,在评价中应予以指明。

二、货币资金的审计

货币资金与合作经济单位的各种生产经营活动都有关系,涉及面很广,而且又容易出现问题,因此应作为审计的重点。

1. 现金的审计

审计现金,一般先查点库存现金实有额,然后再审计有关收付凭证,进而审计现金日记账。通常采用顺查法。

(1)库存现金的审计 审计库存现金的主要目的是查核现金是否存在被挪用或侵占、是否存在"白条抵库"现象等。在审计时,应注意以下几个方面:

① 采取突然性审计形式。这是审计现金的一个特点。在审计库存现金时,不应事先与保管现金的出纳员约定时间,以免制造假象,使盘点工作不准确。当准备审计时,应由出纳员将全部现金入柜封存,同时立即填写"现金出纳报告书",里面注明库存现金实有额、已收或已付现金但未入账数额、白条、私人借条等情况。审计人员则根据报告书所列事项审计库存现金。

② 对所有现金在同一时间内审核。有的单位现金保管分几个地点,在审计时,应同时进行,组织若干人分头查点,以防出纳员"以东补西"。

③ 组织三方共同检查。清点库存现金时,应请会计员、单位负责人、出纳员共同在场进行工作。一般由出纳员自己清点,审计人员和其他人员在旁观看并做好记录。

④ 编制现金查点表。为便于总结情况,评价工作业绩和不足,以及日后查考,现金查点表应在查点后编制,如表14-2。

表 14-2 库存现金查点表

　　　　　　　　　　　　　　　　　　　　　　年　　月　　日　　时

项目	金额
库存现金账面金额	
库存现金清点后金额	
其中：主币	
辅币	
白条	
其他	
账存与实存的差额	

存在问题及评价：

出纳员：　　　　　被查单位负责人：　　　　　审查人：

（2）现金收支凭证的审计　对现金收支凭证的审计，主要采取审阅法。现分别对收入、支出凭证的审计方法进行介绍。

① 现金收入凭证的审计。合作经济单位经手的现金收入凭证有发票和收据等，审计时，应注意以下几点：

　a. 各种收入凭证存根是否完好保存，有无缺页、断号现象；

　b. 作废的凭证是否盖有作废戳记或相应经手人的签章，是否粘贴在存根上；

　c. 凭证上的内容有无涂改，复写是否前后一致；

　d. 凭证上的内容与本单位是否有关；

　e. 金额的大小写是否一致。

② 现金支出凭证的审计。合作经济单位的现金支出凭证有各种外来发票、收据和各种支款、借款单等，审计时，应注意以下几点：

　a. 凭证的抬头（接受单位名称）是否属实，印章是否清晰完备；

　b. 凭证的号码是否连号、重号，金额计算是否正确，字迹是否清楚，有无涂改、挖补情况；

　c. 凭证上的使用说明是否得以具体体现，有无将副凭证作为正凭证使用；

　d. 用款所购的物品是否与本单位需要相符；

　e. 凭证所附的一些单据、车船票等是否齐全并与凭证合计数相一致；

　f. 借款、支款的凭证手续是否齐全，有无白条借款、支款现象。

对以上现金收支凭证的内容进行审查时，一定要细心，抓住有疑问的细节，直到查清为止，必要时，应逐一与有关的记账凭证、现金日记账核对。对检查过程中所发现的问题，要随时记入工作日记，并根据问题的类型，记入工作底稿之中。

③ 现金日记账的审计。对各种现金收支凭证审查后，应根据收支凭证与现

金日记账核对。如果现金收支凭证经审核无问题，可以用定期编制的"现金凭证汇总表"来与日记账核对。审核日记账时，应注意复核账面合计数和余额，是否有长期不结出余额或出现红字现象。有的单位在合计数和余额数上用红笔登记，这是不正确的做法，审查时应注意令其改正。

2. 存款的审计

审计存款，可以采用逆查法，先检查其余额是否正确，账存与实存是否一致，然后再根据疑点检查有关凭证，找出问题所在。审查时的要点是：

（1）存款的余额是否正确　主要应将存款日记账余额与存款对账单核对。一般来说，两者有一定的差额，即由"未达款项"造成。被查单位如有编好的"存款调节表"，则可重点检查该表的编制是否正确，是否如实反映了未达款项。

（2）存款的存取手续是否合法、得当　合作经济单位的各种未达款项、存款存取手续有多种，有的凭存折支取和存入，有的凭收支凭单。检查时应注意各种凭据的流转手续是否符合内部控制制度的要求，有无存取款和记账均由一人全包揽的不正常情况。

三、固定资产的审计

审查固定资产时，一般采取逆查法。首先，将保存的固定资产目录表与固定资产总账核对，看是否存在问题。其次，根据总账中有关问题核对明细账。最后，核对账实、账卡是否相符，必要时，审计固定资产的收发原始凭证。

1. 固定资产保管状况的审计

农村实行各种承包责任制后，相当一部分固定资产包给各承包者。因此，对固定资产的保管状况进行审查，就成为固定资产审计的重点。具体应审计以下几个方面：

（1）承包使用制度的审计　发包固定资产必须有相应的规章制度，才能保证固定资产完好且能够正常使用。规章制度是否合理，是应重点审计的。例如，有的单位发包固定资产时，只规定定期上交折旧费、管理费，而对损坏后如何处理、维修时的费用处理等未作详细规定，结果固定资产仅包用几年，就损坏十分严重。

（2）实存与账存的审计　在审计前，要根据固定资产目录表和有关资料，查明各种固定资产存放在何处、由谁管理、完好状况以及价值状况等。在核对时，应特别注意固定资产的标记、型号有无不符，防止用旧设备替换新设备的状况。对破损或不能使用的固定资产，要找出原因，追查责任，按规章制度办事。如发现盘盈，也应查明是由于入账时遗漏，还是由于无偿收入或隐瞒入账。审计的结果都应及时登记并建议作出处理。

下面举例说明固定资产保管状况审计的工作底稿。见表 14-3。

表 14-3　固定资产保管状况检查表

被审单位：　　　　　村　　　　　　　　　　　　　年　　月　　日

项目	内容
审计目的	①承包固定资产的保管情况是否符合规定。 ②固定资产的完好率
审计方法	①抽查法：抽查 10 份承包合同和 10 种财产。 ②审阅法：审阅合同具体规定
审计中发现的主要问题	①有 7 份承包合同没有具体规定固定资产出现损坏时的处理方法。 ②10 种财产完好率 70%，有 3 种不能再继续使用
审计结论	①由于没有适当的保管制度，个别承包户过度使用固定资产，致使财产损坏，但责任难以追究。因此，应迅速健全有关保管制度。 ②整修损坏财产，重新估价，订立承包合同

检查人：　　　　　　　　　　　　　　　　　检查组负责人：

2. 固定资产变动情况的审计

固定资产的变动情况包括增加、减少等。审计时，也应采取抽查的形式，重点抽查那些体积较小但价值较高、生活上可以通用，以及破旧的固定资产。因为这些财产容易发生挪用、偷盗、变卖等问题。

（1）固定资产增加的审计　对外购的固定资产，要注意其原始凭证中的价格是否合理，有无高价买入情况，有无买入不适于本单位的财产；对自制的固定资产，要注意有无验收证明，是否符合设计要求，估价是否合理；对有关单位或人员无偿拨入的固定资产，要注意是否有相应的凭证，在估价上是否合理等。

（2）固定资产减少的审计　对售出的固定资产，要注意作价是否合理，是否按质论价，有无变相低价赠送情况。对报废的固定资产，要注意报废的手续是否齐备，因集体所有性质没变，但集体对财产的控制管理不如过去直接，因此应严加审查，主要注意的是承包手续是否齐备；上交的使用费（折旧费）是否合理；维修费的开支是否符合规定；承包后的经济效益；有无报废申请单、报废清单等凭证；同时也要注意有无变价收入，价格是否合理。

（3）固定资产承包到户的审计　固定资产包放到各户后，由于合作经济单位固定资产中包括一些有生命的财产，所以需要对它们进行定期重新估价，以反映其实际价值。审查时，应对这些财产估价进行合理性、合法性的审查，防止出现估价过高或过低的现象。

3. 固定资产利用状况的审计

对固定资产利用状况的审计，主要是查核固定资产的生产能力，看其是否充分利用了固定资产，是否产生了相应的效益。

(1) 审查固定资产的利用率　固定资产利用率一般采取以下公式计算：

$$固定资产利用率=\frac{实际使用固定资产}{现有全部固定资产}\times100\%$$

固定资产利用率越低，说明闲置的固定资产越多，利用状况不好，相反，利用状况较好。合作经济单位承包后，在固定资产的配置、使用中出现了许多新问题。如有的固定资产在统一经营情况下是适用的，而在分户经营的情况下又不适合，这样会造成固定资产利用率不高，使资金闲置。对此，必须通过经常性的检查，才能真正发挥固定资产在再生产中的作用。

(2) 审查固定资产的经济效益状况　固定资产的经济效益主要通过有关经济效益的指标反映。其指标有两个：

$$固定资产年产值率=\frac{年总产值}{年固定资产平均原值}\times100\%$$

$$固定资产年收益率=\frac{年收益}{年固定资产平均原值}\times100\%$$

公式中的年总产值和年收益根据有关统计数字填入。年固定资产平均原值可以用简化的计算形式，即用全年各月末固定资产原值相加后的合计数除以 12。经过计算得出的以上两指标值越高，说明经济效益越好，相反则反映出经济效益低。例如，某单位年总产值 120000 元，年收益为 80000 元，年固定资产平均原值为 460000 元，则两个经济效益指标计算如下：

$$固定资产年产值率=\frac{120000}{460000}\times100\%=26.09\%$$

$$固定资产年收益率=\frac{80000}{460000}\times100\%=17.39\%$$

两指标可分别与上年或历史最高水平相比，以查明固定资产投资效益和利用效益。也可以将两指标进行综合考虑，分析出该单位产值与收益的关系。假定两指标值均比上年有所提高，但产值率高于收益率，说明该单位在组织收入或节约开支方面还存在问题，应进一步审查有关收支，以查明收益率相对下降的原因。

四、产品物资的审计

由于产品物资的组成较为复杂，在审查时也较为困难，加上合作经济单位所用农用物资自然损耗率较高，一些人就会利用这些机会，进行偷窃和挪用。因此，应对产品物资进行重点审计。审计的方法应采用逆查法。

1. 产品物资采购过程的审计

对采购过程的审计，应主要查明有关人员是否按政策、法令和计划的要求采购物资，并监督采购资金的使用情况。在审查政策、法令和计划执行情况时，应注意合作经济单位是否按正常的物资供应渠道采购物资，有无故意抬高或压低物价的现象，有无两次采购价格悬殊和舍低价买高价的现象，有无违反合同的行为。目前，农村合作经济单位的材料、物资采购大多受市场经济调节，表现在价格上波动较大。审查人员应根据具体情况，详细地分析和了解供货地点、付款方式和价格变动等因素。

在审计采购费用时，应注意采购费用发生是否合理，有无因采购和运输组织不当而造成浪费现象，有无把不应由采购费项目开支的费用列入，特别要注意是否出现"吃回扣""拉关系"等现象。

对采购过程中的合理损耗，也要严加审查。尤其是农用材料，自然损耗和运输损耗较严重，审计时，要注意短缺的性质、发生的原因、当时的处理决定和事后的结果有无不正常情况，防止某些人在账务处理上掩饰不合理的损耗。对采购过程的审查，主要通过将账簿和凭证核对发现线索，进而调查、审阅、核实、证明。

2. 产品物资储存过程的审计

对储存过程进行审计，首先应对仓库工作的组织管理制度进行核查，然后再检查产品物资的实际储存情况。

（1）仓库工作的组织管理制度审计　审计时应了解现行的仓库工作组织是否能保证有效地完成储存任务，有无管理人员之间职责不明，有无在不适用的仓库中或没有必要的保管设施的空地上保管某些物资，有无合理的出入库制度等。目前，由于生产责任制的实行，产品产量相应提高，在集体仓库不能满足储存需要时，有的合作经济单位实行分户存储或代储的制度，对此应严格审计。查看制度的具体细则，看其是否有利于保证集体财产的安全完整，是否有利于调动广大成员为集体保存产品的积极性。

（2）产品物资储存情况的检查　通过盘存的方法对储备状况进行审计。盘存时，要有突然性，保管员应在场。由于库存物资种类和数量很多，盘存要根据线索，有目的地选择重点或有疑问的地方进行。审核时主要注意产品物资的账面库存量与实际库存量是否相符，库存物资出入库的价格计算是否合理正确。为了提高资金利用效益，检查人员还可将被审单位的库存产品物资划分为正常储备、超储积压和不需用储备三部分，并分别算出它们的比重，以便进一步分析库存业务的管理情况，寻求清仓利库的措施。对各种核算资料审查时，应将总账、明细账、登记簿和物资卡片的记录进行核对，看其所记金额是否一致，计价的基础是否一致，是否坚持经常性的对账制度等。

五、饲养畜禽的审计

饲养畜禽的审计与产品物资审计大致相同。在审计时也是采用实地盘点的方法。即审计各类畜禽的实有数同饲养畜禽明细账账户的余额是否相符，如有不符，应查明其原因。此外，还应根据有关饲养畜禽的凭证，检查畜禽的购入、繁殖、出售、死亡和损失等业务的处理，手续是否完备和合理合法。并且，应注意审计在管理和核算上存在的问题。

六、各项收支的审计

各项收入与支出的审计涉及的范围较广，也应采取抽查法。

1. 各项收入的审计

合作经济单位所获得的经营收入中，既包括取得商品销售收入，也包括视同销售收入。

（1）审计商品销售收入　合作经济单位的商品销售收入带有一定的季节性，审计时，最好在销售旺季进行，以便及时发现错误，纠正弊端。对现金销售收入，应将所得收入与交信用社或银行的现金凭证进行核对，审计其是否将现金全部送存。同时，也要核对销售发票存根，注意其是否连续编号，是否装订成册，是否有涂改和不正常的现象。有些产品直接销售给个体消费者，对此部分现金销售收入尤应注意，防止只有出库记录，而无收款记录的现象发生。对非现金销售收入，除了对销售发票进行审计外，还应注意销售收入的实现界限，有无将非本期收入列为本期的现象。

（2）审计视同销售收入　对视同销售收入中的自给性部分，要注意其留用量是否合理合法，是否按中等收购价格计算入账。对自繁自养的各种幼畜转为产畜或役畜审计时，要注意其转群的价格是否合理，有无只计收入而不转群的现象，防止虚列收入或少计收入的不正常做法。

2. 各项支出的审计

合作经济单位的支出项目较多，审计时应注意支出的正确性和合理性，揭露开支中的作弊行为。

（1）检查支出计算是否正确　检查时，应注意各项支出的界限是否分清，有无相互混淆，有无将生产经营支出列入基金支出，或将基金支出列为生产经营支出，对跨期间的费用支出更应重点审查，防止出现任意少记或多记的现象。

（2）检查支出的凭证手续　对重点支出项目，要逐一审阅有关的会计凭证，检查其是否符合规定的内部控制制度，或是否有相应的内部控制制度。

七、往来款项、贷款和税金的审计

审计人员在审计各结算往来项目前,必须深入研究它们的业务情况,才能做出合理恰当的评价。在审计时,应采用核对法、审阅法和查询法等,一般采用逆查的顺序。

1. 往来款项的审计

往来款项包括应收款、应付款和内部往来等项目,审计时应注意以下几点:

(1)核对时采取重点抽查法　一个单位的往来款项较多,在审查时,应先将总账余额与各明细账余额合计数进行核对,看二者是否相符,然后重点审阅和抽查明细账的往来情况和计算数字有无差错,如有疑点或问题的账户,可进一步全面审查其凭证和有关资料。确定审查重点的根据是金额所占的比重、往来期限的长短和历史上结算过程中的信用情况。

(2)采用查询法详细了解情况　对于内部往来款项如预付差旅费、采购款和成员往来款,应查明经手人、借款人是否按规定使用,有无长期拖欠不还的情况。如有,应就近采取面询法,由检查人员会同会计员、出纳员当面了解,取得确定情况,以便作出评价。对与外单位有关的款项,应采取发函了解对账的方法。一般不必普遍发函,可以对有疑问的、现金支付的、金额较大的、长期未付的、已作坏账处理的向外单位或个人发函对账。具体做法是:将本单位的账目抄具对账单,函寄外单位或个人,要求核对后,盖章寄还本单位。为便于对方答复,对账单尽可能设计得简单明确,其格式见表14-4。

表14-4　对账单

县农机修配厂:
兹将你单位向我处购买小麦一项账目抄内寄去,请予核对,并请尽快盖章寄回为荷。
此致

大良乡三村
××年12月31日

凭证字号	我方入账日	货物数量	货物金额	归还方式	应归还日期	你单位情况说明
发票001264	11月2日	5000公斤	1500元	现金	12月1日	因现款不足,望谅,愿偿还占款利息

县农机修配厂(盖章)
××年1月4日

如果对账单由对方寄回之后,仍有问题未解决,则可根据需要再发函或派人去进一步了解核实。

(3)比较期初、期末往来款项　查明具体增减变动和未能清理的原因以及应采取的措施。防止应收款长期未收、应付款变成长期付款等。

2. 各种贷款的审计

审计贷款,主要审查它的合理性和合法性,一般采取审阅法、核对法。

具体审计时,可通过借款单据、用款凭据明细账等资料,查明借款和还款的金额是否确实,是否得当,是否过多过少,有无将生产设备贷款用于生产周转。此外,还应注意借款的经济效益,是否存在高息借款、无效借款的现象。农村经济放开后,农村金融活动也日益增多,通过对合作经济单位各种贷款的审计,还可以发现在农村金融活动中是否存在盲目举债问题。

3. 税金的审计

审计税金时,主要审阅纳税的单据和计算税金的单据和有关账簿,一般采用核对法和审阅法。

审计的主要目的是看合作经济单位是否按税法规定计算并上缴税金,是否按时缴足税金等情况。审计人员必须在详细了解和掌握有关税法规定的基础上,才能对纳税情况作出正确的评价。随着经济体制改革和税制的不断发展,在纳税环节上会有更多的问题出现,因此审计人员必须认真学习,在理解和掌握各种具体规定后,再进行审计。

八、各项专用基金的审计

审计专用基金的主要目的,是看被查单位是否贯彻专款专用、先提后用、量入为出的原则,是否使专用基金发挥其经济效益等。一般应采用核对法、审阅法。具体检查时应注意以下几点:

① 生产费基金、公积金、公益金和储备基金的提留,是否符合政策规定。

② 是否按照规定计提折旧基金,能否保证固定资产的重置和更新。

③ 固定基金是否与固定资产净值相等,如不一致,应查明其原因。

④ 储备基金是否与储备粮折价和成员消费基金之和相等,储备粮由国家代储时,是否有足够的存款作保证。储备粮的动用是否符合规定。

⑤ 联营基金是否与联营投资相等。如不一致,应查明其原因。

⑥ 根据有关基金业务的凭证,检查各项基金是否按照规定的用途专款专用,有无互相挪用或乱拉乱用。并且,检查是否合理、节约地使用,有无铺张浪费或出现赤字等现象,并查明其原因。

九、成员劳动用工和劳动报酬的审计

劳动用工是计算成员劳动报酬的根据。正确地核算劳动用工,对于贯彻按劳分配的原则,调动成员的生产积极性有着重要的意义。因此,必须加强这方面的检查工作。

(1) 检查成员劳动用工计算是否正确　检查方法是将记工表同劳动用工账进行核对,并将劳动用工公布,让成员与劳动手册核对,如有不符,应查明其原因。

(2) 检查补贴用工计算是否合理　对干部的补贴用工和烈军属、残废军人的照顾是否符合规定,是否经过成员讨论通过,计算是否正确,都要认真核对。

(3) 审计劳动用工计划的执行情况　审计方法是将用工计划同实际劳动用工费用相关凭证比较,来检查农、林、牧、副、渔各业用工是否超过计划,是否按照定额执行,是否存在浪费劳动用工的现象。

(4) 检查成员劳动报酬　应注意检查现金和粮食是否按照批准的收益分配方案和粮食分配方案办理,是否符合政策,计算是否正确,年终决算时是否全部兑现,有无超支和分空现象,并查明其原因。

成员奖励,具有成员劳动报酬性质,属于成员分配的组成部分。对于实行各种生产责任制的单位,应检查在正常年景下,是否按照承包合同执行,做到奖赔兑现。

此外,对于成员劳动用工和劳动报酬的核算质量,公布是否及时等,也应进行检查。

十、收益分配的审计

审计收益分配,是对农村合作经济单位财务审计的主要组成部分。由于收益分配涉及面很广,审计的方法可采用逆查法,先审阅核对收益分配表,然后针对存在问题的方面作进一步地查核。

在审计时,一定要与各承包合同相核对。具体审计时,主要注意以下几个方面:

(1) 各项收支是否真实　各项收支中包括承包收支与承包外收支,审查时应看其有无分列,有无虚假数字,必要时要与各项资料相核对。

(2) 收益计算是否正确　对各业的承包内外收益都要进行审查,防止人为地扩大承包外的统计数字,假报成绩的行为。对收益分配表中的国家、集体和个人三者分配比例要特别注意,看其是否体现了党和国家的方针政策,是否有利于扩大集体生产和调动广大成员的积极性。

对于实行包干分配的合作经济单位,审计收益分配表时,应注意账外收入、支出、收益的计算是否切合实际,应和其数字来源凭据相核对,并验证这些凭据的真实性,以防虚列数字。

以上介绍的各种具体业务的检查内容和方法,不是固定不变的。审计人员可根据具体执行的任务和审计过程中发现的新问题，随时进行综合调整，有时检查一项业务可以达到两个或更多的目的。

第五节　审计报告书

审计报告书也叫农村审计报告，是农村审计人员在工作结束时，将任务完成的情况和审计的结果，所作的书面证明。不论农村审计的人员多少、范围大小、时间长短，在审计结束时，都应编写审计报告书。

一、作用

审计报告书是汇总农村审计工作完成情况的工作总结，它表明审计人员的工作成效和对被审单位所作出的结论或评价。因此，写好审计报告书是财务审计工作极为重要的环节。如果审计人员在整个审计过程中，一切工作都做得很好，很顺利，而不能在最后阶段将所有审计资料加以归纳总结，用文字和报表来正确恰当地表达，其结果很可能使前期的审计工作前功尽弃。

由于农村审计有内部审计和外部审计之分，农村审计的结果，即审计报告书就不仅作用于被查单位，也会影响其他单位和个人。例如，由税务部门委托会计服务公司实行会计检查，其审计报告书既要送交被查单位，又要送交税务部门；由本单位组织的清财工作，总结的审计报告书不仅本单位要参考，还应送交上级有关部门。实行股份制的合作经济单位，还要把审计报告书公布于众或分送各股东。

根据审计报告书的应用范围，其作用可归纳如下。

1. 证明经济情况

审计报告书可以用准确真实的资料表明被审单位有关的财务状况和各项经营成果，从而为委托人（委托查账的单位或个人）和被查单位领导和广大成员提供证明文件，供他们研究和分析有关经济情况。

2. 促进经济管理

在审核过程中，审计人员要对被审单位在会计核算中存在问题提出一定的改进意见，这些建设性意见应经过归纳写入审计报告书，供各方面人员参考。对一些严重问题，在审计报告书中应提出处理意见，以帮助被查单位改正经济管理工作中的错误。

3. 表明审计工作成效

由于审计报告书是农村审计全过程及其结果的总结，集中体现了审计人员的工作质量，也明确了各审计人员的职责及其履行情况，利用审计报告书的单位或个人就可对检查人员的业绩作出评价。

二、内容

在审计报告书中，一般要包括文字部分、报表部分和其他部分。其中文字部分是审计报告书的主体，其他两部分为证明材料。

1. 文字部分的内容

审计报告书的文字部分应包括以下几项内容：

（1）检查任务的说明　在报告书中，要简明扼要地说明农村审计的目的和工作要求。如要注明"财经纪律执行情况的审计""清财处理工作的审计""拖欠集体款项的审计"等。

（2）审计的范围　审计的范围是根据审计目的决定的。报告书中，应包括两个方面：一是时间的范围，即说明审计的是哪一期间的账目资料。如清财工作的审计，应包括从责任制开始实行至当前的全部期间；又如收益分配的审计，则包括从年初至年末的期间。二是所查账目凭证的范围，即说明审计的是哪些业务的凭证、账簿和报表。如审计货币资金时，应审计现金、存款、贷款的有关凭证和账簿；审计清欠工作时，应审查有关应收款、暂付款、贷款、成员往来等凭证和账簿。不论是时间的范围，还是账目凭证的范围，都应在审计报告书中如实说明，不能含糊，不故意扩大范围或缩小范围，一方面表明审查工作的质量，另一方面表现审查人员的责任。如有的检查人员为提高工作成绩，明明审查了一年的货币资金账目凭证，可在审计报告书中说审查了三年的账目凭证，结果事后发现在第二年账目中存有严重问题，可审计报告书中又没有说明，则该检查人员这种行为属于严重渎职。

（3）评价或意见　在说明审计目的和范围之后，要根据审计结果，提出适当的评价或意见。所谓评价，是按审计的要求，对被审单位提出结论性的评语。所谓意见，是由于某些原因，无法直接作出评价，而提出的参考性建议。

评价可分两类：一类为正面性评价，即经过审计，未发现被查单位有违纪行为，或确认被查单位按规章制度办事的结果时，所作出的评语为正面性评价。另一类为反面性评价，即批评性评价，它与正面性评价相反，需对被查单位在违纪行为等各方面作出批评性的结论。反面性评价必须指出在哪些地方有问题，对哪些方面有影响，要指出要点。

意见是指审查人员经过审计后，由于所审问题涉及面广，或由于某些人员的干扰和影响，使审计无法在写审计报告书作出结论时，所采取的一种情况说明。

无论是何种评价或意见，均应写在审计报告书前面，使阅读报告书的人员一开始就得到一个明确的总的印象。

（4）具体情况说明　报告书中的评价与意见，仅是一种简要说明。主要的审计结果或证明材料，应具体说明。在这一部分中，必须有较详细的内容，有实际的数据。

由于农村审计过程中所得资料繁多，在具体情况说明中也要择取要点，一般应注意包括以下几项要点：①要有针对性。要针对与审查任务密切相关的内容，不要泛泛说明，也不要说明无关的琐碎问题。②要有实质性。列出的数据和内容，应对合作经济单位生产经营状况具有实质性影响，而对于一些记账技术、工作方法等枝节问题，可在检查中提醒被查单位或人员注意，一般不写进审计报告书。③要有重要性。对金额大、违纪严重的事例应列入，但一些金额很小、无关紧要的技术性差错，可考虑删去，通过其他方式解决。

在文字表达上，应根据被查单位的具体情况有所详细或省略。一般前面的评价如为正面性的，则具体情况可简单说明。评价如为反面性的，应根据所发现的问题，列举事实，详细地说明情况，以便使审计报告书负责人员全面了解，使被查单位人员心服口服。

（5）提出建议　经过审计，对被审单位在审计核算中存在的不足，可以提出建设性意见，甚至对正面评价的单位，也可提出进一步改进和完善的建议。建议可有以下几方面：①加强内部控制制度的建议；②改进会计核算方法的建议；③处理违纪行为的建议；④在审查过程中发现除审查任务以外的其他问题，需要进一步作专题审计的建议。

2. 报表部分的内容

审计报告书的报表部分，是文字内容的进一步证明。其数量的多少，取决于需要说明问题的多少和问题的具体情况。有时，查出的问题用文字不宜直接说明，那么报表部分的作用就更为突出了。因此，各项报表必须编制清楚，尽可能与原账目凭证的格式相一致，以便复核查对。例如，审查收益分配问题，报表格式可与收益分配表相同，只是在项目、金额栏中分别列出查账前和查账调整后的数据，以便比较被审单位在收益分配中存在的问题。

报表部分的择取要求与文字部分相同，不再重复。

3. 其他部分的内容

审计报告书的其他部分是有关违纪事件的调查情况记录、函查文件和一些其他证件的复印材料等。其主要作用也是作为文字部分或报表部分的证明。这部分材料必须具有证明力，即有相应的手续，绝不能由审计人员自行编制。例如，对所附的"应收款函查单"，应注意是否盖有公章，对方负责人或经手人是否签字等。

三、编写方法及步骤

1. 审计报告书的编写步骤

编写审计报告书的步骤与审计报告书内容的排列顺序正好相反，即先从整理附件、资料入手，再逐步核实责任、编制报告表，书写详细情况说明，最后作出评价或提出意见。

2. 审计报告书的编写方法

编写审计报告书是一项技术性很强的工作，编写人员必须具备一定的素质和掌握一定的方法。其素质要求是具备分析问题、解决问题的能力和写作能力，其基本方法是归纳法。下面说明在编写审计报告书时应注意的几点：

（1）归类整理资料　在编写前，应将审计过程中所编制的工作底稿一次清理和查核，对应列入报告书的部分，应注明类别，最好标上号码，以便进行归类。

（2）摘录要点并汇总金额　对应列入报告书部分的工作底稿，要从中摘录出问题的主要内容和原因，并将所涉及的金额加以汇总，并作文字说明。

（3）编写报告书初稿　将报告书所附资料归类并摘录后，就可编写报告书。编写时，应做到以下几点。

① 文字要浅显易懂。审计报告书是要给很多人阅读的，而看报告的人未必都具有专门的会计知识。因此，审计报告书力求避免专业术语和格式。

② 内容要精密正确。不仅数字要准确，语言文字也要简洁、朴素、明确，以免引起误会。一般来说，审计报告书不能使用模棱两可的词句，如"可能""大约"等；也不能使用一些法律用语，如"构成犯罪行为""送交司法部门法办"等。

③ 要突出重点。对各种问题，要根据它们的重要性划分先后，先说明重要问题，然后再说明次要问题。

④ 要考虑读者的需要。审计检查大部分是受委托或命令而进行，所编写的审计报告书一定要满足委托人和上级部门的需要。凡是需要的，应详细说明，对无关的表格、资料可不必列入。

⑤ 要实事求是。审计报告书既不要夸大事实，也不能缩小或回避事实，是什么问题，就写什么。对一时没有弄清的事件，可以暂缓处理，不一定要写进审计报告书。

（4）修改定稿　初稿完成之后，应征求有关方面人员的意见，包括被查单位负责人和会计人员等，然后送请检查主管人员审批，最后，打印或复印成若干份，送交委托人、主管部门。

下面举两个审计报告书的编写格式和实例：

例1：正面性评价审计报告书。

审计报告书

辽河乡五家子村：

对于你村2019年4月至10月的货币资金收支，我们已从报表、账簿、凭证各项资料中作了必要的审查。我们认为，该阶段的货币资金收支是符合财会制度的。特此说明。

附件：货币资金收支检查工作底稿（略）

柳庄乡农经站：×××（盖章）

农经站负责人：×××

××年××月××日

例2：反面性评价审计报告书。

审计报告书

柳庄乡胜利村：

根据你村委托，我们对你村××年1月至12月应收款、暂付款进行了检查。我们从暂付款、成员往来账目及凭证中发现线索，进而通过查询，查实你村在收款管理中存在漏洞，款项长期应收未收，影响资金的正常周转。现将具体情况说明如下：

① 在应收款账目中，有21笔达5个月以上，计金额420000元，经查，签发发票时没有注明付款时间。具体见发票及查询复印件。

② 在销货收票中，有4笔没有计入应收账目，计金额135000元，会计员没有及时入账。

③ 分给社员实物折款全部没有入往来账，仅在实物发放表中反映。

根据以上情况，我们认为你村应收款长期未收，主要是没有建立严格的控制制度。时间越长，越易形成呆账损失，不能回收，影响资金周转。因此，我们建议采取以下措施：

① 建立应收款内部控制制度。签发发票时，一定要在双方有关凭证或合同中规定还款日期，保管员验单后再付货。

② 应收、暂付、预支等预借款项都要及时入账，不得拖延。
③ 设置专人逐级催收应收未收款。
以上建议，供参考。

附件：各种应收款明细及查询件（略）

柳庄乡农经站：×××（盖章）
农经站负责人：×××
××年××月××日

第十五章 新型农业经营主体管理

第一节　家庭农场的要素管理

一、制度管理

家庭农场作为农业生产组织者、食物提供者,是农业新型经营主体的主力军,在现代农业产业化发展的过程中具有基础性的地位和作用。为此,加强家庭农场的规范化建设成为促进农业产业化发展的当务之急。家庭农场规范化建设涉及许多管理内容,其中加强制度建设是首要工作。主要包括如下基本制度。

1. 家庭农场章程

家庭农场章程是管理制度的纲,相当于"基本法"。主要内容:一是家庭农场组建的规定性,如家庭农场名称、注册地址、主要负责人、经营范围;二是家庭农场出资人的投资、出资方式等;三是规定家庭农场采用的财务会计核算和劳动工资制度的依据;四是家庭农场的解散和清算,包括解散的条件、解散的程序、财产的处置、债务清偿等。

2. 家庭农场岗位责任制度

岗位责任制度主要规定家庭农场各个工作岗位的职责、任务,明确农场成员相互间的分工协作。岗位责任制度应该包括农场主、生产主管、销售主管、人事主管、财务主管等岗位的责任制度。

3. 标准化生产管理制度

家庭农场应结合自身行业特点,科学制订生产操作规范,制订完善各项生产管理制度，严格农业投入品管理使用；严格种子、种畜管理使用；严格按照国家《农药合理使用准则》和《农药安全使用标准》执行，严格执行禁（限）用农药以及安全间隔期的规定；严禁使用各类禁用药品。家庭农场还应按照产地环境保护、产品质量安全管理要求，加强农产品标准化生产管理，制订标准化生产操作规程，建立健全生产记录档案。

4. 财务管理制度

家庭农场应根据国家规定的会计核算办法，结合自身实际，建立健全财务会计制度，准确核算本农场生产经营收支，与家庭其他收支分开。家庭农场应配备必要的专职或兼职财务人员，办理财务会计工作。有条件的可以聘请有资质的会计机构或会计人员代理记账，实行会计电算化。

5. 品牌和示范创建制度

家庭农场应加强品牌创建工作，制订有关品牌创建与管理的制度，积极争取绿色食品、有机食品和国家地理标志认证，积极申报注册产品商标，积极参与产品展示、推介交流活动。

6. 雇用工管理制度

家庭农场以家庭成员为主要劳动力，要减少或控制雇用工数量。家庭农场若长期雇用农工，应签订规范的劳务合同，保障劳动安全，按时足额兑现劳务报酬。并按国家规定参加社会保险，为员工缴纳社会保险费。

7. 其他制度

包括会议制度、培训制度、考勤制度、奖惩制度、档案制度等。

二、生产管理

生产管理是指通过对生产过程中各种自然资源和生产要素的合理组合、生产阶段和生产环节的科学安排，以便取得满意的生产成果和经济效益。

1. 粮食和油料作物的生产管理

粮食和油料作物的生产品种很多，主要是玉米、水稻、大豆、小麦、谷子、高粱、荞麦、小豆、向日葵和芝麻等。尽管这些作物生长特点不同，但在生产管理上也有一些基本要求。主要是掌握各种作物的生长特性，如作物的生长期，对温度、水分、光照、土壤的要求和对矿质元素的需求；要了解作物轮作，整地与施肥，及时播种，田间管理，适期收获和收获后的加工、整理、储藏等生产技术。在此基础上，才能根据农作物生长发育和收获加工的实际需要，实施有效的生产管理，从而保证和提高农作物的产品数量及质量。

2. 蔬菜的生产管理

蔬菜生产品种多，周期短，季节性强，复种指数高，栽培技术较为复杂，投入人力、物力和财力较多；蔬菜又是鲜嫩的产品，含水量高，容易腐烂变质，多数不耐储存和长途运输；还要求绿色生产，专业化生产水平较高，要求品种多样、均衡供应、淡季不淡、旺季不烂。

蔬菜生产的方式和管理，目前主要有3种：一是露地栽培方式。这种方式在整个蔬菜生产中占比重较大。二是保护地栽培方式。即在塑料大棚和简易温室种植蔬菜。三是温室栽培方式（工厂化生产）。这种方式对蔬菜生长发育所需要的条件可以进行人工控制，可全年生产，均衡供应，在解决淡季蔬菜供应中发挥了较大的作用；但投资大、成本高。家庭农场在蔬菜生产中，应根据自身条件，选择适宜的方式，采用先进的科学技术，改善蔬菜生产条件，提高蔬菜储藏和加工能力。

3. 果树的生产管理

果树生产的特点有，有利于充分利用土地、劳动力和自然资源，改善居住环境。果树适应性强，山地和瘠薄土地均可栽植，是家庭农场发展多种经营的较好的生产项目。果树是多年生植物，适应性比较强，既可以取得较高的经济收入，又可以保护生态环境。但是，果树生产一般是在较长时间内连续投资才能收益，投资回报期较长。根据以上特点，家庭农场进行果树生产时，应当因地制宜选择树种，实行果粮结合、果林结合，以短养长。在发展果树生产的同时，相应地发展果品加工业，增加经济收入。

在果树生产园地的建设和管理上，首先要根据本地的气候、土壤性质、地势、水源和相关条件，选择好果树生产园地。其次是对果园进行科学规划。建果园是长期生产，一定要做好发展规划，要合理确定果园面积、生产规模和果树品种。还要对果树的栽植地段、品种搭配、行列距离、光照、通风、施肥、灌溉、排水和田、林、路、渠等进行统筹安排，以便于管理。

三、人员管理

1. 人员招聘

人员招聘是家庭农场人力资源管理中的一个非常重要的环节，它与家庭农场的其他人力资源管理活动之间存在着密切的联系。人员招聘的基本程序包括招聘决策、发布信息、招聘测试、人事决策四大步骤。

（1）招聘决策　招聘决策是指家庭农场中的最高管理层对工作岗位招聘的决定过程。招聘决策的运作可分为以下几步。

① 用人部门提出申请。需要增加人员的部门负责人向人力资源管理部门提出需要人员的人数、岗位、要求，并解释理由。

② 人力资源管理部门复核。人力资源管理部门人员到用人部门去复核申请，核实是否一定要这么多人，并写出复核意见。

③ 最高管理层决定。根据家庭农场的不同情况，可以由总经理（场长）工作会议决定，也可以在部门经理工作会议上决定。决定应该在充分考虑申请和复核意见的基础上产生。

（2）发布信息　一旦招聘决策完成后，就应该迅速发布招聘信息，即向可能应聘的人群传递家庭农场将要招聘的信息。发布招聘信息直接关系到招聘的质量，应引起有关方面充分重视。发布招聘信息的原则有以下三条。

① 面广原则。发布招聘信息的面越广，接收到该信息的人就越多，应聘的人也越多，这样招到合适人选的概率就越大。

② 及时原则。在条件许可的情况下，招聘信息应该尽快地向人们发布，这样有利于缩短招聘进程，而且有利于使更多的人获取信息，使应聘人数增加。

③ 层次原则。招聘的人员都是处在社会的某一层次的，要根据招聘岗位的特点，向特定层次的人员发布招聘信息。

（3）招聘测试　招聘测试是指在家庭农场员工招聘过程中，运用各种科学方法和经验对应聘者加以客观鉴定的各种方法的总称。人与人之间是存在差异的，这种差异可以通过各种方法加以区别，这为招聘测试奠定了基础。家庭农场员工招聘测试的种类很多，目前我国家庭农场比较适用的有以下几种。

① 心理测试。心理测试是指通过一系列的心理学方法来测量被试者的智力水平和个性方面差异的一种科学方法。

② 知识考试。知识考试是指主要通过纸笔测验的形式，了解被试者的知识广度、知识深度和知识结构的一种方法。

③ 情景模拟。情景模拟是指根据被试者可能担任的职务和完成的项目，将被试者安排在模拟的、逼真的工作环境中，要求被试者处理可能遇见的各种问题，用多种方法来测评其心理素质、潜在能力的一系列方法。

④ 面试。面试是指一类要求被试者用口头语言来回答主试者提问，以便了解被试者心理素质和潜在能力的测评方法。

（4）人事决策　人事决策是指人事任免决策，也就是指决定让什么人从事哪项工作。

2. 员工培训

员工培训是指由家庭农场人力资源主管部门负责规划、组织，通过教学或传授经验的方式在知识、技术、态度、道德、观念等方面改进员工的行为方式，以达到期望的标准或水平。家庭农场员工培训，一般针对两种人，一是新录用的员工，二是家庭农场现有员工。

（1）新员工培训　　一旦决定应聘者被录用之后，农场中的人事部门应该对他将要从事的工作和组织的情况给予必要的介绍和引导。职前引导的目的在于减少新来人员在新的工作开始之前的担忧和焦虑，使他们能够尽快地熟悉所从事的本职工作以及农场的基本情况，如农场现状、未来目标、发展理念、工作程序及相关规定等，并充分了解他们应尽的义务和职责，以及绩效评估制度和奖惩制度等。例如，有关的人事政策、福利以及工作时数、加班规定、工资状况等。一方面，可以消除新员工心中那些不切实际的期望，充分了解今后工作中可能遇到的各种困难和问题，了解克服和解决这些困难和问题的渠道；另一方面，可以引导新员工了解工作单位的远景目标、与工作中的同事如何进行合作等。农场有义务使新员工的不适应降至最低，并应使其尽快地调整自我，尽早地适应工作环境。

（2）现有员工在职培训　　对员工进行在职培训是为了使员工通过不断学习掌握新技术和新方法，从而达到新的工作目标所进行的不脱产培训。工作轮换和实习，是两种最常见的在职培训。所谓工作轮换，是指让员工在横向层级上进行工作调整，其目的是让员工学习多种工作技术，使他们对于各种工作之间的依存性和整个农场的活动有更深刻的体验和更加开阔的视野。所谓实习，是让新来人员向优秀的老员工学习，以提升自己知识与技能的一种培训方式。在生产和技术领域，这种培训方式通常称为学徒制度，而在商务领域，则称为实习制度。实习生的工作必须在优秀的老员工带领和监督之下进行，老员工有责任和义务帮助实习生克服困难，顺利成长进步。

在职培训多为专业知识与技能培训，这样有助于员工深入了解相关专业的基本知识及其发展动态，有助于提高员工自身的实际操作技能。专业知识与技能培训可以采取脱产、半脱产或业余等形式，如各种短期培训班、专题讨论会、函授、业余学校等。

第二节　　家庭农场的财务管理

一、资金管理

资金是市场经济条件下家庭农场生产和流通过程中所占用的物质资料和劳动力价值形式的货币表现。也是家庭农场获取各种生产资料、保证家庭农场持续发展不可缺少的要素。家庭农场资金是指用于家庭农场生产经营活动和其他投资活动的资产的货币表现。按照资金的价值转移方式，可分为流动资金和固定资金。

1. 家庭农场流动资金管理

流动资金是指在家庭农场生产经营过程中，垫支在劳动对象上的资金和用于支付劳动报酬及其他费用的资金。

（1）货币资金管理　货币资金是家庭农场流动资金中流动性最强的资金，包括现金、银行存款和其他货币资金。

① 现金管理。现金是指家庭农场所拥有的硬币、纸币，即由家庭农场出纳员保管，作为零星业务开支之用的库存现款。家庭农场持有现金出于三种需求，即交易性需求、预防性需求和投机性需求。

交易性需求是家庭农场为了维持日常周转及正常商业活动所需持有的现金额。家庭农场每日都在发生许多支出和收入，多数情况下，这些支出和收入在数额上不相等或者时间上不匹配，因此，家庭农场需要持有一定现金来调节，以使生产经营活动持续进行。

预防性需求是指家庭农场需要维持充足的现金，以应付突发事件。这种突发事件可能是政策环境变化，也可能是家庭农场的某大客户违约导致家庭农场突发性偿付等。尽管财务主管试图利用各种手段来较准确地估算家庭农场需要的现金数，但这些突发事件会使原本很好的财务计划失去效果。因此，家庭农场为了应付突发事件，有必要准备比日常正常运转所需金额更多的现金。为应付意料不到的现金需要，家庭农场掌握的现金额取决于家庭农场愿冒缺少现金风险的程度；家庭农场预测现金收支可靠的程度；家庭农场临时融资的能力。

投机性需求是指家庭农场为了在未来某一适当的时机进行投机活动而持有的现金。这种机会大都是一闪即逝，如证券价格突然下跌，家庭农场若没有用于投机的现金，就会错过这一机会。

如果家庭农场持有的现金过多，因现金资产的收益性较低，会增加家庭农场财务风险，降低收益；如果家庭农场持有的现金过少，可能会因为缺乏必要的现金不能应付业务开支需要而影响家庭农场的支付能力和信誉形象，使家庭农场遭受信用损失。

家庭农场现金管理的目的在于，既要保证家庭农场生产经营所需要现金的供应，还要尽量避免现金闲置，并合理地从暂时闲置的现金中获得更多的收益。

家庭农场要遵守国家现金管理有关规定，做好库存现金的盘点工作，建立和实施现金的内部控制制度，控制现金回收和支付，多方面做好现金的日常管理工作。

② 银行存款管理。银行存款就是家庭农场存放在银行或其他金融机构的货币资金。家庭农场银行存款管理的目标是通过加速贷款回收，严格控制支出，力

求货币资金的流入与流出同步,来保持银行存款的合理水平,使家庭农场既能将多余货币资金投入有较高回报的其他投资方向,又能在家庭农场急需资金时,获得足够的现金。

(2)债权资产管理　债权资产是指债权人将在未来时期向债务人收取的款项,主要包括应收账款和应收票据。

① 应收账款管理。家庭农场应收账款管理的重点,就是根据家庭农场实际经营情况和客户信誉情况制订家庭农场合理的信用政策,这是家庭农场财务管理的一个重要组成部分,也是家庭农场为达到应收账款管理目的必须合理制订的方针策略。信用政策包括信用标准、信用期限、折扣政策和收账政策等。

信用政策制订好以后,家庭农场要从三个方面强化应收账款信用政策执行力度:一是做好客户资信调查。一般来说,客户的资信程度通常取决于五个方面,即客户的品德、能力、资本、担保和条件,也就是通常所说的"5C"系统,这五个方面的信用资料可以通过财务报表、信用评级报告、商业交往信息取得。对上述信息进行信用综合分析后,家庭农场就可以对客户的信用情况作出判断,并作出能否和该客户进行商品交易,做多大规模,每次信用额控制在多少为宜,采用什么样的交易方式、付款期限和保障措施等方面决策。二是加强应收账款的日常管理工作。具体来讲,可以从以下几个方面做好应收账款的日常管理工作:做好基础记录,了解客户(包括子公司)付款的及时程度;检查客户是否突破信用额度;掌握客户已过信用期限的债务;分析应收账款周转率和平均收账期,看流动资金是否处于正常水平;对坏账损失的可能性预先进行估计,积极建立弥补坏账损失的准备制度;编制账龄分析表。三是加强应收账款的事后管理。确定合理的收账程序,确定合理的讨债方法。

② 应收票据管理。应收票据包括期票和汇票。期票是指债务人向债权人签发的,在约定日期无条件支付一定金额的债务凭证。汇票是指由债权人签发(或由付款人自己签发),由付款人按约定付款期限,向持票人或第三者无条件支付一定款项的凭证。家庭农场为了弥补无法收回应收票据而发生的坏账损失,应建立和健全坏账准备金制度。

(3)存货管理　存货是指家庭农场在正常生产经营过程中持有的、为了销售的产成品或商品,或为了出售仍然处于生产过程中的产品,或在生产过程、劳务过程中消耗的材料、物料等。家庭农场存货除上述项目外,还包括收获的农产品、幼畜、生长中的庄稼等。家庭农场留存存货的原因:一方面,是为了保证生产或销售的经营需要;另一方面,是出自价格的考虑,零购物资的价格往往较高,而整批购买在价格上有优惠。但是,过多存货要占用较多资金,并且会增加包括仓储费、保险费、维护费、管理人员工资在内的各项开支。因此,进行存货管理的目标就是尽力在各种成本与存货效益之间作出权衡,达到两者的最佳结合。

家庭农场提高存货管理水平的途径主要有：严格执行财务制度规定，使账、物、卡相符；采用 ABC 控制法，降低存货库存量，加速资金周转；加强存货采购管理，合理运作采购资金，控制采购成本；充分利用 ERP 等先进的管理模式，实现存货资金信息化管理。

2. 家庭农场固定资金管理

（1）固定资金的特点　固定资金是指家庭农场占用在主要劳动资料上的资金，其实物形态表现为固定资产，如工作机器、动力设备、传导运输设备、房屋及建筑物等。家庭农场固定资产还包括土地、堤坝、水库、晒场、养鱼池、生物资产等。家庭农场把劳动资料按照使用年限和原始价值划分为固定资产和低值易耗品。对于原始价值较大、使用年限较长的劳动资料，按照固定资产来进行核算；而对于原始价值较小、使用年限较短的劳动资料，按照低值易耗品来进行核算。

固定资产在较长时期内的多次生产周期中反复发挥作用，直到报废之前，仍然保持其实物形态不变。固定资产在使用过程中不可避免地会发生磨损，其价值也会随着它的损耗程度逐渐地、部分地转移并从产品实现的价值中逐渐地、部分地补偿。

固定资金在运动周转中表现出以下特点：周转期长；固定资产资金的价值补偿和实物更新分别进行；固定资金的投资是一次性的，而投资的收回分次进行。

（2）固定资产管理的基本要求　固定资产具有价值高、使用周期长、使用地点分散、管理难度大等特点，为了保证生产对固定资产数量和质量的需要，同时还要提高固定资产的利用效率：第一，家庭农场要正确核定固定资产的需用量；第二，要保证固定资产的完整无缺；第三，要不断提高固定资产的利用效率；第四，要正确计算和提取固定资产折旧；第五，要加强固定资产投资预测和决策。

二、融资管理

1. 家庭农场融资的特征

作为我国新型农业经营主体，家庭农场与一般的农户相比，在融资方面有四点特征。

（1）融资额度扩大化　与普通家庭经营的农户相比，家庭农场实现规模化经营，在融资方面表现为额度扩大化以及融资期限多元化等方面。家庭农场一般由于集约化经营，需要流转一定规模的土地，因此具有较大的经营规模，需要较为先进的物质装备，承担较多的土地流转费、农机购置费等投入，金融需求的总量由过去的小额分散逐渐向集中大额度金融需求转变。

（2）金融服务多样化　作为新型农业经营主体类型的家庭农场，其经营规模、产业链长度、营销渠道与传统家庭农户具有较大的差异，因而融资需求呈现多样化的特征、引入资本、发行债券、管理咨询、现金管理等非信贷类银行服务需求明显增多。

（3）农业保险意识增强化　家庭农场相比于传统农户，投资规模更大，投资周期更长，因此，经营过程中对农业保险、期货套期保值等抗风险型的金融需求更强烈，对健全的农村金融风险转移和补偿机制的需求更为迫切。

（4）融资需求延伸化　随着现代农业产业化的发展，农村第一、第二、第三产业的融合发展，家庭农场作为农业产业化的基础力量，信贷需求从传统的生产环节逐渐向全产业链延伸，逐渐涉及农产品加工、流通、销售等多个环节，对传统的金融服务提出了更高的要求。在客观上加大了对与家庭农场相适应的全方位、综合性的金融服务的需求。

2. 家庭农场融资的方式

作为家庭农场主，可以通过国家财政资金、贷款和自筹三种方式进行融资。

（1）国家财政资金（政府资金投入）　近年来，我国各级政府对家庭农场进行了大量的资金投入，然而，这些资金投入相对于农场主们对资金的需求还远远不够。家庭农场建设初期，加大政府资金投入，确保财政补贴政策的有效实施，能够帮助部分家庭农场摆脱融资难题。

（2）贷款（金融机构贷款）　家庭农场在创业初期，由于处于投资期，往往很难盈利，周转资金不足，很多农场主想到通过贷款的方式缓解经济压力。然而，我国普遍存在着"贷款难"的现象。由于银行业等金融机构实施较为严格的贷款抵押担保制度，农场主们通常缺乏有效的抵押手段，土地是通过土地流转得来的，缺乏抵押品的特征。因此，这种"贷款难"的现象需要政府、金融机构和农场主们共同协调才能得以解决。贷款难题的解决将会大幅度地改善融资困境。

（3）自筹（民间资本参与）　随着家庭农场的逐步推广，资金难题完全依靠政府补助已不现实，大部分资金还需要农场主们自主筹集。如今，国内家庭农场的基础设施投入近80%是来自农场主们的自有资金和民间借贷。多数家庭农场实行"两费自理"（"两费"指的是生产费用和生活费用），这种自给自足的经营模式给农场主们的融资施加了极大的压力。农场主的部分自有资金因用于租用土地，已不能满足基础设施的投入。又因为从金融机构难以取得贷款，农场主选择向周围的人借用资金。而这些资金只能暂时应对初期投资问题，对于真正解决融资问题作用很小。但民间资本参与的自筹形式是成本低、速度快的一种筹资方式。

三、成本费用管理

成本是商品价值的组成部分。人们要进行生产经营活动或达到一定的目的，就必须耗费一定的资源（人力、物力和财力），其所费资源的货币表现及其对象化称为成本。

1. 成本与费用的概念

成本与费用是两个不同的概念。成本一般指生产经营成本，是按照不同产品或提供劳务而归集的各项费用之和。我国现行财务制度规定，产品成本是指产品制造成本，是生产单位为生产产品或提供劳务而消耗的直接材料、直接工资、其他直接支出和制造费用的总和。费用常指生产经营费用，是家庭农场在一定时期内为进行生产经营活动而发生的各种消耗的货币表现。

成本与生产经营费用都反映家庭农场生产经营过程的耗费，生产费用的发生过程往往又是产品成本的形成过程。两者的区别在于耗费的衡量角度不同，成本是为了取得某种资源，是按特定对象所归集的费用，是对象化了的费用；费用是对某会计期间家庭农场所拥有或控制的资产耗费，是按会计期间归属，与一定会计期间相联系，而与特定对象无关。另外，生产经营费用既包括直接费用、制造费用，还包括期间费用，而产品成本只包括直接费用和制造费用。

2. 成本与费用的构成

（1）产品成本项目构成

① 直接材料。是指生产商品产品和提供劳务过程中所消耗的，直接用于产品生产、构成产品实体的原料及主要材料、外购半成品及有助于产品形成的辅助材料和其他直接材料。

② 直接工资。是指在生产产品和提供劳务过程，直接参加产品生产的工人工资、奖金、补贴。

③ 其他直接支出。即包括直接从事产品生产人员的职工福利费等。

④ 制造费用。是指应由产品制造成本负担的，新型农业经营主体经营管理与提质增效不能直接计入各产品成本的有关费用，主要指各生产车间管理人员的工资、奖金、津贴、补贴及职工福利费，生产车间房屋建筑物、机器设备等的折旧费，租赁费（不包括融资租赁费），修理费，机物料消耗，低值易耗品摊销，取暖费（降温费），水电费，办公费，差旅费，运输费，保险费，设计制图费，试验检验费，劳动保护费。

（2）期间费用项目 期间费用是指家庭农场本期发生的、不能直接或间接归入营业成本，而是直接计入当期损益的各项费用，包括销售费用、管理费用和财务费用等。

① 销售费用。家庭农场在销售过程中所发生的费用。具体包括应由家庭农场负担的运输费、装卸费、包装费、保险费、展览费、销售佣金、委托代销手续费、广告费、租赁费和销售服务费用，专设销售机构人员工资、福利费、差旅费、办公费、折旧费、修理费、材料消耗、低值易耗品摊销及其他费用。但家庭农场内部销售部门属于行政管理部门，所发生的经费开支，不包括在销售费用之内，

而应列入管理费用。

② 管理费用。即家庭农场管理和组织生产经营活动所发生的各项费用。管理费用包括的内容较多，具体包括公司经费，即家庭农场管理人员工资、福利费、差旅费、办公费、折旧费、修理费、物料消耗、低值易耗品摊销和其他经费；工会经费，即按职工工资总额的一定比例计提拨交给工会的经费；职工教育经费，即按职工工资总额的一定比例计提，用于职工培训学习以提高文化技术水平的费用；劳动保险费，即家庭农场支付离退休职工的退休金或按规定缴纳的离退休统筹金、价格补贴、医药费或医疗保险费、退职金、病假人员工资、职干死亡丧葬补助费及抚恤费、按规定支付离休人员的其他经费；差旅费，即家庭农场董事会或最高权力机构及其成员为执行职能而发生的差旅费、会议费等；咨询费，即家庭农场向有关咨询机构进行科学技术经营管理咨询所支付的费用；审计费，即家庭农场聘请注册会计师进行查账、验资、资产评估等发生的费用；诉讼费，即家庭农场因起诉或应诉而支付的各项费用；税金，即家庭农场按规定支付的房产税、车船使用税、土地使用税、印花税等；土地使用费，即家庭农场使用土地或海域而支付的费用；土地损失补偿费，即家庭农场在生产经营过程中因破坏土地而支付的土地损失补偿费；技术转让费，即家庭农场购买或使用专有技术而支付的技术转让费用；技术开发费，即家庭农场开发新产品、新技术所发生的新产品设计费、工艺规程制订费、设备调整费、原材料和半成品的试验费、技术图书资料费、未获得专项经费的中间试验费及其他有关费用；无形资产摊销，即场地使用权、工业产权及专有技术和其他无形资产的摊销；递延资产摊销，即开办费和其他资产的摊销；坏账损失，即家庭农场按年末应收账款损失；业务招待费，即家庭农场为业务经营的合理需要，按年销售净额一定比例之内支付的费用；其他费用，即不包括在上述项目中的其他管理费用，如绿化费、排污费等。

③ 财务费用。家庭农场为进行资金筹集等理财活动而发生的各项费用。财务费用主要包括利息净支出、汇兑净损失、金融机构手续费和其他因资金而发生的费用。利息净支出包括短期借款利息、长期借款利息、应付票据利息、票据贴现利息、应付债券利息、长期应付融资租赁款利息、长期应付引进国外设备款利息等，家庭农场银行存款获得的利息收入应冲减上述利息支出；汇率损失指家庭农场在兑换外币时因市场汇价与实际兑换汇率的不同而形成的损失或收益，以脱离因汇率变动期末调整外币账户余额而形成的损失或收益，当发生收益时应冲减损失；金融机构手续费包括开出汇票的银行手续费等。

3. 家庭农场成本费用管理

加强成本费用管理，降低生产经营耗费，有利于促使家庭农场改善生产经营管理，提高经济效益，是扩大生产经营的重要条件。

（1）成本费用管理原则

① 正确区分各种支出的性质，严格遵守成本费用开支范围。

② 正确处理生产经营消耗同生产成果的关系，实现高产、优质、低成本的最佳组合。

③ 正确处理生产消耗同生产技术的关系，把降低成本同开展技术革新结合起来。

（2）家庭农场降低成本费用的途径与措施

① 减少材料消耗，降低直接材料费用。车间技术检查员要按图纸、工艺、工装要求进行操作，实行首件检查，防止成批报废。车间设备员要按工艺规程规定的要求监督设备维修和使用情况，不合要求不能开工生产。供应部门材料员要按规定的品种、规格、材质实行限额发料，监督领料、补料、退料等制度的执行。生产调度人员要控制生产批量，合理下料，合理投料。车间材料费的日常控制，一般由车间材料核算员负责，要经常收集材料，分析对比，追踪原因，会同有关部门和人员提出改进措施。

② 提高劳动生产率，降低直接人工费用。工资在成本中占有一定比重，增加工资又被认为是不可逆转的。工资与劳动定额、工时消耗、工时利用率、工人出勤率与技术熟练程度等因素有关，要减少单位产品中工资的比重，提高劳动生产率，保证工资与效益同步增长。

③ 推行定额管理，降低制造费用。制造费用项目很多，发生的情况各异。有定额的按定额控制，没有定额的按各项费用预算进行控制。各个部门、车间、班组分别由有关人员负责控制和监督，并提出改进意见。

④ 加强预算控制，降低期间费用。严格控制期间费用开支范围和开支标准，不得虚列期间费用，正确使用期间费用核算方法和结转方法。

⑤ 实行全面成本管理，全面降低成本费用水平。成本费用管理是一项系统工程，需要对成本形成的全过程进行管理，从产品的设计投产到产品生产、销售，都要注意降低产品成本。成本费用控制得到高层领导的支持是非常重要的，而家庭农场的日常事务，是由广大员工来执行的，他们会直接或间接地影响成本费用水平。因此，要加强宣传，使成本费用理念深入每一个员工心里。

四、利润管理

1. 利润的概念

利润是家庭农场劳动者为社会创造的剩余产品价值的表现形式。利润是家庭农场在一定时期内，从生产经营活动中取得的总收益，按权责发生制及收入、费用配比的原则,扣除各项成本费用损失和有关税金后的净额,包括营业利润、投资净收益、补贴收入和营业外收支净额等。它表明家庭农场在一定期间的最终经营成果。

2. 家庭农场总利润的构成

(1) 营业利润

利润总额=营业利润+投资净收益+补贴收入+营业外收入-营业外支出

营业利润=主营业务利润+其他业务利润-管理费用-营业费用-财务费用

主营业务利润=主营业务收入-主营业务成本-主营业务税金及附加

其他业务利润=其他业务收入-其他业务支出

(2) 投资净收益

净利润=利润总额-所得税

(3) 补贴收入　是指家庭农场按规定实际收到退还的增值税,或按销量或工作量等依据国家规定的补助,定额计算并按期给予的定额补贴,以及属于国家财政扶持的领域而给予的其他形式的补贴。

(4) 营业外收入　主要包括固定资产盘盈、处置固定资产净收益、处置无形资产净收益、罚款净收入等。

(5) 营业外支出　主要包括处置固定资产净损失、处置无形资产净损失、债务重组损失、计提的固定资产减值准备、计提的无形资产减值准备、计提的在建工程减值准备、固定资产盘亏、非常损失、罚款支出、捐赠支出等。

3. 家庭农场利润的分配

利润分配,是将家庭农场实现的净利润,按照国家财务制度规定的分配形式和分配顺序,在国家、家庭农场和投资者之间进行的分配。利润分配的过程与结果,是关系到所有者的合法权益能否得到保护,家庭农场能否长期、稳定发展的重要问题。为此,家庭农场必须加强利润分配的管理和核算。

(1) 利润分配的原则

① 依法分配原则。家庭农场利润分配的对象是家庭农场缴纳所得税后的净利润,这些利润是家庭农场的权益,家庭农场有权自主分配。国家有关法律、法规如《中华人民共和国公司法》(以下简称《公司法》)等对家庭农场利润分配的基本原则、一般次序和重大比例都作了较为明确的规定,其目的是保障家庭农场利润分配的有序进行,维护家庭农场所有者、债权人以及职工的合法权益,促使家庭农场增加积累,增强风险防范能力。利润分配在家庭农场内部属于重大事项,家庭农场在利润分配中必须切实执行法律、法规,对本家庭农场利润分配的原则、方法、决策程序等内容作出具体而又明确的规定。

② 资本保全原则。资本保全是责任有限的现代家庭农场的规定制度的基础

性原则之一，家庭农场在分配中不能侵蚀资本。利润的分配是对经营中资本增值额的分配，不是对资本金的返还。按照这一原则，一般情况下，家庭农场如果存在尚未弥补的亏损，应首先弥补亏损，再进行其他分配。

③ 充分保护债权人利益原则。债权人的利益按照风险承担的顺序及其合同契约的规定，家庭农场必须在利润分配之前偿清所有债权人到期的债务，否则不能进行利润分配。同时，在利润分配之后，家庭农场还应保持一定的偿债能力，以免产生财务危机，危及家庭农场生存。

④ 利益兼顾原则。利润分配的合理与否，是利益机制最终能否持续发挥作用的关键。利润分配涉及投资者、经营者、职工等多方面的利益，家庭农场必须兼顾，并尽可能地保持稳定的利润分配。在家庭农场获得稳定增长的利润后，应增加利润分配的数额或比例。同时，在积累与消费关系的处理上，家庭农场应贯彻积累优先的原则，合理确定提取盈余公积金和分配给投资者利润的比例，使利润分配真正成为促进家庭农场发展的有效手段。

（2）利润分配的程序　利润分配程序是指公司制家庭农场根据适用法律、法规或规定，对家庭农场一定期间实现的净利润进行分配时必须经过的步骤。

根据《公司法》等有关规定，家庭农场当年实现的利润总额应按国家有关税法的规定作相应的调整，然后依法缴纳所得税。缴纳所得税后的净利润按下列顺序进行分配。

① 弥补以前年度的亏损。按照我国财务和税务制度的规定，家庭农场的年度亏损，可以由下一年度的税前利润弥补，下一年度税前利润尚不足以弥补的，可以由以后年度的利润继续弥补，但用税前利润弥补以前年度亏损的连续期限不超过 5 年。5 年内弥补不足的，用本年税后利润弥补。本年净利润加上年初未分配利润为可供家庭农场分配的利润，只有可供分配的利润大于零时，家庭农场才能进行后续分配。

② 提取法定盈余公积金。根据《公司法》的规定，法定盈余公积金的提取比例为当年税后利润（弥补亏损后）的 10%。当法定盈余公积金已达到注册资本的 50% 时可不再提取。法定盈余公积金可用于弥补亏损、扩大公司生产经营或转增资本，但公司用盈余公积金转增资本后，法定盈余公积金的余额不得低于转增前公司注册资本的 25%。

③ 提取任意盈余公积金。根据《公司法》的规定，公司从税后利润中提取法定公积金后，经股东会或者股东大会决议，还可以从税后利润中提取任意公积金。

④ 向投资者分配利润。根据《公司法》的规定，公司弥补亏损和提取公积金后所余税后利润，可以向股东（投资者）分配股利（利润），其中有限责任公司股东按照实缴的出资比例分取红利，全体股东约定不按照出资比例分取红利的除

外；股份有限公司按照股东持有的股份比例分配，但股份有限公司章程规定不按持股比例分配的除外。

根据《公司法》的规定，在公司弥补亏损和提取法定公积金之前向股东分配利润的，股东必须将违反规定分配的利润退还公司。

第三节　合作社的经营管理

一、合作社成员的权利

根据 2017 年修订的《中华人民共和国农民专业合作社法》（以下简称《农民专业合作社法》）第二十一条的规定，农民专业合作社的成员享有以下权利。

① 参加成员大会，并享有表决权、选举权和被选举权，按照章程规定对本社实行民主管理。

参加成员大会是成员的一项基本权利。成员大会是农民专业合作社的权力机构，由全体成员组成。农民专业合作社的每个成员都有权参加成员大会，决定合作社的重大问题，任何人不得限制或剥夺。

行使表决权，实行民主管理。农民专业合作社是全体成员的合作社，成员大会是成员行使权利的机构。作为成员，有权通过出席成员大会并行使表决权，参加对农民专业合作社重大事项的决议。

享有选举权和被选举权。所有成员都有权选举理事长、理事、执行监事或者监事会成员，也都有资格被选举为理事长、理事、执行监事或者监事会成员，但是法律另有规定的除外。在设有成员代表大会的合作社中，成员还有权选举成员代表，并享有成为成员代表的被选举权。

② 利用本社提供的服务和生产经营设施。农民专业合作社以服务成员为宗旨，谋求全体成员的共同利益。作为农民专业合作社的成员，有权利用本社提供的服务和本社置备的生产经营设施。

③ 按照章程规定或者成员大会决议分享盈余。农民专业合作社获得的盈余依赖于成员产品的集合和成员对合作社的利用，本质上属于全体成员。可以说，成员的参与热情和参与效果直接决定了合作社的效益情况。因此，法律保护成员参与盈余分配的权利，成员有权按照章程规定或成员大会决议分享盈余。

④ 查阅本社的章程、成员名册、成员大会或者成员代表大会记录、理事会会议决议、监事会会议决议、财务会计报告、会计账簿和财务审计报告。成员是农民专业合作社的所有者，对农民专业合作社事务享有知情权，有权查阅相关资

料,特别是了解农民专业合作社经营状况和财务状况,以便监督农民专业合作社的运营。

⑤ 章程规定的其他权利。上述规定是《农民专业合作社法》规定成员享有的权利,除此之外,合作社章程在同《农民专业合作社法》不抵触的情况下,还可以结合本社的实际情况规定成员享有的其他权利。

二、合作社成员的义务

农民合作社在从事生产经营活动时,为了实现全体成员的共同利益,需要对外承担一定义务,这些义务需要全体成员共同承担,以保证农民专业合作社及时履行义务和顺利实现成员的利益。根据《农民专业合作社法》第二十三条的规定,农民专业合作社的成员应当履行以下义务。

① 执行成员大会、成员代表大会和理事会的决议。成员大会和成员代表大会的决议,体现了全体成员的共同意志,成员应当严格遵守并执行。

② 按照章程规定向本社出资。明确成员的出资通常具有两个方面的意义:一是以成员出资作为组织从事经营活动的主要资金来源;二是明确组织对外承担债务责任的信用担保基础。由于我国各地经济发展的不平衡,以及农民专业合作社的业务特点和现阶段出资成员与非出资成员并存的实际情况,一律要求农民加入专业合作社时,必须出资或者必须出法定数额的资金,不符合目前发展的现实。因此,成员加入合作社时是否出资以及出资方式、出资额、出资期限,都需要由农民专业合作社通过章程自己决定。

③ 按照章程规定与本社进行交易。农民加入合作社是要解决在独立的生产经营中个人无力解决、解决不好或个人解决不合算的问题,是要利用和使用合作社所提供的服务。成员按照章程规定与本社进行交易既是成立合作社的目的,也是成员的一项义务。成员与合作社的交易,可能是交售农产品,也可能是购买生产资料,还可能是有偿利用合作社提供的技术、信息、运输等服务。成员与合作社的交易情况,按照《农民专业合作社法》第四十三条的规定,应当记载在该成员的账户中。

④ 按照章程规定承担亏损。由于市场风险和自然风险的存在,农民专业合作社的生产经营可能会出现波动,有的年度有盈余,有的年度出现亏损。合作社有盈余时分享盈余是成员的法定权利,合作社亏损时承担亏损也是成员的法定义务。

⑤ 章程规定的其他义务。成员除应当履行上述法定义务外,还应当履行章程结合本社实际情况规定的其他义务。

第四节　合作社的财务管理

一、筹措资金和管理资产

1. 筹措农民合作社资金

农民专业合作社的资金来源主要有成员出资、从合作社盈余中提取的公积金、国家扶持资金、他人捐赠资金、对外举债所取得的资金等。

（1）成员出资　成员出资是合作社经营活动资金的主要来源。合作社成员可以用货币出资，也可以用实物、技术、知识产权、土地承包经营权预期收益及其他可以用货币估价并可依法转让的非货币财产出资。

（2）盈余分配计提的公积金　农民合作社可以按照章程规定或者成员大会决议从当年盈余中提取公积金。公积金用于弥补亏损，扩大生产经营或者转为成员出资。

（3）国家扶持的资金和他人捐赠的资金　合作社获得的国家财政扶持资金和他人捐赠资金所形成的财产部分，应当平均量化到每个成员账户，并可作为成员参与合作社可分配盈余的分配依据。捐赠有约定的，按照约定进行管理。

（4）对外举债资金　经成员大会或成员代表大会决议，农民合作社可以对外借债和向金融机构申请贷款。借款或贷款的决策程序，由合作社章程加以规定。

2. 管理农民合作社资产

农民专业合作社的资产包括货币资金、应收款项、存货、对外投资、农业资产、固定资产和无形资产。

（1）货币资金　货币资金按照存放地点不同可以分为现金和银行存款。

现金管理方面，合作社要严格执行《中华人民共和国现金管理暂行条例》的规定，不能使用现金支付的业务，决不能使用现金；每天的现金收支余额要与现金库存数量相符，并与经营收入进行比对，现金收入大于库存现金最高限额时，要及时送存银行。银行存款管理方面，除按规定留存必要的现金外，其余货币资金都要存入银行账户；在开展经营业务活动中，除符合使用现金支付的业务外，必须通过银行存款账户存款、取款和转账结算。

（2）应收款项　应收款项的管理重点在于确保应收款项的及时性和有效性；确保每一笔应收款项的入账、调整、冲销都有据可查，并经过授权审批；确保应收款项及收款的财务记录正确完整；保证折扣、折让经过审批；完整收取各项现金收入并保证其安全。

（3）存货　合作社存货包括各种材料、燃料、包装物、种子、化肥、农药、农产品和收获后加工而得的产品等。存货管理方面，要针对存货不同特点，加强对存货的科学分类，制订合理的计价原则，建立科学的管理制度和定期盘点制度，确保存货的合理使用。

（4）对外投资　合作社要建立对外投资管理制度，明确审批人和经办人的权限、程序、责任和相关控制措施；严格考察投资项目的可行性和投资潜力；加强对外投资收益的核算，严禁设置账外账，所得收益分配到成员账户；所有对外投资项目必须经成员大会或成员代表大会决议通过，并记录存档。

（5）农业资产　农业资产主要包括动物资产和植物资产。农业资产的管理重点在于确定资产的计价原则和计价方法。

（6）固定资产　固定资产管理重点要做好以下工作：一是科学分类，明确固定资产的用途；二是按照会计制度规定的计价原则和计价方法，准确确定固定资产的价值；三是建立固定资产折旧制度，采用适当方法，按照一定期限对固定资产提取折旧费用；四是制订固定资产收发、保管、使用和维修保养等管理制度，明确岗位责任，组织人员定期对固定资产进行清查，做到账实相符。

（7）无形资产　无形资产主要包括专利权、商标权、非专利技术等。无形资产的管理重点是资产的计价和摊销。

3. 成员账户管理与盈余分配

合作社的成员账户是合作社经营管理中最重要的会计依据，也是合作社在财务上区别于一般经济组织的重要特征。每个合作社都应当为其每一个成员设立独立的成员账户，成员账户对合作社及其成员意义重大。

① 设立成员账户，可以用来核算成员与合作社的交易量（额），为成员参与盈余分配提供依据。《中华人民共和国农民专业合作社法》（以下简称《农民专业合作社法》）第四十四条规定，合作社弥补亏损、提取公积金后的当年盈余为合作社的可分配盈余。可分配盈余主要按成员与合作社的交易量（额）比例返还。由此可见，成员与合作社的交易量（额）是可分配盈余返还的重要依据，对其核算正确与否，直接影响着成员从合作社获得的经济利益。

② 设立成员账户，可以用来核算成员的出资额和公积金变化情况，为成员承担经济责任提供依据。《农民专业合作社法》第六条规定，农民专业合作社成员以其账户内记载的出资额和公积金份额为限，对农民专业合作社承担责任。也就是说，当合作社解散需要清算时，成员承担的合作社债务，视成员账户中记载的出资额和公积金份额的多少而定。

③ 设立成员账户，可以用来核算成员出资额、与合作社的交易量（额），为附加表决权的确定提供依据。《农民专业合作社法》第二十二条规定，出资额或者与合作社交易量（额）较大的成员按照章程规定，可以享有附加表决权。因此，

只有对成员出资额与成员交易量（额）进行正确核算，才能合理分配附加表决权。

④ 设立成员账户，可以为管理财务问题提供依据。《农民专业合作社法》规定，成员资格根据相关会计资料终止时，农民专业合作社应当按照章程规定的方式和期限，退还成员退社时处在该成员账户内的出资额和公积金份额，返还可分配盈余或承担亏损和债务。只有加强对成员出资额和公积金份额的核算，才能保证成员"退社自由"，享受应有的权利，履行应尽的义务。

二、编制成员账户

1. 编制方法

（1）成员账户编制格式　成员账户是按每个成员一份编制，详细记录每个成员与本社的交易量（额），以及按此返还给该成员的可盈余分配。此外还包括成员的权益占本社全部成员权益的份额，以及按此分配给成员的剩余可分配盈余。成员账户区别于一般的会计报表，有其独特的格式。

成员账户分为左右 2 个部分。左侧为成员个人的股金和公积金部分，包括成员入社的出资额、量化到成员的公积金份额、形成财产的财政补助资金量化到成员的份额、接受捐赠财产量化到成员的份额；右侧为成员与本社交易情况和盈余返还及分配情况，包括成员与本社的交易量（额）、返还给该成员的可分配盈余和分配给该成员的剩余盈余。《农民专业合作社会计制度》给出了成员账户的基本格式，如表 15-1 所示。实际工作可根据自身需要，增加或减少有关项目和内容，确定成员账户的格式。

表 15-1　成员账户_____年度

成员姓名（名称）：　　　　联系地址：　　　　　　　　　　　第　页

编号	日期	摘要	成员出资		公积金份额	接受国家财政直接补助形成财产量化份额	接受他人捐赠形成财产量化份额	交易量		交易额		盈余返还金额	剩余盈余分配金额
			来源于到户类扶贫项目资产的出资额	其他来源的出资额				产品1	产品2	产品1	产品2		
	年初余额												
1													
2													
3													
4													
5													
...													
	年末余额/总额												

（2）相关科目　成员账户中包括了成员的出资额和公积金份额，也包括了成员的交易量（额）和利润返还。因此，在成员账户中涉及了股金、资本公积、盈余公积、应付盈余返还、应付剩余盈余等会计科目。这些会计科目的核算均需要按照"有借必有贷，借贷必相等"的原则记录，并且在记录完毕后将每个成员的情况相应登记在该成员的成员账户中。

（3）具体编制方式

① 将上年成员出资、公积金份额、形成财产的财政补助资金量化份额、捐赠财产量化份额直接对应填入表 15-1 中的"编号 1"栏。

② "成员出资"项目，按本年成员出资计入股金的部分填列。

③ "公积金份额"项目，按本年量化到成员个人的公积金填列。

④ "接受国家财政直接补助形成财产量化份额"，按本年国家财政直接补助形成财产量化到成员个人的份额填列。

⑤ "接受他人捐赠形成财产量化份额"项目，按本年接受捐赠形成财产量化到成员个人的份额填列。

⑥ "交易量"和"交易额"项目，按本年成员与合作社交易的产品填列。

⑦ "盈余返还金额"项目，按本年根据成员与合作社交易量（额）返还给成员的可分配盈余数额填列。

⑧ "剩余盈余分配金额"项目，按本年根据成员"股金""公积金"和"专项基金"份额分配给成员的剩余数额填列。

⑨ 年度终了，以"成员出资""公积金份额""接受国家财政直接补助形成财产量化份额""接受他人捐赠形成财产量化份额"合计数汇总成员应享有的合作社公积金总额，以"盈余返还金额"和"剩余盈余分配金额"合计数汇总成员全年盈余返还总额。

2. 年终盈余分配

合作社经营所产生的剩余，《农民专业合作社法》称之为盈余。具体而言，盈余是指合作社在一定会计期间内生产经营和管理活动所取得的净收入，即收入和支出的差额。它反映了合作社一段时期内经营管理的成果。区别于一般经济组织，合作社的盈余需要分配给合作社的成员。《农民专业合作社法》第四十四条规定，在弥补亏损、提取公积金后的当年盈余，为农民专业合作社的可分配盈余。

（1）盈余分配的要求　可分配盈余按照下列规定返还或者分配给成员，具体分配办法按照章程规定或者经成员大会决议确定：一是按成员与本社的交易量（额）比例返还，返还总额不得低于可分配盈余的 60%；二是按前项规定返还后的剩余部分，以成员账户中记载的出资额和公积金份额以及本社接受国家财政直接补助和他人捐赠形成的财产平均量化到成员的份额,按比例分配给本社成员。

合作社的盈余分配,是指把当年已经确定的盈余总额连同以前年度的未分配盈余按照一定的标准进行合理分配。盈余分配是合作社财务管理和会计核算的重要环节,关系到国家、集体、成员及所有者等各方面的利益,具有很强的政策性。因此,合作社必须严格遵守财务会计制度等有关规定,按规定的程序和要求,做好盈余分配工作。

合作社在进行盈余分配前,首先,应编制盈余分配方案,方案应详细规定各分配项目及其分配比例。盈余分配方案必须经合作社成员大会或成员代表大会讨论通过后执行,必须充分听取群众的意见。其次,应做好分配前的各项准备工作,清理有关财产,结清有关账目,以保证分配及时兑现,确保分配工作的顺利完成。

(2) 盈余分配的顺序　合作社的可供分配的盈余,按照下列顺序进行分配。

① 弥补上年亏损。主要是弥补上年亏损额。

② 提取盈余公积。盈余公积用于发展生产、转增资本或者用于弥补亏损。

③ 提取应付盈余返还。应付盈余返还是指合作社可分配盈余中应返还给成员的金额。可分配盈余是指合作社在弥补亏损、提取公积金后的当年盈余。现行财会制度规定,应付盈余返还按成员与本社交易量(额)比例返还给成员的金额,返还给成员的盈余总额不得低于可分配盈余的60%,具体返还办法按照合作社章程规定或者经成员大会决议确定。

④ 提取剩余盈余返还。应付剩余盈余指按成员与本社交易量(额)比例返还给成员的可分配盈余后,应付给成员的可分配盈余的剩余部分。这部分可分配盈余在分配时,不再区分成员是否与本社有交易量(额),以成员账户中记载的出资额和公积金份额以及本社接受国家财政直接补助和他人捐赠形成的财产平均量化到成员的份额,按比例分配给本社成员。也就是扣除上述各项后的盈余可按"成员出资""公积金份额""形成财产的财政补助资金量化份额""捐赠财产量化份额"合计数为成员应享有的"剩余盈余返还金额"量化到成员进行分配。

(3) 盈余分配的会计核算　专业合作社设置"盈余分配"账户,核算专业合作社当年盈余的分配(或亏损的弥补)和历年分配后的结存余额。本科目设置"各项分配"和"未分配盈余"两个二级科目。专业合作社用盈余公积弥补亏损时,借记"盈余公积"科目,贷记本科目(未分配盈余);按规定提取公积金时,借记本科目(各项分配),贷记"盈余公积"科目;按交易量(额)向成员返还盈余时,借记本科目(各项分配),贷记"应付盈余返还"科目;按成员账户中记载的出资额和公积金份额以及本社接受国家财政直接补助和他人捐赠形成的财产平均量化到成员的份额,按比例分配剩余盈余时,借记本科目(各项分配),贷记"应付剩余盈余"科目;年终,专业合作社应将全年实现的盈余总额,自"本年盈余"科目转入本科目,借记"本年盈余"科目,贷记本科目(未分配盈余),如为净亏损,则做相反会计分录;同时,将本科目下的"各项分配"明细科目的余额转入本科目"未分配盈余"明细科目,借记本科目(未分配盈余),贷记本科目(各项分配);年度终了,本科目的"各项分配"明细科目应无余额,"未分配盈余"明细科目的贷方余额表示未分配的盈余,借方余额表示未弥补的亏损。

三、定期公开社务

民主管理是合作社的基本原则之一。为了使社员积极参与和监督合作社的社务,合作社必须实行社务公开。

1. 社务公开的主要内容

社务公开的主要内容如下。

① 合作社理事长须将每年度的会计事务预算、决算报告备在主事务所,以便社员随时查阅,接受社员的监督。

② 合作社理事长须将章程、大会记录、理事会记录、社员名册等文书备在主事务所,以公开合作社的运营状况。

③ 经社员若干人同意,可要求查阅合作社会计账簿;无特殊理由,合作社领导不能予以拒绝。

④ 对合作社业务有违反法规或章程的疑问时,经社员若干人同意,可请求有关部门派人检查合作社业务。

⑤ 设立合作社运营评价咨询会议。该会议成员由社员代表和社外合作经济专家若干人组成。会议基本职能是评价合作社运营状况、提出完善合作社运营的对策等。合作社理事长须向理事会和成员大会(或成员代表大会)报告该会议提出的对策,并努力加以实施。

2. 社务公开的形式

① 以公开栏的形式公开。在农民专业合作社的办公地点设置社务公开栏,将公开事项逐条予以公布,并设置意见箱。

② 以会议和公开信的形式公开。通过召开成员(代表)大会,发放社务公开内容资料,宣读公开内容进行公开。合作社还需要定期印发社员公开信并公开社员应知的内容。

③ 以填写发放社员证的形式公开。设计制作注明社员身份、股金证明、社员个人账卡、社情民意、明白卡等于一体的社员证,适时填写发放公布,但不得

取代公开栏。

3. 社务公开的时间

每季度末应该公布基本社务,且每年需定期公开4次。财务公开内容至少每季度公开1次。填发社员证公开一般一年1次。此外,应当及时公开的事项需要随时予以公布。

4. 社务公开的程序

第一,依照政策法规和社员的要求,监事会需根据本社的实际情况,提出社务公开的具体方案。第二,理事会在对方案进行审查、补充、完善之后,需要根据公开的内容采取多种不同形式,并安排相关部门和人员及时予以公布。第三,监事会需要建立社公开档案以备查。

5. 意见反馈

每次在社务公开之后,监事会需要负责收集、听取、接受成员反映的询问、意见和投诉,并及时予以解释和答复。监事会能够当场答复的,需要当场给予答复;不能够当场答复的,应当于7日内作出答复。如果半数以上的成员对于社务公开的事项不同意,那么应当坚决予以纠正,并重新公布。对反映的突出问题要组织专门人员调查、核实、纠正,并督促整改落实。

6. 监督管理

对不按规定进行社务公开的,监事会可以责令其限期公开;对弄虚作假、欺瞒成员,应该给予有关责任人员批评教育,并责令其改正;对拒不改正或者情节严重以及有打击报复行为的,可以建议理事会按程序对有关责任人员予以罢免职务和除名;对社务公开中发现有挥霍、侵占、挪用、贪污合作社财物及其他违法行为的,应当及时处理,对其中构成犯罪的,移交司法机关依法处理。

第五节 新型农业经营主体的培育提升与发展

实施乡村振兴战略,必须深化农业供给侧结构性改革,走质量兴农之路。只有坚持质量第一、效益优先,才能提高农业综合效益和竞争力。而促进新型农业经营主体高质量发展是题中应有之义。

一、积极认真抓好新型农业经营主体的培育工作

新型农业经营主体是带动小农户对接大市场的重要力量。如今,新型农业

经营主体在推动农业发展和社会稳定上的作用日益凸显。为了降低交易成本和减少市场风险，小农户必然要通过一定的组织形式进入大市场，这是中国农业现代化的必经之路。截至 2018 年底，全国家庭农场达到近 60 万家，全国依法登记的农民合作社达到 217.3 万家，全国从事农业生产托管的社会化服务组织数量达到 37 万个。各类新型农业经营主体快速发展，总量超过 300 万家，成为推动现代农业发展的重要力量，他们是农业朝着现代化发展的推动者，新型农业经营主体不仅是现代农业发展主体、主要农产品供给主体，同时还是社会化服务主体。

新型农业经营主体是第一、第二、第三产业融合的实践者。新型农业经营主体提供服务的过程，也是把新产品、新技术、新装备导入农业生产的过程。通过提供统一服务，可以发挥专业化、规模化优势，推动标准化、绿色化生产，提高先进科技和物资装备运用水平，帮助生产主体减轻劳动投入，缩短对新技术、新装备的探索过程，降低成本，提升效率，提高推进供给侧结构性改革的能力。农村第一、第二、第三产业融合发展涉及产业链上的不同环节，新型农业经营主体通过规模化、集约化经营，努力帮助小农户提高调整结构的本领，围绕市场需求发展生产，延伸产业链条，并因地制宜，加强农业与加工流通、休闲旅游、文化体育、科技教育、健康养生和电子商务等产业深度融合，形成第一、第二、第三产业融合发展体系。

新型农业经营主体是促进农民农村共同富裕的中坚力量。在坚持农村基本经营制度基础上，大力培育发展新型农业经营主体和服务主体，不断增强其发展实力、经营活力和带动能力，这是关系我国农业农村现代化的重大战略，对推进农业供给侧结构性改革，构建农业农村发展新动能，促进小农户和现代农业发展有机衔接，助力乡村全面振兴具有十分重要的意义。从全球经济发展规律看，随着经济的发展，国民收入总体增长，农民收入也需要增长，但小农户的经营收入是跟不上国民收入增长步伐的，所以小农户增收主要依靠转产商用价值的农产品，扩大经营规模，兼业甚至离农。加快培育发展家庭农场，是当前促进农民增收的好途径。发展多种类型的家庭农场，能够做到坚持以农户为主体，鼓励有长期稳定务农意愿的农户适度扩大经营规模，在此基础上促进农业技术进步，提高技术的经济效率，切实保障稳定增加农民收入。

把握新型农业经营主体培育工作的重点。我国家庭农场、农民合作社等新型农业经营主体有了长足发展。但总体来说，还存在发展不平衡不充分，实力不强等问题，跟不上国民经济发展要求和国际竞争趋势。所以，不仅要在数量上加快培育发展，更重要的是要在质量上加快发展和提升。坚持把提升发展质量和效益放在首位，政府要大力支持。当然，政府支持不是简单地提供形式上的服务支持，而是针对新型农业经营主体现实需求，提供精准有效的高质量支持和帮助。比如在提升家庭农场、农民合作社素质和能力的培训方面，就必须围绕具体的培训内容、培训师资、培训渠道、培训方式、培训时间等培训效果要素，提高适宜性、针对性和方便性，特别是要打造一批农村职业经理人。同时，要按照中央有关精神，加强各级农经管理机构队伍建设，做好长期培育指导工作。

二、引导农民专业合作社向提升发展迈进

农民专业合作社是广大农民群众在家庭承包经营基础上，共同建立的自愿联合、民主管理的互助性经济型组织。自《农民专业合作社法》颁布实施以来，农民合作社在全国各地蓬勃兴起，正逐步转为重要的现代农业经营组织，在带领农民从事现代农业，参与国内外市场竞争，提高农业生产和农民进入市场的组织化程度中发挥了重要作用。农民合作社14年的发展历程，既是与时俱进不断创新的历程，也是高质量发展不断迈进的历程。截至2019年底，全国依法登记的农民合作社近220.1万家，产业涵盖粮、油、肉、蛋、奶、果、蔬等主要农产品，并逐渐从传统种植养殖业向农产品加工、休闲观光旅游产业、民间工艺制作和服务业延伸，举国上下，广大农村呈现出"合作社+"的发展态势，在乡村振兴中发挥了重要的承载性作用。

但与此同时，合作社也面临发展不平衡、不充分、实力不强等问题，特别是部分合作社运行不够规范，成为推进农民合作社提升高质量发展的关键制约因素。从全国各地农民合作社发展的实践看，已有的经验表明，农民合作社存在发展的进度慢和规模不足问题，关键是面临如何提升、促进良性发展，牢牢把握住质量和效益这条生命线的难题。要从战略高度和长远角度看待农民合作社规范提升问题，坚持规范与创新并举，质量与效益并重，以制度促规范，以规范促发展，探索系统、集成、整体推进农民合作社高质量发展的方法和路径，构建激励约束机制以及多方协同的政策支持体系。

1. 提升农民合作的规范化水平

这是农民合作社高质量发展的前提和基础，也是当前和今后一段时期最为迫切的任务。首先，要推进依章办事。指导农民合作社制订符合自身特点的章程，切实发挥章程在依法办社中的基础性作用。目前，这一"关卡"是我国不少农民合作社规范化建设中的短板。要把章程管理和法人治理结构完善协同起来，建立健全成员大会、理事会、监事会等组织机构，让农户成员积极参与业务管理，乐于参与社会管理，实行民主管理、民主监督。其次，要突出抓好财务规范。落实盈余分配，将农民合作社财务管理规范摆在各类创建的突出位置，指导农民合作社认真执行财务会计制度。再者，要做实成员账户。理顺农民合作社产权关系，从成员账户管理实现农民合作社良性治理。

2. 增强农民合作社服务带动能力

这是农民合作社高质量发展的出发点和归宿，也是联农助农富农的真正体现。乡村振兴难点是小农的振兴。中国人多地少的特殊国情决定了大量的小农户将长期存在。农民合作社作为一种制度化的合作组织，更是乡村治理的重要载体，在产业发展、乡村建设、生态保护、文化传承、稳定脱贫等方面发挥着多维功能。推动农民合作社高质量发展，要顺应产业发展逐步交叉渗透的变动趋势，引导农民合作社从单一业务向产加销多种业务拓展，由生产领域向生产、生活、生态深度融合转变，深入挖掘农民农业多功能性，增强综合服务带动能力。当然，农民合作社功能分化要以市场需求为导向，顺应农民合作社发展特性特点，既不能忽视，也不能人为扩大。

3. 促进农民合作社联合与合作

这是农民合作社高质量发展的必然要求，也代表了转型升级、提质增效的发展趋势。实践表明，多数单体农民合作社经营规模覆盖较小，经济实力不足，发展能力不强，难以有效应对激烈市场竞争，迫切要求联合与合作。尽管这些年来联合社的发展取得了积极成效，但与公司的市场法人相比，仍存在联合不紧密、经营松散、品牌化不强等问题。鼓励农民合作社通过兼并、合并等方式进行组织重构和资源整合，为农民合作社提升自身实力提供了新路径。在这方面，各级政府要发挥指导作用，促进农民合作社依法稳步发展。

4. 加强农民合作社试点规范引领

试点是改革的重要任务，示范是推进改革的重要方法。试点示范能否发挥引领作用，直接关系到农民合作社高质量发展的目标实现。开展农民合作社质量提升整县推进，是推动农民合作社高质量发展的一项重大举措，也是完成上述三项任务的重要保障。农业农村部先后批复了两批整县推进试点，这些试点单位坚持"量质并举""以质为先"，不断创新工作手段，积极引入社会力量，奋力推进了农民合作社的质量提升。农民合作社示范社是农民合作社高质量发展的先进代表，对农民合作社创新实践发挥着重要的引领作用。从实践看，仍要扩大试点的覆盖面，深度培育示范社的规范引领能力。

5. 勇当农业社会化服务排头兵

党的十九大以来，党和政府高度重视农业社会化服务。2019年中办国办印发了《关于促进小农户和现代农业发展有机衔接的意见》，要求健全面向小农户的社会化服务体系建设，加快促进小农户与现代农业有机衔接。农业农村部组织央企与农民合作社开展"社企对接"活动，共同推进农业生产社会化服务工作，促进产业振兴。广大农民合作社要面对新格局、新任务，勇担当，在加快服务方式和机制创新上有所作为。特别是针对当前一些地区农村的空心化、农村人口的老龄化现状，要把生产托管作为主战场，与各类服务主体协同协作，当好排头兵，发展单环节托管、多环节托管、关键环节综合托管和全程托管等多种托管样式，为用户提供托管保姆式、集成式服务，把小农户带入现代化生产轨道上来，为乡村振兴作出更大的贡献。

参 考 文 献

[1] 张墨方, 等. 农村经济管理与发展. 北京: 中国农业科技出版社, 1993.
[2] 李新峥. 现代农业园区与新型蔬菜生产. 北京: 化学工业出版社, 2011.
[3] 中央农广校. 农村合作经济会计. 北京: 农村读物出版社, 1987.
[4] 张占斌. 重农时代新农村建设机遇. 上海: 上海远东出版社, 2006.
[5] 全国阳光工程办公室. 农村劳动力转移培训实践. 北京: 中国农业出版社, 2006.
[6] 中央农广校. 农业技术经济. 北京: 农村读物出版社, 1987.
[7] 李君如. 全面建设小康社会. 北京: 中国水利水电出版社, 2006.
[8] 张全景. 建设社会主义新农村与带头人. 北京: 党建读物出版社, 2003.
[9] 陈展鹏, 等. 现代农业生产经营. 北京: 中国农业科学技术出版社, 2016.
[10] 中央农广校. 农户经营管理. 北京: 农业出版社, 1991.
[11] 杨建伟, 等. 新型农业经营主体经营管理与提质增效. 北京: 中国农业科学技术出版社, 2019.